Max Büdinger

Vorlesungen über die englische Verfassungsgeschichte

Max Büdinger

Vorlesungen über die englische Verfassungsgeschichte

ISBN/EAN: 9783743652002

Hergestellt in Europa, USA, Kanada, Australien, Japan

Cover: Foto ©ninafisch / pixelio.de

Weitere Bücher finden Sie auf **www.hansebooks.com**

VORLESUNGEN
ÜBER
ENGLISCHE
VERFASSUNGSGESCHICHTE

VON

MAX BÜDINGER

WIEN, 1880

VERLAG VON CARL KONEGEN

Die Vorlesungen, welche ich in dem letzten kurzen Sommersemester über englische Verfassungsgeschichte an hiesiger Universität gehalten habe, wage ich zu veröffentlichen. Ich habe dieselben im Einzelnen noch einer Durchsicht unterzogen, in ihrer Gesammtanlage aber wie dem Gange der Darstellung unverändert gelassen. Eben hiedurch mögen manche Mängel um so mehr hervortreten, welche der durch die kurze Zeit gegebenen Einschränkung überhaupt entspringen; in dem vorliegenden Buche aber mögen überdies aus dem Drange der Vorlesungsarbeit Ungleichheiten der Vertheilung des Stoffes, namentlich gegen den Schluss, mehr erklärt als entschuldigt werden. Dass die Betrachtung des politischen Kunstwerkes, an welchem so viele Jahrhunderte geschaffen haben, in dem unvollkommenen Rahmen, den ich hier biete, nicht zu sehr leide, kann ich eben nur wünschen. Aber ich darf der Hoffnung Ausdruck geben, dass die zusammenfassende Darstellung des Ganzen auch der Erkenntniss der einzelnen Thatsachen englischer Verfassungsentwickelung förderlich sein werde.

Wien, im November 1879.

M. B.

INHALT.

                                                              Seite

Einleitung . . . . 1—14
    Entstehung der Aufgabe 1. Letzte Ziele der Geschichtsforschung 1—5. Universalhistorischer Werth englischer Verfassungsgeschichte im Vergleiche zu römischer und griechischer 5—7. Neuere Bearbeitungen 8—13. Räumliche Grenze 13.

Erster Abschnitt. Die gegenwärtige Verfassung . 15—63

Erstes Kapitel. Das Königthum . . . . 16—34
    Continentale Auffassung 16. Der wahre Charakter des Königthums 17—20. Beherrschung des Hofes und der Familie 21, 22. Der Premier 22—25. Das Cabinet 25—27. Specialverpflichtung von Ministern 27. Eingreifen der Krone in die parlamentarische Verhandlung 27—30. Religiöse Stellung 31. Bedeutung von Kroneid und Krönung 32. Legale Theorie von der königlichen Gewalt 33. Ihre thatsächliche Erscheinung 34.

Zweites Kapitel. Das Oberhaus . . . . 35—47
    Unabhängigkeit beider Häuser des Parlamentes 35. Stete Verbindung von Executive und Legislative 35, 36. Verhältniss des Oberhauses zur Krone 36. Zusammensetzung. Die nichterblichen Mitglieder 37—39. Innere Kategorien der erblichen Peers 40—42. Geschäftskreis 43—45. Berathungsformen 45, 46. Charakter 47.

Drittes Kapitel. Das Unterhaus . . . . 47—57
    Zusammensetzung und Dauer 48—50. Zweifelhafte Competenzen 50—52. Natur der Budgetberechtigung 53. Administrativgeschäfte 54. Gerechtsame 54—56. Charakter 57.

Viertes Kapitel. Pflichten und Rechte der Bevölkerung . . . . 57—63
    Keine Wehrpflicht 58. Gehorsamspflicht und Ehrenämter 59—61. Rechtedeclaration 62. Fehlen principieller Freiheiten 62, 63.

Zweiter Abschnitt. Die Entwickelung der königlichen Gewalt . . . . 64—318

Erstes Kapitel. Angelsächsische Staaten . ; . . 64—94

§. 1. Allgemeiner Charakter . . . . 64—74
Einwanderung 64. Uebertragung der Lebensordnung 65. Stetigkeit der angelsächsischen Monarchie 67—69. Landvertheilung 70. Bodenbesitz als Freiheitsgrundlage 71. Schutzherrlichkeitsprincip 72—74.

§. 2. Specielle Rechte . . . . 75—85
Gefolgschaft 75. Späte Fidelitätsforderung 76. Wergeld des Königs. Eid und Krönung 77. Wahl und Absetzung 78—80. Beirath und Verhältniss zur Kirche 80—83. Justiz 83—86.

§. 3. Erscheinung und Weiterbildung . . . . . . 85—94
Sicherung und Ausstattung der Königswürde 85. Späte Staatsvereinigung 87. Steigerungen der königlichen Autorität 88—90. Schwaches Gesetzgebungsrecht 91. Versuche wahrer Reichseinigung 92—94.

Zweites Kapitel. Normännische Herrschaft . . 94—137

§. 1. Die neue Staatsgewalt . . . . 94—116
Regierung der Normandie 95. Charakter des Angriffs auf England 97. Der Eroberer nach dem Siege 99. Gesetzliche Wahl zum Könige 100. Verbindung von Landesrecht und Feudalordnung 101. Neue Krondomäne und königlicher Reichsbesitz 102—104. Charakter der königlichen Ritterschaft 105—107. Schutz der unteren Stände und Rechtsbürgschaft 108—110. Beschwerung der Dienstpflichtigen 110—112. Städtische Sonderrechte, besonders Londons 112—116.

§. 2. Aenderung der Verwaltung . . . . 116—125
Die Grafschaftsregierung meist durch Sheriffs 117. Gerichtliche Bedeutung königlicher Verfügungen 118—120. Die Reichsstatistik 121. Stellung zur Kirche 123 (128, 130). Verwebung der alten und neuen Ordnungen. Justitiar und Kanzler 122—125.

§. 3. Umgestaltung . . . . 125—137
Der Rechnungshof 126. Verbindung mit der Grafschaftsversammlung 127. Hoftage und Königswahlen 127—129. Politische Stellung der Königin 130. Königliche Zusagen

130, 131. Heinrichs I. Freibrief 131—133. Umgestaltung unter Stephan 133—137.

Drittes Kapitel. Legale Beschränkungen (1154—1322) 137

§. 1. Uebersicht . . . . 137—141
    Das Ziel 137. Die Regenten 138. Königswahlen 140.

§. 2. Kriegswesen . . . . 141—147
    Marine 141. Besatzungsrecht 142. Söldnerwesen vermieden 142. Schildgeld 143. Waffenassisen 144. Ritterschlagszwang 145. Die allgemeine Wehrpflicht nach dem Statute von Winchester 146.

§. 3. Gerichtsordnung . . . . 147—159
    Anfänge der Jury von 1164: 148. Die Assise von Clarendon 149—152. Erste Ordnung des Reiserichterthums 153. Die drei Gerichtshöfe 153—156. Städtische Justiz 157. Kronfiscal und Friedensrichter beginnen 158.

§. 4. Conflicte mit dem Clerus . . . . 159—171
    Constitutionen von Clarendon 160. Thomas Becket 161—165. Die Constitutionen nicht aufgehoben 166. Päpstliche Schenkung von Ireland 166. Legation über Schottland 167. Erste Vereinigung geistlicher und weltlicher Gewalt 168. Johann trotz Bannes mächtig 170. Huldigt dem Papste 171.

§. 5. Abhängigkeit vom Papstthume . . . . . 171—181
    Cardinal Langton wahrt angelsächsische Tradition 172. Papst und König gegen den Clerus 174. Der Adel nach Langton's Weisung 175. Kirchliche Bedeutung der Magna Charta 176—178. Opposition gegen Papst und König 179—181.

§. 6. Parlamentarische Befreiung des Königthumes . 181—189
    Finanzielle Unabhängigkeit des Reiches 182, 183. Statut 'de religiosis' 184. König und Klerus versöhnt 185. Allgemeiner Widerstand gegen päpstlichen Anspruch auf Schottland 186. Geldausfuhr nach Rom verboten 188. Entstehung der Convocationen 189.

§. 7. Der Geheime Rath und das Magnum Concilium 190—203
    Anfänge eines ständigen Kronrathes 190—192. Verschwinden eines geschlossenen Adelsstandes 193. Bezeichnungen berathender Reichsversammlungen 194. Baronenanspruch auf Ladung 195. Aufkommen von Commune Consilium und Magnum Concilium 196—198. Des letztern Entwickelung und Ende 198—203.

§. 8. Die Gemeinen im Parlamente . . . . 203—214
>Früheste Berufungen von Gemeinen zu Hofberathungen 203, von Grafschafts- und Städtevertretern durch Simon von Montfort 205. Bedeutung des Ereignisses 206. Gesetzliche Einfügung durch Edward I. 208—210. Feststellung des Steuerbewilligungsrechtes 210—212. Die Gemeinen als Corporation 213.

Viertes Kapitel. Erwerbung der kirchlichen Hoheit (1322—1531) . . . . 214—258
>Charakter des Zeitraumes für Verfassungsgeschichte 214-216.

§. 1. Absetzungen . . . . 216—231
>Uebersicht 216. Die Katastrophe Edwards II. 216—219. Die Richards II. 219—228. (Der Conflict von 1387/8: 221. Delegierung aller parlamentarischen Rechte 223. Formell correcte Gewaltacte 224, 225. Momente des Sturzes 226-228.) Absetzungen Heinrichs VI., Edwards IV. und V., Richards III. 229—231.

§. 2. Thronbesteigungen . . . . 231—242
>Bis auf Richard II. 231—233. Thronanspruch der Lancaster 233 f. Deren Thronfolgen 235. Aufkommen der York 237—239. Erhebungen Richards III. und Heinrichs VII. 240. Gesetzlicher Abschluss 242.

§. 3. Gesetzliche Veränderungen . . . . 242—258
>Militärwesen 242. Verbot der Privatgefolge 243. Sternkammer 244. Aenderungen des Geheimen Rathes 245. 'König im Rathe' und 'König im Parlamente' 247. Steigerung der parlamentarischen Rechte unter Heinrich IV. 248. Mitgliederzahlen 249. Anklagen im Parlamente 250. Vorlegung des Budgets; Benevolenzen 252. Lossagung von päpstlicher Lehnspflicht 254. Kündigung der Obedienz 257.

Fünftes Kapitel. Competenzconflicte (1531—1689) 259—301

§. 1. Erschütterungen der Thronfolge . . . . . 259—272
>Thronbesteigung Wilhelms III. und Marias 259. Charakteristik der Absetzung Jacobs II. 260. Thronfolgen der Tudors 262. Staatsrechtliches Interesse des Testamentes Edwards VI. 264. Die Versuche Maria Tudor's 266. Elisabeths Verfügung für Jacob VI. Stuart 268. Traditionen der Stuarts 270—272.

§. 2. Ausgang des feudalen Königthumes .... 272—288
Der Conflict mit dem langen Parlamente 272—274. Karls I. Hinrichtung 275 f. Die Monarchie in Cromwells Protectorate 277—282. Charakter der Restauration 283. Illegale Versuche Jacobs II. 284—286. Sein Sturz 287 f.

§. 3. Einschränkungen und Erweiterungen ... 288—301
Neue Militärordnung. Ursprünge der heutigen Armee 288—291. Die Lösung der Lebensbande 292. Gerichtliche Veränderungen 293 f. Dispensationsrecht der Krone 295—298. Vermehrung des Unterhauses 299. Bitte um Recht und Rechtedeclaration 299—301.

Sechstes Kapitel. Parlamentarische Parteiregierung (1689—1832) .... 302—318
Allgemeine Stellung des Königthumes in Wilhelms III. Anfängen 302. Bedingte Straflosigkeit der Parlamentsmitglieder 303. Kirchliche Veränderung durch die schottische Union 304—307. Stehendes Heer 308. Anlehen und Bank von England 309. Drei- und siebenjährige Parlamente 309—311. Innere Wirkung der Union mit Ireland 312. Epoche der Reformakte 313 f. Civilliste und deren Verwendung 315. Thronfolgeakte 316—318.

Dritter Abschnitt. Die Volksvertretung .... 319—329
Stadien der Volksvertretung 319 f. Die Neuerung Simons von Montfort 320 f. Angelsächsische Volksversammlungen 322. Witenagemôts; ihre Fristen 324. Mitglieder und Rechte 326—329.

Vierter Abschnitt. Entwickelung der Pflichten und Rechte des Volkes......... 330—340
Vergleich aus der Gegenwart und der angelsächsischen Zeit 330 f. Wirkung der Eroberung auf die Ständeverhältnisse 333. Katastrophe der Leibeigenschaft 334 f. Deren Erlöschen 336. Die Armengesetzgebung 337. Waffenrecht 338. Geschworenschutz der Geringeren 339. Einwirkungen auf religiöse Veränderungen 339 f.

Schluss................. 340—341
Verhältniss der Aufgabe zu den letzten Zielen der Geschichtsforschung.

Verbesserungen.

Lies: S. 15, Z. 7 v. u.: vor; S. 49, Z. 18: Wahlformen; S. 53, Z. 6, 7 und 8: éin; S. 117, Z. 13: 1673; S. 133, Z. 10: (ab omni opere), Z. 8 v. u.: rich; S. 137, Z. 8 v. u: beiden letzten; S. 674, Z. 2 v. u.: 1214; S. 186, Z. 15: 1299; S. 187, Z. 2: hatte er; S. 214, Z. 6 v. u.: 1322; S. 234, Z. 2 v. u.: Minorennität.

EINLEITUNG.

Bei den Vorlesungen über englische Verfassungs- *1. Vorlesung.* geschichte, die ich für dieses Semester angekündigt habe, wolle keiner von Ihnen irgend welche Beziehungen, Anspielungen oder Belehrungen erwarten, die auf Tagesinteressen gehen. Ich habe es nur nach dem Gange meiner universalhistorischen Vorlesungen an hiesiger Universität nöthig gefunden, an einem Beispiele darzulegen, wie sich die staatlichen Ordnungen bei einem der Völker ausgebildet haben, welche den Beruf der menschheitlichen Entwickelung üben. Die historische Betrachtung, welche wir anstellen werden, ist daher nach ihrer letzten Absicht gleichsam nicht von Zeit und Raum abhängig, wenn auch die von uns zu erwägenden Begebenheiten und Zustände an Beide gebunden sind.

In der That hat aber alle historische Darstellung, bewusst oder unbewusst, ähnliche Endziele wie die, welche uns leiten. Das zu verdeutlichen, dienen ihre ewigen Muster, die vier grossen Geschichtschreiber des Alterthumes. So verwerthet Herodot einen, wie er glaubt, wahrheitgemässen Bericht über Darius' Wahl zum Könige, um drei Reden mitzutheilen, in denen die Grundsätze der drei Staatsformen — der Monarchie, Aristokratie und Demokratie — erörtert werden, unter denen Culturvölker leben. Sonst ist sich freilich Herodot dieser höchsten Aufgabe des Geschichtschreibers, allgemein giltige Typen vorzuführen, nicht oft bewusst geworden. Dagegen erscheint von ihr, die sich auch als der Standpunkt einer rein ethischen Betrachtung bezeichnen lässt, Thukydides ganz erfüllt.[1]) Er entwickelt alle die Grundsätze, nach denen Einzelstaaten, Bundesstaaten und Staatenbünde regiert, die Bedingungen, unter denen sie erhalten werden oder zu Grunde gehen, durch Vorführung von Thaten und Reden. Was Sallust stets als Führer für historische Studien bewundern lassen wird, sind nicht die wenig bedeutenden und zum Theil niedrigen Begebenheiten, die er in den beiden voll erhaltenen Schriftchen schildert; er hat aber in der catilinarischen Verschwörung wie im jugurthinischen Kriege den Kampf der sittlichen Ordnung und staatlichen Macht gegen ihre Feinde behandelt: wie in der Tragödie gehen die

---

[1]) Die scheinbar platte Werbung von Lesern I. 22, 3 darf über seine hohe Absicht nicht täuschen. Auch wenn man mit Krüger (zweite Auflage) die grobe Betonung der Nützlichkeit — ὠφέλιμα κρίνειν αὐτά — streicht, bleibt genug Missachtung des zeitgenössischen Publicums, das die Kunde der Vergangenheit für Schlüsse der Tagespolitik verwerthen möchte, während der Geschichtschreiber sich bewusst ist, ein ewiges Eigenthum der Menschheit — κτῆμα ἐς ἀεί — und kein Tagespreisstück geliefert zu haben.

zu Grunde, welche durch ihre Leidenschaften die Lebensbedingungen des römischen Staates bedrohen, der für jene Zeit die gebildete Menschheit bedeutet. Wer von uns würde ein höheres Interesse als bei anderen Kriminalgeschichten an der Darstellung der Verbrechen haben, welche Tacitus schildert? Was ihnen unsterblichen Werth gibt, ist, dass sie unter die ewig giltigen Gesichtspunkte der Pflichten einer Regierung gegen ihre Unterthanen, der Kämpfe zwischen Adelsrecht und Herrschergewalt, freiheitlicher Ueberlieferung und despotischem Machtgelüste gebracht sind.

Es hiesse die Absichten dieser vier grossen Geschichtschreiber durchaus verunehren und in das Gemeine ziehen, wenn man, wie wohl geschehen ist, ihre Werke im Interesse irgend einer Partei oder Persönlichkeit geschrieben denkt, obwohl sie ja sämmtlich solchen Verdacht mit Geringschätzung von sich weisen.[1]) In

---

[1]) ὀφείλω λέγειν τὰ λεγόμενα, πείθεσθαί γε μὴν οὐ παντάπασιν ὀφείλω, καί μοι τοῦτο τὸ ἔπος ἡγείτω ἐς πάντα τὸν λόγον. Herodot VII, 152. — οὐκ ἐκ τοῦ παρατυχόντος πυνθανόμενος ἠξίωσα γράφειν, οὐδ' ὡς ἐμοὶ ἐδόκει, ἀλλ' οἷς τε αὐτὸς παρῆν καὶ παρὰ τῶν ἄλλων ὅσον δυνατὸν ἀκριβείᾳ περὶ ἑκάστου ἐπεξελθών. Thukydides I. 22. 2. — statui res gestas populi Romani carptim, ut quaeque memoria digna videbantur, perscribere; eo magis, quod mihi a spe, metu, partibus rei publicae animus liber erat. — Atque ego credo fore, qui, quia decrevi procul a re publica aetatem agere, tanto tamque utili labori meo nomen inertiae imponant. Sallust Catilina 4, Jugurtha 4. — incorruptam fidem professis neque amore quisquam et sine odio dicendus est. — consilium mihi .. tradere ... sine ira et studio quorum causas procul habeo. — maxima quaeque ambigua sunt, dum alii quoquo modo audita pro comperto habent, alii vera in contrarium vertunt et gliscit utrumque posteritate. Tacitus histor. I. 1, ab excessu I. 1; III. 19.

der That wird ihn Niemand theilen können, der sich einmal selbst mit voller Hingebung und Unbefangenheit in einen grossen Zusammenhang von Begebenheiten vertieft hat. Jedem, der historische Forschung in dieser Weise ernst betrieben hat, erscheint überhaupt die handwerksmässige Neigung, Nutzanwendungen für die Gegenwart und irgend welches in derselben liegende Interesse zu ziehen, allzu kläglich, um solche Entwürdigung bei einem edlen Arbeiter über den Inhalt der Vergangenheit auch nur zu erwägen. Der historische Genius erhebt sich vielmehr mit Ironie über den Hader und mit Unwillen über den Gewaltmissbrauch der Herrschenden und sucht die tieferen Gesetze zu erkennen, denen sie dienen. Bei jenen Vieren bemerkt man denn auch keine von der Gegenwart auferlegte Fessel, welche die volle Entfaltung der Kräfte des Geschichtschreibers hemmte — hie und da vielleicht Tacitus ausgenommen, auf den eine kaum überwundene und neu zu fürchtende Despotie zu drücken scheint.

Die historische Forschung rückt eben die Vergangenheit voll in die Gegenwart, so dass diese dem Auge gleichsam verschwindet; sie zaubert wie die Poesie das räumlich Ferne und Getrennte zu einem fassbar Nahen. In der Sprache der Naturwissenschaften ausgedrückt lässt sich ihre Aufgabe dahin bestimmen, dass sie Varietäten der Menschennatur und ihrer gesellschaftlichen Ordnung vorführe, soweit diese bei Culturvölkern hervortreten. Auch uns soll eine solche Varietät beschäftigen.

Die Uebung der historischen Kunst wird, vornehmlich durch Vergleichung des Thuns und der Staatsordnungen gebildeter Völker, freilich auch den Geist für eine richtige Beurtheilung der Gegenwart schärfen; aber wir wollen uns doch stets gegenwärtig halten, dass, wer die Tagespolitik aus historischen Gleichnissen zu beurtheilen oder historische Thatsachen aus Erscheinungen der Gegenwart zu erklären versucht, für Beide des richtigen Maasstabes entbehrt.

Unter den Geschichten der Staatsordnungen, welche sonach für unsere Zwecke in Betracht kommen, ist mir die der englischen besonders geeignet erschienen. Das englische Volk ist das einzige, welches mit verhältnissmässig wenigen gewaltsamen Störungen seine Eigenart seit acht Jahrhunderten — wenn man nur von der normännischen Eroberung rechnet — in der That aber von der angelsächsischen Besiedelung her, seit fast anderthalb Jahrtausenden bewahrt und im Genusse der Freiheit ausgebildet hat.

In scheinbar strengeren Formen lässt sich ein ähnlicher Verlauf in dem engern Rahmen römischer Geschichte nachweisen; aber schon Tacitus hat mit Recht in der Einleitung zu seinen sogenannten Annalen bemerkt, dass das in den Anfängen unserer geschichtlichen Kenntniss beseitigte monarchische Element der

Staatsordnung, alle anderen Factoren überwuchernd, mit Cinna und Sulla wieder hervorgebrochen sei. Nun bestehen aber für die älteren Zeiten über die wesentlichsten Momente des römischen Verfassungslebens so viele Zweifel, dass ein stetiger Verlauf desselben während der früheren Entwickelung der Republik nur zu vermuthen ist; eine begründete, d. h. irgendwie auf gleichzeitigen Nachrichten ruhende Darstellung scheint kaum von der Zwölftafelgesetzgebung an, d. h. durch höchstens vier Jahrhunderte, möglich. Von den Kriegen gegen die Kelten abgesehen, ist nun aber der römische Staat innerhalb dieser wenigen Jahrhunderte durch solche gegen Italiker und Punier dem Untergange oder der Erschöpfung seiner Kräfte wiederholt nahe gebracht worden, so dass auch das Verfassungsgebäude Ungleichheiten und Widersprüchen nicht entgehen konnte; ferner hat die erobernde Richtung des Staates schon früh, vornehmlich aber nach dem Ende des zweiten punischen Krieges, einen Zug auf gewaltthätige Veränderung in dem Besitzstande und in den staatsrechtlichen Verhältnissen gebracht, welcher eine klare Scheidung des Wesentlichen und Unwesentlichen der Verfassungselemente sehr erschwert.

Eine andere Verfassungsgeschichte, die unserm Zwecke dienlich wäre, könnte man bei den alten Griechen suchen; über diejenige griechische aber, welche um ihrer langen Dauer und der glücklichen Mischung ihrer Elemente willen am meisten gelobt wird, über die spartanische, sind wir theils nur wenig und nicht zuverlässig unterrichtet, theils verliert sie dadurch an Werth, dass das herrschende Volk sich allmählich zu einer Oligarchie verengerte. Die atheniensische Demokratie ihrerseits endlich, deren lebendige Entwickelung wir durch etwa drei Jahrhunderte — von Solon bis in die Diadochenzeit — verfolgen können, entbehrt theils zu sehr der monarchischen und der gesetzlich eingereihten echten aristokratischen Elemente, um als theoretischer Typus gelten zu können, theils ist auch sie schwer von den raschen Wandlungen der Geschicke des Staates ergriffen worden. Immerhin ist sie nach ihrem Organismus vielleicht die ebenmässigst entwickelte des Alterthumes und als Vergleichungsobject auch in dem Rahmen dieser Vorlesungen sehr belehrend.

Keine von den Verfassungsgeschichten des Alterthumes hätte meinem gegenwärtigen Zwecke ganz entsprochen, obwohl eine solche der leichtern Unbefangenheit der Betrachtung halber sonst erwünschter gewesen wäre. Unter diesen Umständen habe ich für diesmal die desjenigen unter den neueren Völkern erwählt, dessen staatlicher Bestand, wie bemerkt, am längsten verfolgbar ist und das sich zugleich stets eine gemässigte monarchische Regierung zu bewahren gewusst hat.

Hiebei hat mich auch der Umstand ermuthigt, dass die englische Verfassungsgeschichte neuerlich von drei einheimischen Sachkennern behandelt worden ist, welche das ganze Gebiet derselben erschöpft haben und, obwohl nach menschlicher Weise im Einzelnen vielfach irrend, doch eine Zusammenstellung von wohlbezeugten Thatsachen liefern, wie man sie als Grundlage für Vorlesungen nur irgend wünschen kann. Unter diesen Schriften ist die älteste, im Jahre 1827 erschienene, jetzt viel gescholtene und nach ihren Verdiensten am wenigsten gewürdigte die Heinrich Hallam's vom Beginne der Tudorregierung im Jahre 1485 bis zum Tode Georgs II. im Jahre 1760. Sie ist weder sehr inhaltreich noch gut geordnet, und ihre breiten Beweisführungen machen nur zu oft den Eindruck von Tagesarbeiten des politischen Advocaten, der nach Belegen für die Fragen sucht, welche gerade die öffentliche Meinung am meisten beschäftigen — und das waren damals besonders Katholikenemancipation und parlamentarische Reform —; aber Hallam hat doch das ungemeine Verdienst, die Entwickelung der Verfassung als solcher durch ein paar Jahrhunderte zuerst verfolgt zu haben. An sein Werk schliesst sich chronologisch das von 1760 bis 1860 reichende und in der neuesten sechsten Ausgabe von 1878 mit einem bis 1871 reichenden Nachtrage versehene des Herrn Thomas May. Es ist in achtzehn Capiteln nach einem geschäftlichen Schema angelegt, in welchem das Königthum die erste, und die allgemeine Gesetzgebung die letzte Stelle hat. Der urkundliche Werth des Buches ist um so grösser, da der Verfasser als rechtskundiger Secretär des Unterhauses darauf angewiesen ist, sich die genauesten Informationen zu verschaffen; durchaus muss man aber auch sein grosses, auf vorzüglicher Sachkunde ruhendes Werk 'Eine Abhandlung über Gesetz, Privilegien, Verfahren und Brauch des Parlaments' (8. Auflage 1879) herbeiziehen, jedoch wie bei Hallam sich gegenwärtig halten, dass der Verfasser, worauf er in der Einleitung S. IX. und am Schlusse III. 454 selbst Gewicht legt, der sogenannten liberalen Partei angehört. Die Zeiten bis zum Jahre 1485 hat dann Professor Wilhelm Stubbs zu Oxford in seinem 1878 mit dem dritten Bande beendeten Werke behandelt, das in der Anlage mehr an Hallam als an May erinnert, wie es denn eine Art allgemeiner Verfassungsgeschichte der speciellen Behandlung jedes Zeitabschnittes nach Materien vorausschickt. Für uns liegt ein besonderer Vorzug des auf gründlicher Quellenkunde ruhenden Werkes darin, dass des Verfassers eigene politische Stellung nirgends hervortritt und derselbe doch mit warmem Herzen die Fortschritte seines Volkes auf der Bahn gesetzlicher Freiheit verfolgt.

Für sehr viele Nachweisungen kommen unseren Studien auch Gneist's Werke, vornehmlich dessen

'Heutiges englisches Verwaltungsrecht' (2. Auflage Berlin 1866) und 'Selfgovernment' (3. Auflage Berlin 1871) zu Statten. Der Gesichtspunkt dieser beiden umfassenden Werke ist einestheils der einer Vergleichung mit deutschen, doch vornehmlich preussischen Zuständen, anderseits der, die gegenwärtige Thätigkeit der Organe der Staatsgewalt in den Aemtern und der Communalverwaltung darzulegen. Unsere Absicht ist aber vor Allem, die englische Staatsgewalt selbst in ihrer anderthalb tausendjährigen Entwickelung zu vergegenwärtigen; welche Beamtungen sie verwendet, ist für uns nur nebensächlich; die Communalverfassung Englands aber lässt sich als universalhistorisches Beispiel nicht wohl verwerthen; denn sie hat sich keineswegs so stetig, mannigfaltig und musterhaft entwickelt, wie z. B. die der dreizehn alten Kantone der Schweiz oder der Neuenglandstaaten — eine Thatsache, die bei dem Ueberwiegen des Grossgrundbesitzes in England auch natürlich erscheint. Die neue englische Städteordnung von 1835 ist wohl rücksichtsvoll gegen erworbene Rechte und hat nach verschiedenen Seiten, wenn auch nicht gerade zur Hebung der Selbstthätigkeit, vortheilhaft gewirkt; aber sie ist wesentlich nach fremden, vornehmlich französischen und deutschen Mustern gebildet, keineswegs bewährt und für unsere Zwecke unerheblich.

Mit Gneist's Werk lässt sich das von Alpheus Todd 'Die parlamentarische Regierung in England' zusammenstellen, das in einer deutschen Uebersetzung von Assmann (Berlin 1869 und 1871) von mir benutzt wurde. Todd hat dem Repräsentantenhause von Canada durch ein Menschenalter als Beamter gedient und schon im Jahre 1841 dessen Beifall durch eine Schrift über die englische Parlamentspraxis gewonnen. In den Jahren 1866 und 1869 hat er dann sein wohlgeordnetes Werk publicirt, das durchaus den gegenwärtigen Zustand der Reichsregierung nach seiner Entstehung, den bestehenden Gesetzen und den Ueberzeugungen der hervorragendsten Staatsmänner schildert. Es ersetzt daher nicht nur den nicht erschienenen dritten Theil von Gneist's Werk, der das Parlament behandeln sollte, sondern es schildert auch seinen Gegenstand, trotz der englischen Abstammung und sogenannten conservativen Gesinnung des Verfassers mit wissenschaftlicher Unbefangenheit — freilich mit etwas mehr Breite, beamtenmässiger Schematisirung und bescheidener Bewunderung als zuträglich.

Selbstverständlich müssen auch die eigentlichen Geschichtswerke der verschiedenen Zeiträume englischer Reichsentwickelung zu Rathe gezogen werden. Hier habe ich ganz besonders die meines Freundes Reinhold Pauli dankbar zu erwähnen, der die englische Verfassungsgeschichte sowohl der vier letzten Jahrhunderte des Mittelalters zuerst in urkundlichem Fortgange geschildert, als ihre Umwandlungen in unserm

Jahrhunderte bis um die Mitte desselben behandelt hat, obwohl sie in die Gesammtheit der inneren und äusseren Entwickelung des Reiches eingefügt erscheint.

In diesen Vorlesungen soll die Verfassungsgeschichte aber möglichst losgelöst von diesen übrigen Elementen hervortreten, wie eine nach eigenem innerm Gesetze sich bewegende Kraft. Schon Stubbs hat in seiner Einleitung mit Recht bemerkt, dass Verfassungsgeschichte 'eine Betrachtungsweise, Erkenntniss und Sprache für sich hat'. Er macht das namentlich für die Beurtheilung der in ihr als bedeutend hervortretenden Personen geltend. 'Einige der höchsten Verdienste kommen hier', nach seinen Worten, 'Männern zu, vor deren Andenken die Welt sonst zurückschreckt, während hohe Tugend oft eine Sache verherrlicht hat, die in dem Zusammenhange der Verfassungsgeschichte als verwerflich erscheint.' Unserseits dürfen wir hinzufügen, dass englische Geschichtschreiber überall nur zu sehr geneigt sind — vielleicht der praktischen Richtung des englischen Nationalcharakters entsprechend — historische Begebenheiten und speciell Veränderungen im Verfassungsleben als Wirkungen des Thuns einzelner Menschen zu fassen. Der deutschen Geschichtsbetrachtung wird freilich von englischer Seite der entgegengesetzte Vorwurf gemacht, dass wir zu wenig die entscheidenden Persönlichkeiten in Betracht ziehen. Das mag zuweilen bei einfach historischer Erzählung richtig sein. Aber ich bin der Meinung, dass, wenn irgendwo, so in dem langen und ungestörten Verlaufe des Verfassungslebens eines Staates dessen Eigenart und die Gesammtbedingungen seiner Existenz das Entscheidende sind, die fördernden und hemmenden Staatsmänner aber nur ein Product verschiedener Factoren darstellen, die nach dem natürlichen Verlaufe der Verfassungsentwickelung dieses Staates zur Geltung kommen. Verdienst und Fehler des Staatsmannes liegen eben in dem Maasse seiner richtigen Erkenntniss jener Factoren. Diese selbst aber werden für unseren Zweck immer wichtiger sein, als wer sie zur Geltung brachte.

Noch nach einer anderen Seite bedarf aber der Titel dieser Vorlesungen einer Erklärung. Ich werde die Geschichte der englischen Staatsverfassung nur in einem räumlich beschränkten Sinne behandeln.

Das britische Reich zeigt nämlich in seinem gegenwärtigen, über den Erdball zerstreuten Bestande, von regierenden Volksversammlungen abgesehen, die meisten Verfassungsformen nebeneinander, welche der Verlauf der Geschichte bei Culturvölkern überhaupt bietet. Von allen diesen zum britischen Reiche ausserhalb Europas zählenden Gebieten werde ich aber nicht handeln, eben so wenig von den europäischen ausserhalb der britischen Inseln, und auch unter diesen werde ich die Verfassungen von Schottland und Ireland nur flüchtig berühren, da sie — seit Kelten und Normannen angelsächsischer Herrschaft haben weichen müssen — wesentlich oder durchaus nach englischem Muster gebildet sind, sonderlich Belehrendes aber in ihrem Gefüge nicht bieten.

ERSTER ABSCHNITT.
Die gegenwärtige Verfassung.

Die Verfassungsgeschichten der Griechen und Römer lassen sich nicht von ihrem Schlusse an betrachten, da sie in ihren letzten verfolgbaren Stadien nur kümmerliche Reste der lebendigen Kräfte zeigen, welche sie in ihrer Blüthezeit erfüllen. Dagegen werden mehrere Verfassungsgeschichten alter Staaten der Neuzeit und besonders die Englands am besten gewürdigt, wenn man sich stets, was ohnehin natürlich ist, des gegenwärtigen Zustandes erinnert. Eine solche Erinnerung hat dennoch keine Berührung mit den Tagesinteressen, von deren Herbeiziehung ich im Beginne der vorigen Vorlesung warnte; denn indem sie stets die Gegenwart hinter der Vergangenheit zeigt, lässt sie auch immer Anfang und Ziel der Entwickelung erkennen. Wir betrachten daher zuerst den heutigen, und zwar wesentlich den rein factischen Verfassungszustand der im dermaligen Reichsparlamente von Westminster vertretenen Gebiete von England mit Wales, Schottland und Ireland. Wir beginnen mit dem obersten Factor dieses Verfassungszustandes, dem Königthume, mit welchem wir auch die Organe seines Willens vorführen, betrachten dann die beiden Theile des Parlaments im engern Sinne und endlich die rechtliche Stellung der Bevölkerung.

Erstes Kapitel.
Das Königthum.

Es entspricht den Theorien vieler Politiker in den Staaten des europäischen Festlandes, dass das britische Königthum zu einer blossen Figur der Staatsgewalt ohne reelle Machtbefugniss geworden sei. Auch von englischen Juristen ist diese Meinung gelegentlich getheilt worden. Aus der Rede eines Staatsanwaltes führt Gneist[1] eine von ihm selbst gebilligte Aeusserung in diesem Sinne an: 'Die sogenannte Gewalt des Königs ist der Staat selbst. Alle Gewalten des Staates, legislative und executive, sind nominell in ihm. Nicht reell; denn der König kann keine Gesetze machen ohne Beirath und Zustimmung der Lords und Gemeinen im Parlamente, er kann kein Gesetz ausführen, anders als durch seine Richter und andere Diener der Justiz

---

[1] Verwaltungsrecht I. 656, dazu 1. Aufl. I. 274.

nach einer festgestalteten und regelmässigen Ordnung. Er thut in der Wirklichkeit nichts, aber nominell Alles'.[1])
Hiemit verträgt sich nun schon nicht zum besten, was ein in das Getriebe englischen Verfassungslebens tief eingeweihter Politiker, der früheste Rathgeber der jetzigen Königin, der verstorbene Baron Stockmar[2]) schrieb, während es sich im Februar 1852 um einen schwierigen Ministerwechsel handelte: 'Vielfach hat man mir in dieser Zeit gesagt: wir sind ruhig, weil wir die Ueberzeugung haben, dass die Königin ehrlich ist, keiner Partei angehört und daher auch auf keine Parteiintrigue eingehen wird;' ja er meinte[3]), der englische Monarch 'hat es immer in der Hand, wenn ihm die nöthige Fähigkeit nicht fehlt, sein eigener Premierminister zu sein'. Der verstorbene Prinz-Gemahl selbst, dem allseitig eine gründliche und unbefangene Kenntniss der Verfassung nachgerühmt wird, schrieb ebenfalls im Jahre 1852 über die Pflicht des englischen Souveräns, jede Verhandlung mit auswärtigen Mächten genau zu beaufsichtigen: 'Gleichgiltigkeit in dieser Beziehung würde nirgends mehr verachtet und mit

---

[1]) Noch stärker drückt etwa dasselbe Walter Bagehot, Englische Verfassungszustände (deutsch von Frau B. Henry-Lehmann mit Vorwort von Fr. v. Holtzendorff Berlin 1868) S. 88 aus: 'Die Königin hat kein solches Veto' (wie das Haus der Lords); 'sie muss ihr eigenes Todesurtheil unterschreiben, wenn die beiden Häuser es ihr einstimmig vorlegen'.
[2]) Denkwürdigkeiten 636.
[3]) A. a. O. 320.

Recht gering geschätzt werden, als in England'.¹) Von ihrem Vorgänger König Wilhelm IV., der wiederholt mit seiner eigenen Meinung in den Geschäften hervortrat, urtheilt die gegenwärtige Königin: 'Was auch seine Fehler gewesen sein mögen, so war es doch wohlbekannt, dass er nicht allein eifrig, sondern höchst gewissenhaft in der Erfüllung seiner Pflichten als König war. Er hatte ein wahrhaft gütiges Herz und war höchst besorgt zu thun, was Recht war'.²) Man sieht wohl, dass die königliche Stellung nicht als die eines Wesens aufgefasst werden darf, 'das in Wirklichkeit nichts thut'.

Auch die erfahrendsten englischen Staatsmänner treten dieser verbreiteten Meinung entgegen. Während einer parlamentarischen Debatte des Jahres 1866 äusserte der leitende Minister Graf Derby: 'Unser Volk ist sehr im Irrthume, wenn es annimmt, der Souverän übe auf die höchsten Berathungen und auf die Regierung des Landes nicht einen wirklichen, heilsamen und entschiedenen Einfluss aus'.³)

Bis in das Einzelne sind gegenwärtig die Einwirkungen des Souveräns auf den Gang zunächst der aus-

---

¹) Th. Martin, The life of H. R. H. the Prince Consort II. 159, womit sich Bagehot's Bemerkung S. 89 erledigt, 'es sei ebensowenig eine authentische ausführliche Belehrung über das vorhanden, was der Königin zusteht, wie über das, was sie thut'.

²) Martin II. 177.

³) Todd I. 178.

wärtigen Geschäfte geregelt und zwar durch ein eigenhändiges Memorandum der Königin vom 12. August 1850, nach welchem der Minister verpflichtet ist, dem Souverän genau darzulegen, was er in einem bestimmten Falle zu thun beabsichtigt, eine mit dessen Sanction versehene Auffassung und Formulirung aber in nichts verändert werden darf. Der damalige Leiter der auswärtigen Geschäfte, Lord Palmerston, verpflichtete sich: 'pünktlich den hier enthaltenen Anweisungen zu gehorchen'.[1]) Er wurde schon im nächsten Monate genöthigt, eine an die österreichische Regierung, ohne Vorwissen der Königin, gerichtete Depesche, 'weil sie der Ehre Englands derogire und unhöflich gegen Oesterreich' sei,[2]) zurückzunehmen und zwei Jahre später entlassen,[3]) als er, den ihm ertheilten Weisungen entgegen, in einem Gespräche mit dem französischen Botschafter den blutigen Staatsstreich billigte, durch welchen der Prinz Ludwig Napoleon sich zum Gebieter Frankreichs machte. Wie für die auswärtigen, so muss der Souverän auch für die übrigen Angelegenheiten um seine Genehmigung angegangen werden. Die betreffenden Depeschenkästchen 'werden täglich durch Hofcouriere aus den verschiedenen Bureaux der Mo-

---

1) Martin II. 305.
2) Ib. II. 326.
3) Ib. I. 412—420.

narchin zugesandt'. 'Das Lesen und Erwägen dieser Schriften bildet einen erheblichen Theil der laufenden Geschäfte der Königin.'¹) Mit Erstaunen vernahm Napoleon III. im Jahre 1854 bei seiner Zusammenkunft mit Prinz Albert in Boulogne die Thatsache, 'dass jede Depesche durch der Königin Hand gehe und von ihr gelesen werde'.²) Diese Masse der Ernennungen, welche königlicher Unterschrift bedürfen, ist seit 1862 durch förmliches Gesetz erheblich beschränkt worden — fast 16.000 Officierspatente hatte die fleissige Fürstin doch noch nicht unterzeichnen können³) — aber kein Einsichtiger wird in der Minderung dieser formellen Regierungsarbeit eine Einbusse königlicher Einwirkung auf die wesentlichen Geschäfte des Reiches erblicken. Dieselbe ist nur zu einem höheren sittlichen Werthe gehoben worden. Genau hat sich eben erfüllt, was Stockmar im Jahre 1854 feierlich verkündete:⁴) 'Lasst Leute gleich dem verstorbenen Lord Melbourne klagen: "Die verwünschte Moralität wird sicher noch Alles ruiniren"; ich meinerseits kann vor Gott bezeugen, dass die englische Reichsmaschine nur dann ruhig und gut arbeiten wird, wenn der Souverän aufrichtig und vertrauenswürdig ist.'

---

[1] Todd I. 199.
[2] Martin III. 110.
[3] Todd I. 205, II. 470.
[4] Martin III. 550.

Eine vollkommene Beherrschung des Hofes war freilich eine der Bedingungen, damit das Königthum diese überlegene Stellung gewinne. Es ist sehr bemerkenswerth, dass der siegreiche Kampf, den dasselbe zur Behauptung seiner Macht gegen die parlamentarischen Parteien vornehmlich seit dem Beginne der Regierung Georgs III. geführt hat, ein so wesentliches Element seiner Gewalt übersehen liess. Als Georgs III. Enkelin, die gegenwärtige Königin, den Thron bestieg, war die Hofverwaltung zwischen vier Aemtern, des Oberst-Hofmeisters, -Kämmerers, -Stallmeisters und dem Staatsamte der Wälder und Forsten getheilt.¹) ʽDie genannten drei obersten Hofbeamten waren aber auch zugleich hohe Staatsbeamte, die mit jedem Ministerium wechselten. Keiner derselben verweilte dauernd am Hofe, zwischen ihren drei Departements bestand keinerlei Band der Einheit, und die gegenseitige Abgrenzung derselben war willkürlich, unzweckmässig und zum Theil unklar.' Zu Reparaturen in den Palästen waren Monate erforderlich, ʽzwei Drittel der männlichen und weiblichen Dienerschaft war ohne Herrn im Hause'. Es bedurfte langer Verhandlungen mit allen Betheiligten, bis Prinz Albert im

---

¹) Eingehend bei Martin I. 157 f., und Stockmar, Denkwürdigkeiten 404; Charles R. Dodd, A manual of dignities, privilege and precedence. London (1842), 120 f., an sich hier wenig befriedigend, gibt doch den Zustand, wie er sich nach dem Beamtenschema des königlichen Haushaltes darstellte.

Jahre 1844 durchsetzte, dass sie ihre Befugnisse einem Hausbeamten, dem Master of the houschold,[1]) übertrugen, der seine Befehle direct von dem Souverän empfängt.

Eine weitere Vorbedingung für die freie Wirksamkeit des Souveräns ist seine volle Autorität über die Mitglieder der königlichen Familie, die Georg III. trotz aller Einwendungen durch das "königliche Ehegesetz" vom 24. März 1772 gewann.[2]) Allen Nachkommen des Königs Georg II. — mit Ausnahme der Kinder im Auslande verheiratheter Prinzessinen — wird durch dasselbe untersagt, sich ohne königliche Genehmigung zu vermählen. Eine der Willkür bei solcher Genehmigung steuernde und einen gewissen parlamentarischen Einfluss ermöglichende Clausel ist doch wieder so eingeengt, dass schwerlich von ihr Gebrauch gemacht werden dürfte.

Die eigentliche oberste Leitung der Regierungsgeschäfte soll dem Souverän durch keine Gewalt geschmälert werden, welche ihm zur Besorgung der Landesgeschäfte dient. Und von diesem Gesichtspunkte muss man denn auch die obersten Aemter betrachten, die daher weder von der königlichen Gewalt aufgesogen, noch zu einer Verminderung ihres Ansehens miss-

---

[1]) Noch Dodd 128 sieht in ihm nur einen Aufseher der Dienerschaft.
[2]) May I. 264; Lord Mahon, Hist. of Engl. V, 324, Tauchnitz ed.

braucht werden können, ohne dem Geiste der Verfassung zuwider zu handeln. Für das erstere gab der Gemahl der jetzigen Königin ein bemerkenswerthes Beispiel. Trotz dringender Vorstellungen Wellington's, dessen Nachfolger in dem von dem Wechsel der Parteiregierungen unabhängigen Amte eines Höchstcommandierenden der britischen Armee zu werden, lehnte er diesen Machtzuwachs ab, weil er denselben mit seiner Stellung zur Krone nicht vereinbar fand. Anderseits ist es eine irrige Vorstellung, wenn man annimmt, dass das Amt eines 'Premier', eines Ministerpräsidenten, eine Minderung des königlichen Ansehens bedeute.[1] Der Abscheu, den man im siebzehnten Jahrhundert gegen dieses Amt hatte, das man damals dem eines Grossveziers verglich,[2] ist wohl einer ruhigeren Auffassung, gleichsam einer stillen Duldung gewichen, obwohl noch im Parlamente von 1806 mit Recht erklärt ward, dass 'die Verfassung die Idee eines Premier perhorrescire'. Eine Reihe hervorragender Staatsmänner hat die Ministerien des achtzehnten Jahrhunderts eben nur geistig geleitet. Der jüngere Wilhelm Pitt hat aber während seiner ersten Geschäftsleitung[3] als Premier die eigentliche 'Oberaufsicht über sämmtliche

---

[1] Bagehot 172 meint gar: 'das Haus der Gemeinen ist eine Wahlkammer, welche unsern Premier erwählt'.
[2] Todd II. 100.
[3] 19. December 1783 bis 5. Februar 1801.

Staatsbehörden˙ gewonnen, die seitdem von dem Premier im heutigen Sinne geübt wird.¹) Pitt selbst fasste seine Stellung dahin, dass Premier der sein müsse, ˙welcher sich gerade im Besitze des Vertrauens der Krone und des Hauses der Gemeinen befinde˙. Die Möglichkeit der Ersetzung dieser Geschäftsführung durch die früher, namentlich vor der Thronbesteigung des Hauses Hannover üblich gewesene nach Departements, bleibt der Krone trotzdem noch immer gewahrt. Ausdrücklich erklärte Lord Landsdowne, einer der besten neueren Kenner englischer Verfassung, im Jahre 1829 im Parlamente, ˙nichts könne verderblicher oder verfassungswidriger sein, als in einer Parlamentsacte die Existenz eines solchen Amtes anzuerkennen˙. Sieht man die Verrichtungen desselben näher an, so erscheinen sie in der That nur in der Reihe der neueren Erleichterungen des Herrscheramtes, welche dasselbe zu jener früher geschilderten, wahrhaft königlichen Oberleitung sittlicher Art befähigen.²)

˙Nach neuerer Praxis herrscht darüber Einverständniss, dass nur der Premier unmittelbar von der

---

¹) Todd II. 113, 115 f.
²) Damit erledigen sich auch die blendenden Ausführungen Bagehot's 13—17, 337. Nach ihm ist ˙die Existenz einer scheinbaren Prärogative der Königin und einer wirklichen Regierung in Downingstreet gerade geeignet für ein Land wie dieses und für ein Zeitalter wie das unserige˙. Das Cabinet ˙ist ein Ausschuss der legislativen Körperschaft, welcher dazu ausersehen ist, als executiver Körper zu fungiren˙ — ˙eine Spange, welche die beiden Theile an einander befestigt˙.

Krone gewählt wird. Er ist im eminenten Sinne des Königs Minister, in den die Krone verfassungsmässig ihr Vertrauen setzt, und ihm ist das Recht einzuräumen, natürlich vorbehaltlich der Genehmigung des Souveräns, seine Collegen zu wählen'.[1]) Diese immerhin grosse Macht könnte freilich factisch eine Gefahr für das Ansehen des Souveräns — jenes verabscheute Grossvezierat — in sich schliessen, wenn sie regelmässig von Häuptern der grossen Adelsfamilien bekleidet würde. Man hat aber bemerkt,[2]) dass das nur ganz ausnahmsweise geschehen ist — unter der Regierung der jetzigen Königin freilich dreimal, in den Jahren 1852, 1858, 1866, mit derselben Person, dem Grafen von Derby, der zweimal, 1852 und 1859, vom Oberhause vergeblich gestützt, durch die Gemeinen bald wieder beseitigt ward, im Jahre 1868 aber freiwillig zurücktrat.

Die Seltsamkeit der Stellung des Premier, dass sie eben nur eine factische und stets ersetzbare, nicht aber eine rechtlich anerkannte ist, wiederholt sich in vielleicht noch höherem Grade bei dem sogenannten 'Cabinet', welches die eigentliche Regierung in collegialischer Form führt. Dasselbe besteht nach einer von dem Souverän genehmigten Auswahl des Premier aus fünf bis sechzehn, neuerlich meist aus fünfzehn Personen, welche fast ausnahmslos Mitglieder des Mini-

---

[1]) Todd II. 122.
[2]) May II. 229.

steriums sind, und zu denen der erste Lord des Schatzes, der Schatzkanzler, der Lordpräsident des Rathes, drei Staatssecretäre, der erste Lord der Admiralität und der Lordkanzler immer gehören.[1] Seit der Thronbesteigung des Hauses Hannover wurde es üblich, bald nach dem Regierungsbeginne Georgs III. Grundsatz, dass der Souverän an den Berathungen des Cabinets nicht Theil nimmt. Es sind nach eines Mitgliedes, des Geschichtsschreibers Macaulay,[2] treffenden Worten 'einige in ihren Ansichten im Ganzen übereinstimmende Männer, zugleich die vertrauten Rathgeber des Souveräns und der Stände des Reiches, in grossen Geschäften bewandert und mit allen Staatsgeheimnissen vertraut. Dadurch erhält das Cabinet etwas von dem volksthümlichen Charakter einer Landesvertretung und die Landesvertretung etwas von der Würde eines Cabinets'. Trotzdem ist diese hohe Versammlung ohne rechtliche Stellung und der Verfassung derart unbekannt, dass ihren Mitgliedern schlechterdings kein besonderer Rang zukommt.[3] Bei der Berathung der Thronfolgeordnung im Unterhause im Jahre 1701 ist das Cabinet noch als eine schädliche 'Neuerung und Cabale' bezeichnet worden.[4] In der That sind noch

---

[1] So mindestens nach Dodd, Manual 261.
[2] VI. 248, Tauchnitz ed.
[3] Todd II. 118—129.
[4] Ranke, Englische Geschichte VII.² 229.

heute seine Sitzungen geheim. Nach der gegenwärtigen Praxis wird darin kein officielles Protokoll geführt. Auch Privatnotizen werden nicht gewünscht und nicht gern gesehen. Das Haus der Gemeinen würde selbst in seinen neugierigsten und stürmischsten Augenblicken nicht erlauben, dass eine Notiz aus einer Cabinetsitzung verlesen würde".[1])

Nicht nur bei der Auswahl der Personen des Ministeriums hat der Souverän seinen Willen zu erkennen zu geben. Trotz parlamentarischer Anfechtung und obwohl die Verfassungsmässigkeit der Sache zweifelhaft ist,[2]) haben wiederholt Minister vor ihrem Amtsantritte der Krone gewisse Versprechen abgegeben; namentlich hat der Grossvater der jetzigen Königin mehrfach an ihre Ableistung die Genehmigung der Ernennung gebunden. Im Jahre 1779 verlangte so Georg III. die Zusage, dass die zu Ernennenden niemals zu einem Friedenschlusse mit den rebellischen nordamerikanischen Colonien, am 24. März 1807, dass sie nicht zu irgend welcher Emancipation der Katholiken rathen wollten.[3])

In voller Offenheit hat der eben genannte König gerade bei dieser vielleicht wichtigsten innern Frage des letzten Jahrhunderts sein Entscheidungsrecht geltend

---

[1]) Bagehot 16.
[2]) Todd II. 125.
[3]) May I. 50, 108.

gemacht. Er entliess desshalb im Februar 1801 Pitt, dessen unbequeme Grösse er doch ganz zu würdigen wusste und den er wie einen Sohn liebte; er entliess im März 1807 die entgegengesetzte Partei unter Grenville, als dieser und seine Collegen sich dem königlichen Ansinnen widersetzten, ein schriftliches Versprechen abzugeben, keinen auf diese Frage bezüglichen Antrag mehr an ihn bringen zu wollen. Nachdem er jenes mit seinen Ansichten übereinstimmende neue Ministerium vom 24. März gebildet hatte, löste er das Parlament auf und ermahnte das Volk in einer Proclamation, durch die Wahlen zu zeigen, dass es ihn in Handhabung der Rechte seiner Krone unterstützen wolle.[1]

Gerade bei der damals unerwarteten Auflösung des Parlamentes trat das Königsrecht in dieser gewaltsamen Weise hervor. Ein noch stärkeres Beispiel gab aber der Sohn dieses Fürsten, der Vorgänger der jetzigen Herrscherin, König Wilhelm IV., am 22. April 1831 bei einer andern Parlamentsauflösung. Um ein widerspänstiges Unterhaus zu beseitigen, entschloss er sich so plötzlich zu derselben, dass sein Oberststallmeister vom Frühstücke weggeholt wurde, um den Staatswagen herbeizuschaffen.[2]

Und in noch ganz anderer Weise vermag der Souverän persönlich einzugreifen. So hat derselbe König

---
[1] May I. 117.
[2] Albemarle, Fifty years of my life. 3. ed. 1877 p. 362.

Wilhelm IV. die grösste Verfassungsänderung der letzten anderthalb Jahrhunderte, die Genehmigung der Reformbill vom Mai 1832, durch sein eigenstes Einschreiten bewirkt. Da das Gesetz an der Abneigung des Oberhauses zu scheitern drohte, in welchem eine weit überwiegende Majorität demselben feindlich war, so liess der König durch seinen Privatsecretär an jeden Lord dieser Majorität ein Schreiben richten, durch welches derselbe in öffentlichem Interesse auf seinen Widerstand zu verzichten aufgefordert wurde. Die Majorität wurde hiedurch für die Maassregel gewonnen.[1] Es muss aber zu des Königs Ehre noch besonders hinzugefügt werden, dass derselbe die Reformacte Anfangs mit der Besorgniss angesehen haben soll, 'dass die Prärogative der Krone darunter empfindlich leiden müsste'.[2]

Es erscheint mir dies Eingreifen des Königs, das Niemand zu tadeln wagte, für die Stellung der Krone gewissen Theoremen gegenüber besonders bedeutend. Im Jahre 1766 erklärte nämlich der Lord Oberrichter Mansfield, ein Mann von erprobter Gesetzeskunde und Redlichkeit, es sei verfassungswidrig, 'mit Hilfe des Namens Sr. Majestät Maassregeln im Parlamente durchzusetzen'.[3] Diese Rechtserläuterung wurde sogar dem

---

[1] May I. 144.
[2] Pauli N. (- Englische Geschichte in der Hirzel'schen neuesten Staatengeschichte), II. 24.
[3] May I. 37.

damaligen Könige Georg III. selbst gegeben, um ein anderes Gewissensbedenken desselben zu beseitigen.¹) Des Königs Freunde widersetzten sich nämlich mit Gebrauch seines Namens der von dem Ministerium gewünschten Aufhebung des Stempelgesetzes für die nordamerikanischen Colonien. Lord Mansfield's Spruch erklärte nun aber ferner, 'es sei zulässig und angemessen, die Ansicht des Souveräns bekannt werden zu lassen, um gesetzmässige Rechte des Königs und des Parlamentes aufrecht zu erhalten'. Die Minister ihrerseits erbaten sich demgemäss eine schriftliche Erklärung des Königs, wonach er nunmehr ihrer Ansicht beipflichtete. Hält man hiemit das von Wilhelm IV. zur Durchsetzung der Reformbill Geschehene zusammen, so wird man trotz Lord Mansfield die Zulässigkeit des persönlichen Eingreifens des Souveräns in besonders gewichtige parlamentarische Abstimmungen kaum bestreiten können.

Nur in éinem Punkte hat die königliche Gewalt seit der Thronbesteigung des Hauses Hannover im Jahre 1714 eine Minderung erfahren. Im Jahre 1717 sind auf Befehl des Oberhauses die Oxforder Thesen verbrannt worden, welche behaupteten, dass das Recht der Thronfolge nicht Parlamentsgesetzen, sondern

---

¹) Ueber die Lauterkeit seines Charakters vgl. Lord Mahon, Hist. of England, IV, 216 sq. V, 56 sq.

göttlicher Einsetzung entstamme.¹) Hiedurch hat die mystische Weihe der englischen Monarchie, speciell der später zu erörternde Gewinn der kirchlichen Hoheit von Seiten des Königthumes eine bedenkliche Erschütterung erfahren. Es war aber doch zugleich die unvermeidliche Abschliessung aus jener kirchlichen Hoheit abgeleiteter übermässiger Ansprüche der königlichen Gewalt und der nicht minder unvermeidliche Beginn der Trennung kirchlicher Ordnungen von staatlicher Aufsicht. Alle die Emancipationen der nicht zur anglikanischen Kirche Gehörigen, die seitdem erfolgt sind, wurden dadurch theoretisch erleichtert und die völlige Trennung der Kirche vom Staate, welche in Ireland durch das irische Kirchengesetz von 1869 vollzogen worden ist — das selbst den dortigen Bischöfen ihre Sitze im Oberhause raubte²) — wäre wohl sonst kaum von der Krone zu genehmigen gewesen.

'Niemals' — so schrieb die gegenwärtige Königin dem entsprechend schon im Jahre 1850 — 'niemals würde ich zugestimmt haben, etwas zu sagen, was einen Geist der Unduldsamkeit athmete.'³)

Georg III. und IV. freilich haben sich trotz des Statuts von 1717 wiederholt und namentlich bei ihren Weigerungen gegen die Katholikenemancipation auf

---

¹) Gneist, Verwaltungsrecht 652.
²) May III. 447.
³) Martin II. 330.

den Kroneid bezogen. Dieser legt aber nach der im März 1689 festgesetzten Form die Verpflichtung auf, in weltlichen Dingen 'zu regieren gemäss den im Parlamente genehmigten Statuten, und den Gesetzen und Bräuchen desselben'[1]) in geistlichen aber 'die durch das Gesetz aufgerichtete protestantische, reformierte Religion zu schützen'.[2]) Es wurde das gleich damals ausdrücklich dahin erklärt, dass dieser Theil des Eides den König nicht in seinem Gesetzgebungsrechte einschränken solle.[3])

Die Krönungsceremonie kann wohl, da sie sich durchaus in feudalen Formen bewegt, den Throninhaber mit der Vorstellung erfüllen, der auch der Eid nicht widerspricht, dass er die Rechte und Pflichten der Könige aus den Dynastien der Plantagenets und Tudors übernehme. Indem die Bischöfe und weltlichen Lords knieend ihren Huldigungseid ablegen und die letzteren sich noch jetzt wie vor achthundert Jahren 'mit Leben und Gliedern' 'bis zum Tode' zu absoluter Treue verpflichten, mögen auch sie sich ähnlichen Vorstellungen hingeben.

Aber sachlich ist durchaus zutreffend, wie der noch heute gefeiertste, vor hundert Jahren [4]) verstor-

---

[1]) May, Parl. 3.
[2]) 'Und die Rechte, Besitzungen und Privilegien des Klerus'. Dodd, Manual 444.
[3]) Macaulay, Hist. of Engl. IV. 116, Tauchnitz.
[4]) 14. Februar 1780.

bene englische Staatsrechtslehrer Blackstone die Natur des dortigen Königthumes fasst. Er erklärt dasselbe 'für einen Ausfluss der parlamentarischen Grundgesetze des Reiches'.[1]) Die Krone ist nach seiner treffenden Formulierung ein nach gemeinem Rechte, wenn auch unter bestimmten Einschränkungen — die wir noch kennen lernen werden — vererbliches Eigenthum, dessen Ansprüche unverjährbar sind und das seinem Besitzer einen unverantwortlichen Charakter verleiht. Auch eine Minderjährigkeit des Königs kennt die englische Verfassung nicht als solche; gegen zeitweilige Verhinderung in Ausübung der Regierungsgeschäfte kann wohl Vorsorge getroffen werden.[2]) 'Der König von England ist nicht nur der oberste, sondern der einzige Magistrat des Volkes, während alle anderen nach Auftrag und in geziemender Unterordnung unter ihm handeln.' 'Was aber fremden Mächten gegenüber durch königliche Autorität geschehen ist, ist verbindlicher Act der ganzen Nation.'

Die früher so bedeutend gewesene[3]) und noch näher zu erörternde Unterscheidung der Thätigkeit 'des Königs im Rathe' und 'des Königs im Parlamente' ist jetzt fast ohne praktischen Werth gewor-

---

[1]) Gneist a. a. O.
[2]) May I. 168.
[3]) Vgl. Abschnitt II. Kapitel 4. §. 3.

den, wenn auch der königliche Geheime Rath noch heute neben dem Oberhause (s. unten S. 44) vornehmlich für religiöse, maritime und Colonialangelegenheiten die höchste Appelinstanz bildet, die von einem ständigen Justizausschusse seit 1834 geübt wird.[1]) Organe des königlichen Willens sind eben nach jener richtigen Theorie Blackstone's alle Beamten des Reiches. Selbst in Städten, die ihre Behörden sonst selbstständig wählen, erscheinen meist noch, von denselben besoldet, königliche Polizeirichter und für die Strafgerichtsbarkeit bei den Quartalsitzungen noch ein königlicher Rechtskundiger (recorder).[2]) Ja, in der ganz exceptionell gestellten Stadtordnung von London sind die erwählten lebenslänglichen Magistratsräthe (aldermen) zugleich königliche Friedensrichter; die beiden Sheriffs aber, obwohl auch diese jährlich von der Gesammtheit der ordentlichen Gildenmitglieder[3]) gewählt werden, haben für London als eigene Grafschaft und der eine dazu für Middlessex die königlichen Rechte wie die von der Regierung selbst ernannten zu wahren.

Jedermann wird die monarchische Grundordnung des Reiches stets gegenwärtig gehalten.

---

[1]) Dodd, Manual 262.
[2]) Gneist, Selfgovernment 480, 620, vgl. 870.
[3]) Gneist, Stadtverwaltung der City von London in der Sammlung gemeinverständlicher Vorträge von Virchow und Holtzendorff. Heft 25. 1867, S. 32, 25. Sonst: Selfgovernment 645.

Zweites Kapitel.

Das Oberhaus.

Wie stark ausgestattet aber auch die königliche Gewalt uns entgegengetreten ist, andere stehen ihr mit eigener Macht zur Seite, vor Allem 'der hohe Hof' der beiden Häuser 'des Parlamentes', die Rath zu ertheilen auf Befehl der Krone zusammentreten.

Zunächst macht ihre hohe Stellung sich dadurch bemerkbar, dass jeder der beiden Theile des Parlamentes, das Ober- wie das Unterhaus, die Disciplinargewalt über seine Mitglieder völlig frei übt.

Es ist aber ein grosser, im vorigen Jahrhundert zu einer Theorie ausgebildeter Irrthum, wenn man annimmt, die vollziehende und gesetzgebende Gewalt seien in der englischen Verfassung ähnlich geschieden, wie in denen der nordamerikanischen Union und der constitutionellen, monarchischen wie republikanischen, Staaten des europäischen Festlandes. Staatsrechtlich wie praktisch sind vielmehr in der britischen Verfassung nicht nur Executive und Legislative untrennbar mit einander verbunden,[1] sondern beiden sind auch starke gerichtliche Befugnisse beigemischt. Das muss bei der Betrachtung der Rechte beider Häuser

---

[1] Ihre 'Verschmelzung und Vereinigung' nennt Bagehot 19 doch wohl zu stark: 'das feste Grundprincip der englisch-parlamentarischen Regierung'.

des Parlamentes stets berücksichtigt werden, wenn man nicht überall Anomalieen statt der Regel sehen will.

Ueber die Unabhängigkeit des Oberhauses, das uns zuerst beschäftigt, dürfen auch die beiden früher erwähnten Thatsachen nicht täuschen, dass ein König dessen Entscheidung zu Gunsten der Reformacte erzwang und seine Mitglieder als oberste Kronvasallen noch heute den in feudalem Sinne bindenden Treueeid zu leisten haben. So wenig der Souverän eine blosse Figur, eben so wenig ist das Oberhaus ein Werkzeug in seiner Hand.

Thatsachen, die zu solcher Meinung führen können, werden freilich schon von May im Beginne seines Geschichtswerkes geltend gemacht: die ganze meist erbliche Körperschaft beruht auf Ernennungen und Rangerhöhungen von Seiten der Krone; ihre Mitglieder wünschen weitere Auszeichnungen und Clientelen; durch ihren Rang stehen sie im Bereiche der Hofgunst; die Hervorragendsten treten in ein natürlich freundschaftliches Verhältniss zum Souverän — hat doch jeder Peer das Recht, um eine Audienz über politische Fragen zu bitten —; das Oberhaus hat daher, mit seltenen Ausnahmen, stets auf Seiten der Krone gestanden, den König selbst gegen seine Minister gestützt. Aber derselbe Schriftsteller, der diese Momente anführt, zollt anderwärts[1]) der Selbstschil-

---
[1]) May I. 319.

derung Beifall, welche Graf Granville vor zehn Jahren, am 14. Juni 1869, dem Hause der Lords vorhielt: 'Ihr seid sehr mächtig, um Gutes zu thun; aber Ihr habt nicht die Macht, den nationalen Willen zu kreuzen, wenn er schicklich und verfassungsmässig ausgedrückt wird'.¹)

Diese treffende Bemerkung erklärt sich leicht genug, wenn man sich Zusammensetzung und Geschäftskreis dieses Hauses vergegenwärtigt.

Von den 483 Mitgliedern, welche dasselbe mindestens vor einigen Monaten zählte, — die volljährigen Prinzen des königlichen Hauses abgerechnet, welche ihm ebenfalls angehören — sind 70 nicht erblich, davon 26 geistlichen und 44 weltlichen Standes. Die Geistlichen sind — da durch die irische Kirchenbill von 1869 die vier irischen Bischöfe des Hauses mit 1. Januar 1873 ihre Plätze eingebüsst haben ²) — nur Bischöfe der anglikanischen Kirche des eigentlichen England, von denen die beiden Erzbischöfe und drei andere durch ihre Ernennung, die übrigen aber erst nach einem 1847 festgesetzten Turnus berufen werden.³) Von den nicht erblichen weltlichen Peers werden gemäss der Union mit Ireland vom 2. Juli 1801 aus

---

¹) Bagehot 140 freilich meint, das Oberhaus 'ist eine Kammer mit einem aufschiebenden Veto und mit dem Rechte der Revision, sonst aber ohne andere Rechte und Befugnisse'.
²) May Parl. 9.
³) May I. 300.

der irischen Pairie 28 auf Lebenszeit, gemäss der Union mit Schottland vom 1. Mai 1707 aus der schottischen 16 auf die Dauer des jedesmaligen Parlamentes, d. h. auf höchstens sieben Jahre gewählt. Diese ganz unverhältnissmässig geringe officielle Vertretung der beiden Nebenreiche im britischen Oberhause wird aber durch folgendes von May[1]) dargelegte Sachverhältniss ausgeglichen. In beiden Nebenreichen sollen nach den Unionsverträgen die vorhandenen Pairieen erhalten bleiben. Die schottische durch Ernennung zu vermehren oder zu erhalten verzichtete die Krone gänzlich, für die irische wurde nur eine Verminderung auf die Maximalzahl von hundert Peers in Aussicht genommen. Eine Umgehung der dürftigen schottischen Repräsentation durch Ernennung schottischer Lords zu englischen Pairieen hat das britische Oberhaus freilich von 1711, wo eine solche von der Königin Anna versucht ward, bis 1782 durch Nichtaufnahme der Ernannten zu verhindern gewusst; aber in dem letzteren Jahre erwirkte sich die Krone eine richterliche Entscheidung zu ihren Gunsten. Hierauf hat sie allmählich von den 78 schottischen Peers, die 1860 noch übrig waren — ihre heutige Zahl kann ich nicht angeben — 40 in das britische Oberhaus berufen, so dass, die 16 auf Parlamentsdauer erwählten

---

[1]) I. 286—290.

Mitglieder hinzugerechnet, nur noch 22 schottische Peers nicht zugleich englische waren; ebenso waren im Jahre 1860 — eine neuere Statistik hat auch May bei der Ausgabe von 1878 nicht vorgelegen — von 193 irischen Peers 71 mit erblichen Sitzen im Oberhause des vereinigten Königreiches ausgestattet; in demselben sitzen also, wenn man die 28 auf Lebenszeit gewählten hinzurechnet, etwa so viele irische Peers als die zukünftige Maximalzahl derselben überhaupt betragen soll.

Neben den 70 nicht erblichen enthält das Oberhaus sonach jetzt 111 dem schottischen und irischen hohen Adel entnommene Mitglieder, so dass noch etwa 310 Herren übrig bleiben, welche den eigentlich englischen darstellen, darunter die Häupter fast aller angesehensten Familien des Landes. Man hat jedoch hiebei im Auge zu behalten, dass in Folge der streng durchgeführten Primogenitur Nachkommen der jüngeren Söhne im dritten Geschlechte ausnahmslos keinen Adelstitel mehr haben und in der übrigen Bevölkerung verschwinden; daher auch vollkommen treffend von dem amerikanischen Geschichtschreiber Bancroft bemerkt worden ist,[1]) der englische Adel

---

[1]) History of the United States IV. 26 ed. Routledge. Bagehot 214.: 'Die englische Aristokratie hat niemals eine besondere Kaste gebildet und thut dies auch jetzt nicht' — was freilich wieder zu viel gesagt ist, wie die Zeiten bis auf Edward I. lehren.

bezeichne überhaupt nur einen Rang 'ein persönliches, auf einen Einzigen übertragbares Amt' und keine Kaste. Man wird sich aber aus diesem Sachverhältnisse auch zum Theil das ganz auffallend rasche Erlöschen von Peersfamilien zu erklären haben — sind doch von 1761 bis 1870 nicht weniger als 591 neue Erbpairieen zu den 174 begründet worden, die im Jahre 1760 vorhanden waren, so dass, mit der gegenwärtigen Zahl verglichen, seit eben jenem Jahre 1760 etwa 350 erloschen sind. Es kann daher nicht Wunder nehmen, wenn schon vor zwanzig Jahren nur 98 Familien vorhanden waren, deren Peerstitel aus der Zeit vor dem genannten Jahre 1760 datirten; freilich kommt noch dazu eine nicht festgestellte, doch schwerlich erhebliche Anzahl solcher, die schon früher mit niedrigerem Range dem Oberhause angehörten.[1]) Aber die Zahl der Familien, welche, wie doch zahlreiche des deutschen Reichsfürstenstandes, schon im 13. Jahrhunderte im Besitze ihres Ranges waren, ist immerhin in England eine äusserst geringe. Nur drei — die Hastings, De Ros und Audeley — oder sechs sollen[2]) ihre Zugehörigkeit schon für das 13. Jahrhundert, nur vier — die

---

[1]) May I. 282 ff.
[2]) Die letzteren Zahlen nach Dodd s. u.; die ersteren Zahlen nach einer mir vorliegenden, doch nicht genauen Zusammenstellung vgl. unten Abschnitt II. Kapitel 3, §. 7 am Ende. Volle Sicherheit können nur die Familienpapiere dieser Häuser geben.

Camoys, Clinton, Dacre, Willoughby — für das 14., nur sieben oder acht für das 15., nur elf oder zwölf für das 16. Jahrhundert erweisen können. Diese 26 bis 30 Peerstitel allenfalls mit noch 15 von den beiden ersten Stuarts bis 1644 datirenden,[1]) also höchstens 45 im Ganzen, wahrscheinlich aber weniger, können unter jenen 98 als die echte Repräsentation irgend welcher feudaler Ueberlieferungen angesehen werden. Die übrigen, mindestens 53, sind meist Nachkommen von Kämpfern in den parlamentarischen Streitigkeiten der hundert Jahre von der Restauration der Stuarts bis zu Georg III., also durch ihre Traditionen mehr oder weniger auf eine parlamentarische Stellungnahme angewiesen. Von den etwa 212 Mitgliedern, deren Erhebung seit 1760 datirt, dürfte die kleinere Hälfte meist auf die Ernennungen zurückgehen, welche Georg III. und IV. vornahmen, um die persönliche Ergebenheit an die von diesen beiden Königen gewünschte Politik zu belohnen, welche namentlich der jüngere Pitt für Georg III. auf das glänzendste vertrat: auf seine Empfehlungen sind ja allein zwischen 1784 und 1801· nicht weniger als 140 Erhebungen zur Pairie erfolgt. Man wird in den aus jenen beiden

---

[1]) Die Liste bei Dodd, Manual 526, lässt im Jahre 1842 noch 29 Pairieen aus der Zeit vor Jacob I. vorhanden sein, nämlich 4 Heinrichs III., 2 Edwards I., 4 Edwards II., 2 Heinrichs VI., 2 Richards III., 4 Heinrichs VII., 3 Heinrichs VIII., 3 Edwards VI. und 5 Elisabeths.

Regierungen stammenden Titeln meist bleibende Zeugnisse der gewaltigen Einwirkung des Königthums in jener Zeit zu erblicken haben. Auf die Mehrzahl der etwa 135 Ernennungen, welche seit Georgs IV. Tode im Jahre 1830 erfolgt sind — darunter ungefähr 80 durch die Königin Victoria — lässt sich keiner der älteren Gesichtspunkte mit Grund anwenden. Sie sind nur zum kleinsten Theile, wie die 16 von Lord Grey zur Durchbringung der Reformbill im Jahre 1831 veranlassten, nach den Parteirücksichten erfolgt, die zwischen 1660 und 1760 bestimmend waren, aber gar nicht zu einer beabsichtigten Stärkung des monarchischen Elementes, wie zwischen 1760 und 1830. An Bewerbern, wohl mit beiden Ansprüchen, hat es freilich nicht gefehlt, wie denn noch neuerlich ein Minister entdeckte, dass in éinem Jahre dreissig seiner Anhänger auf die Pairie hofften. Man wird vielmehr mit May, der das berichtet, sagen dürfen, dass — mindestens seit der Reformacte von 1832 — die 'im Kriege oder in der Diplomatie' und 'die an Geist, Bildung und Reichthum Hervorragendsten' in das Oberhaus berufen worden sind. Immerhin bilden sie nur etwa ein Fünftel dieser Versammlung; deren Charakter lässt sich eben nicht mit allgemein giltigen Formeln bezeichnen, wie sie wohl versucht worden sind: dass sie 'einen repräsentativen Charakter habe' nach May, oder 'Vertreterin des gemeinrechtlichen Eigenthumssystems sei' nach Gneist.

Die Pflichten und Befugnisse des Oberhauses erinnern mehrfach an die des römischen Senates, während die mit diesem Namen versehenen Körperschaften anderer Staaten ihm viel weniger entsprechen. Seine Rechte lassen sich nach den persönlichen der Mitglieder, den selbständigen des Hauses und den mit Gemeinen und Krone gemeinsam geübten, theilen.[1]) Für unsere Zwecke dürfte aber eine andere Betrachtungsweise entsprechender sein.

Zunächst bildet das Oberhaus, wie in seinen continentalen und überseeischen Nachahmungen, einen der drei Factoren der Gesetzgebung, derart jedoch, dass die meisten Acte derselben, die finanziellen regelmässig, ihm erst zugehen, wenn die Debatten des Unterhauses und die Aeusserungen der öffentlichen Meinung, die Möglichkeit gebracht haben, über den Gegenstand ein allseitig begründetes Urtheil abzugeben.

Zweitens nimmt dasselbe auf gleichem Fusse mit dem Unterhause Theil an der parlamentarischen Verwaltungscontrole durch die sogenannten Privatbills, d. h.[2]) 'Verfügungen, welche nicht den Staat, sondern das Interesse einer oder mehrerer Personen berühren, mögen diese Individuen, Gesellschaften, Corporationen, Städte oder Grafschaften sein'. Das äusserlich charakteristische der Privatbills ist, dass sie nur auf dem

---

[1]) May, Parl. 52.
[2]) May, Parl. 697 ff.

Wege der Petition und gegen Bezahlung eingebracht werden können. Bei einigen dieser Petitionen, wie um Grundveräusserungen, Ehescheidungen, Naturalisationen, entscheidet das Oberhaus zuerst, bei den meisten das der Gemeinen.

Drittens fungirt das Oberhaus durch jedesmal 'aufgetragenes Recht der Krone'[1]) als Gerichtshof. Es bildet — was gesetzlich erst reguliert ward durch die Appellationsgerichtsacte von 1876[2]) — auch in Zeiten der Vertagung und Auflösung des Parlamentes die höchste Rechtsinstanz, ausser in den[3]) Angelegenheiten, welche dem geheimen Rathe reservirt sind. In diesem seiner Kostspieligkeit wegen nicht häufig vorkommenden Falle nehmen nur die bestellten rechtskundigen Mitglieder, darunter zwei ständige Appellationslords, an den Verhandlungen Theil, zu denen auch sonst Richter der Reichsgerichte beigezogen werden können. Die Gesammtheit des Oberhauses nimmt aber Theil bei der Entscheidung in folgenden Processen: bei Anklagen gegen Peers wegen Hochverrathes oder Capitalverbrechen — denn bei Vergehen derselben entscheiden die Geschworenen[4]) — sowie bei allen Anklagen, welche vom Unterhause gegen eine Person

---

[1]) Gneist, Verw. 1200.
[2]) May, Parl. 54.
[3]) Vgl. oben S. 34.
[4]) May, Parl. 687.

erhoben werden. In einzelnen Fällen kann wohl die Anwesenheit aller Mitglieder von dem Hause beschlossen werden, wie das zuletzt im Jahre 1820 in dem Processe wegen Ehescheidung und Degradirung der Königin Karoline, Gemahlin Georgs IV., geschehen ist,[1]) ein Process, dessen Anstrengungen mehreren kränklichen Mitgliedern das Leben kosteten.

In den Formen seiner Verhandlungen, wie zum guten Theile in seiner Beamtenschaft, bewahrt das Oberhaus noch heute den Brauch wie vor Jahrhunderten. Es hat keinen Präsidenten mit irgend welcher Disciplinargewalt. Der Lordkanzler oder Grosssiegelbewahrer — wohl zu unterscheiden von dem Geheimsiegelbewahrer, der jetzt ebenfalls Mitglied des Cabinets ist — leitet gesetzlich[2]) die Verhandlungen. Bei Erledigung der Stelle tritt ein von der Krone bezeichneter höherer Richter ein, gewöhnlich der Oberrichter von England, d. h. der Vorsitzende der Königsbank, und, falls auch ein solcher fehlt, ein von den Lords aus ihrer Mitte 'zeitweise' Erwählter. Nur bei gerichtlichen Verfahren gegen einen Peer hat meist nach Wunsch des Hauses der Obersthofmeister den Vorsitz.[3]) Für die freieren Berathungsformen, die man Committee nennt, wird seit dem Jahre 1800 ein besoldeter Vorsitzender erwählt,

---

[1]) May, Parl. 215, der hierin jedoch nur eine Ausnahmebestimmung sieht.
[2]) Ebendas. 278 ff.
[3]) Ebendas. 68 f.

formell nur für jede Session, aber factisch bis zu seinem eigenen Rücktritte. Der regelmässige Vorsitzende, der Lordkanzler, ist als solcher keineswegs Mitglied und auch wiederholt trotz des Vorsitzes wirklich nicht gewesen. Er, der unbedeckten Hauptes zu den Peers sprechen muss, darf nicht einmal im Zweifelfalle selbständig entscheiden, wer sich zuerst zum Worte gemeldet hat. Die Ordnung wird aber nach Herkommen so streng gehandhabt, dass heftige Worte eines Mitgliedes gegen das andere schlechterdings nicht geduldet werden;[1]) eine nachträgliche Herausforderung wegen einer im Hause gefallenen Aeusserung ist noch im Jahre 1780 'als Zeichen der Missachtung' mit Haft im Tower bestraft worden. Kein Eintretender darf sich niedersetzen, ohne sich gegen den Thron verneigt zu haben. Zur Beschlussfähigkeit genügen drei Mitglieder und nicht ganz selten sind wichtige Beschlüsse von einer geringen Zahl gefasst worden. Abwesende können gesetzlich zwar durch Bevollmächtigung eines Andern stimmen; doch hat das Oberhaus am 31. März 1868 die Uebung dieses Rechtes durch Abschaffung des Aufrufes der Bevollmächtigungen ausser Kraft gesetzt.[2])

Fassen wir unsere Beobachtungen zusammen. Das Oberhaus hält seine Berathungen noch in mittelalter-

---

[1]) May, Parl. 228, 230, 319, 346.
[2]) Ebendas. 382 und 213.

lichen Formen; aber sein Bestand stellt dar: die Ueberlieferungen des anglikanischen Klerus und des hohen Adels der Vorzeit der drei Reiche, dazu aber die aus den Parteikämpfen des 17. und 18. Jahrhunderts hervorgegangenen politischen Ordnungen mit starker Betonung des monarchischen Charakters des britischen Staates und dazu die höchsten Culturinteressen der drei Reiche — das Alles, von den Geistlichen abgesehen, vertreten durch die angesehensten Familienhäupter der drei Reiche.

Eben in der Erblichkeit der bei Weitem grössten Zahl der Peerswürden liegt doch ein ganz charakteristisches Merkmal dieser Versammlung, wie denn das Oberhaus selbst die Krone im Jahre 1856 genöthigt hat, auf den damals gemachten Versuch zu verzichten, die seit vier Jahrhunderten ausser Gebrauch gekommene Ernennung von Peers auf Lebenszeit zu erneuern.¹)

Drittes Kapitel.

Das Unterhaus.

4. Vorlesung.

Der dritte Factor des Parlamentes — denn der Souverän gilt fortwährend technisch als der erste — wird, weil er Communitäten oder Körperschaften der

---

¹) May, I, 291—299. Bagehot, 89 und 165, findet die Ablehnung lebenslänglicher Collegen freilich 'sehr unverständig' und dem eigenen besten Interesse des Oberhauses entgegen.

ganzen Bevölkerung vertritt,[1]) als die 'Gemeinen des Königreiches' bezeichnet, daneben auch, wenn gleich so wenig wie das der Lords als Oberhaus in officieller Form, als Unterhaus.

Es kann gegenwärtig in der That als das gelten, was einer der besten britischen Politiker, Edmund Burke (1730—1797) als sein Ideal für dasselbe bezeichnete: 'die im Volke lebenden Gefühle treu abzuspiegeln'.[2]) Es ist auf Grund eines Wahlgesetzes gebildet, das für England am 15. August 1867 erlassen wurde und Nachtragsbestimmungen im December dieses Jahres, im folgenden und im Jahre 1872 erhielt, für Schottland und Ireland aber aus dem Jahre 1868 stammt. Es besteht das Unterhaus hienach jetzt aus 651 Mitgliedern,[3]) von denen 103 auf Ireland, 60 auf Schottland fallen. Wählbar ist schon seit 1858 jeder unbescholtene und nicht geistesgestörte Engländer, der das einundzwanzigste Jahr zurückgelegt hat und nicht öffentliches Almosen empfängt, noch mit der Regierung in Geldgeschäften steht;[4]) wer trotz solcher Geldgeschäfte ein Mandat annimmt oder behält, muss

---

[1]) Stubbs II, 166, dazu vgl. unten Abschnitt II, Kap. 3, §. 8 am Ende.
[2]) Bagehot, 216: 'Es gibt in charakteristischen Worten das charakteristische Gefühl der Nation wieder.' Ueber die formellen Schwächen seiner Acte täuscht er sich dabei durchaus nicht; jeder Sachkundige werde sagen: 'ich würde meinen Rechtsanwalt entlassen haben, wenn er meine Geschäfte so besorgt hätte, wie das Unterhaus die Geschäfte der Nation besorgt'. S. 214.
[3]) May, Parl. 26.
[4]) May, Parl. 35.

für jeden Tag seiner Anwesenheit im Hause 500 Pfund Sterling Busse bezahlen. Nicht wählbar sind die Mitglieder des Oberhauses, die höheren Richter und gewisse Beamtenkategorien.¹) Die beiden Vorsitzenden allein, der 'Sprecher' für die regelmässigen Debatten und der Committeepräsident für die freieren, meist der dritten Lesung eines Gesetzentwurfes vorangehenden Conversationen, erhalten Besoldungen; kein anderes Mitglied empfängt aber eine Entschädigung für seine Mühewaltung; es ist daher factisch die Wählbarkeit regelmässig auf Wohlhabende beschränkt. Wahlberechtigt ist aber nach jenen Gesetzen von 1867 bis 1872 mit einer sehr weit gezogenen Grenze, jeder unbescholtene Besitzer eines eigenen Hausstandes,²) der kein öffentliches Almosen empfängt und — in Städten ein Jahr — in dem Wahlbezirke wohnt, so dass in der That nur die ganz Mittellosen ausgeschlossen sind. Von den Wahlreformen der Länder, in welchen allgemeines Wahlrecht herrscht, unterscheidet sich die englische aber wesentlich — ganz von den Vertretern der sechs Universitäten in den drei Reichen abgesehen — durch die historische Eintheilung der Wahlbezirke, deren einzelne unter viertausend Seelen enthalten, während Städte von der Grösse Liverpools und Manchesters nur drei Vertreter entsenden. Auch das

---

¹) May, Parl. 30—32.
²) May III. 437.

illustrirt das Sachverhältniss, dass die etwa vierthalb Millionen Einwohner von London mit seinen Vorstädten nur 26 oder, Greenwich hinzugezählt, 28 Vertreter, die nicht ganz so zahlreiche Einwohnerschaft Schottlands aber, wie erwähnt, 60 Abgeordnete wählt.

Die Wahlen erfolgen für die Dauer des jedesmaligen Parlamentes, die seit April 1716[1]) auf sieben Jahre normirt ist, mit dem Ableben des berufenden Souveräns aber auch sonst erlischt. Diesem steht auch, wie besonders seit 1868 anerkannt wird,[2]) das Recht zu, das Unterhaus jederzeit aufzulösen, 'das Haus möge das nun für mehr oder weniger rathsam halten'. Durch königliche Prorogirung wird die Gesammtdauer in Sessionen getheilt. Seit 1818 wird die Auflösung nur durch Proclamation verkündet, die Prorogirung durch den Souverän oder dessen Commissäre. Zur Beschlussfassung gehört, wahrscheinlich seit dem Jahre 1640,[3]) die Anwesenheit von vierzig Mitgliedern.

Für zwei seiner wichtigsten Competenzen sind seltsamer Weise die Berechtigungen des Unterhauses dem Oberhause gegenüber zweifelhaft. Die Gemeinen nehmen das Recht in Anspruch, Steuer- und Anlehensgesetze zuerst zu berathen und die Staatsausgaben

---

[1]) Mahon, Hist. of Engl. I, 216.
[2]) Todd II. 347—349.
[3]) May, Parl. 220.

im Einzelnen zu bestimmen; den Lords gestehen sie nur das Recht allgemeiner Annahme oder Verwerfung zu, und ein noch zu erwähnendes Statut Heinrichs IV. von 1407[1]) ist dieser Auffassung wohl formell günstig. Das Oberhaus hat aber dieses Recht niemals anerkannt und steht noch heute auf seiner Verwahrung von 1700.[2]) Im Jahre 1860 hat es dem entsprechend eine von den Gemeinen bei Gelegenheit des Budgets beschlossene Aufhebung der Papiersteuer abgelehnt und den maassvollen Protest der Gemeinen unbeantwortet gelassen, die ihrerseits die Abschaffung im nächsten Jahre bei einer anderen Gelegenheit durchsetzten.[3])

Anderseits hat das Unterhaus die Ausschliesslichkeit der jurisdictionellen Befugniss des Oberhauses niemals anerkannt. Allgemeine Versuche, an derselben Theil zu nehmen, soweit sie dessen Appellationsgerichtsbarkeit betreffen, scheinen freilich seit 1675 nicht gemacht worden zu sein.[4]) Auch seine Rechte als Staatsgerichtshof haben die Gemeinen seit 1717 nicht förmlich bestritten.[5]) Aber sie beanspruchen noch heute das Recht, bei Anklagen wegen Hochverraths oder Ge-

---

[1]) Stubbs III. 61, vgl. Abschnitt II. Cap. 4 §. 3.
[2]) May II. 104, n. 3.
[3]) May I. 318. II, 109—112.
[4]) May I. 307.
[5]) Gneist, Verwalt. 1203.

waltmissbrauchs nach dem Schuldigspruche der Lords die Strafe zu bestimmen, welche das Oberhaus verfügen soll. Obwohl dieser Anspruch von den Gemeinen in zwei Fällen, in den Jahren 1715 und 1746, einstimmig behauptet wurde,[1]) so scheinen ihn die Lords doch nie ausdrücklich anerkannt zu haben.

Aber trotz der mangelnden, genauen gesetzlichen Definirung sind die vollkommene Verfügung über die Geldmittel des Reiches und das unbeschränkte Anklagerecht die Hebel, durch welche das Unterhaus die entscheidende Einwirkung auf die Regierungshandlungen übt. Eine formelle Erklärung der Gemeinen, dass sie mit der Politik der Staatsregierung nicht einverstanden seien, nöthigt die Minister zurückzutreten oder ein neues Unterhaus zu berufen. Bis zu einem gewissen Grade kann, wie die vulgäre Auffassung ist, in der That das jedesmalige Cabinet als der Meinungsausdruck der Gemeinen gelten. Aber ich denke, dass nach Allem, was wir über die Macht des Königthumes und Oberhauses kennen gelernt haben, einleuchten wird, wie mächtig auf jede Cabinetsbildung auch diese Factoren einwirken.

Gerade die ihm factisch zustehende Verfügung über die Staatsgelder erklärt aber die Thatsache, dass nie seit dem Jahre 1689 Forderungen der Krone

---

[1]) May, Parl. 685.

für den Staatsdienst unbewilligt geblieben sind'. Ausnahmen bei zwei kleinen Ansätzen in den Jahren 1857 und 1858 werden als Anomalie angeführt. 'Die Summen, welche die Minister als nothwendig für die wesentlichen Staatsdienste bezeichneten, gewähren die Gemeinen. Nicht ein Soldat wurde durch ihr Votum aus dem Bestande des Heeres gestrichen, nicht ein Matrose, nicht ein Schiff aus der Flotte.'[1]) Ja, es hat sich der Gebrauch gebildet, dass jedes Mitglied über gewöhnliche Gegenstände nach Belieben Vorschläge machen kann, nicht aber in finanziellen Angelegenheiten. 'Der Minister allein kann über die Besteuerung des Volkes Vorschläge machen.'[2]) Dass die Regierung, um ein stehendes Landheer halten zu dürfen, durch einen jährlich wiederkehrenden Gesetzesact, 'die Meutereiacte', ermächtigt werden muss, ist freilich nicht bloss eine Formalität, sondern ein charakteristisches Zeichen britischer Auffassung von Heerwesen sowohl als parlamentarischem Rechte; aber die Verweigerung dieser Erlaubniss wäre doch auch durchaus undenkbar.

Von der Arbeitslast des Unterhauses gewinnt man, von seinen politischen Geschäften abgesehen, eine Vorstellung, wenn man das weite Gebiet reiner Verwaltungsmaassregeln übersieht, welches unter dem früher

---

[1]) May II. 100.
[2]) Bagehot 178.

erörterten Titel von Privatbills von ihm erledigt wird. Zwei juristisch gebildete Beamte des Parlamentes, die 'Prüfer',[1]) haben wohl die Vorbereitung und das Oberhaus — bis auf wenige früher (S. 44) erwähnte Fälle — die Genehmigung. Die Arbeit selbst, unter voller Controle der Oeffentlichkeit, ruht auf dem Unterhaus. Die Weigerung, an einer Ausschussarbeit Theil zu nehmen, zieht die sehr kostspielige Verhaftung des betreffenden Mitgliedes nach sich; seit 1846[2]) ist aber kein Fall der Art vorgekommen.

Die Selbständigkeit des Unterhauses neben der Versammlung der Lords ist nach mehreren Seiten überraschend. Nach einem Gesetze vom Jahre 1858 steht es jedem der beiden Häuser frei, zu Gunsten der in dasselbe ernannten Bekenner der jüdischen Religion die Eidesformel von Fall zu Fall zu ändern. Durch fünfundzwanzig Jahre hatte sich das Unterhaus vergeblich bemüht, ihre Zulassung in beide Häuser durchzusetzen; das Oberhaus vereitelte sie mindestens factisch für sich. Nach einem andern Gesetze vom Jahre 1841 werden die Gerichte angewiesen, Klagen nicht anzunehmen, welche auf Grund von Schriften eingereicht werden, die auf Befehl eines der beiden Häuser des Parlamentes gedruckt sind. Das Gesetz hat aber thatsächlich nur Werth für das Unterhaus,

---

[1]) May, Parl. 812, 820.
[2]) May, Parl. 218.

welches in einen heftigen Conflict mit den Gerichten
bei Gelegenheit der Klage eines Literaten gegen den
Parlamentsdrucker gekommen war, als in einem ver-
öffentlichten Berichte eines Unterhausausschusses über
Verbesserung des Gefängnisswesens eine ehrenrührige
Beschuldigung gegen diesen Literaten erhoben war.
Derartige administrative Enquêten werden aber regel-
mässig nur vom Unterhause angestellt.

Dasselbe besitzt gleich dem Oberhause das Recht,
jeden britischen Unterthan, mit Ausnahme der Peers,
wegen Beleidigung vor seine Schranken zu laden und für
die Sessionsdauer in Haft zu nehmen. Es übt dasselbe
jedoch nur durch die Disciplinargewalt des Sprechers,
der unter diesem Titel seit 1377[1]) die Verhandlungen
des Unterhauses leitet. Der Sprecher, von dessen
Besoldung früher die Rede war, ist, durch seine auf
Vorschlag der Gemeinen von der Krone erfolgende
Ernennung, königlicher Beamter, der als solcher unmittelbar nach den erblichen[2]) und vor den gewählten
Peers rangirt; aber er ist zugleich der einzige Repräsentant des Unterhauses nach Aussen; er ist für
die Ehre, wie für die genaue Beobachtung der herkömmlichen Ordnung innerhalb desselben, dem Hause
verantwortlich; an ihn allein werden die Reden gerichtet; sein Wille wird durch einen, von der Krone

---

[1]) Stubbs II. 430.
[2]) Durch besonderes Statut von 1689. Dodd, Manual 48.

nach Vorschlag des Lordkämmerers ernannten Hofbeamten vollstreckt (einen der acht Sergeants at arms),[1] den Vorsteher der Polizei des Hauses. Seit mindestens dem 15. Jahrhundert gilt der keulenähnliche Bronzestab (mace) auf dem Tische vor dem Sitze des Sprechers, als Zeichen seiner Autorität. Ein heftiges Aufwerfen dieses Symbols auf die Tafel hat schon im Jahre 1675 die lärmendste Parteierregung in vollkommene Stille verwandelt.[2] Die Verhandlungen finden rechtlich mit Ausschluss der Oeffentlichkeit statt, so dass in jedem Zeitungsberichte über dieselben ein strafbarer Privilegienbruch liegt,[3] und die Bemerkung eines einzigen Mitgliedes, dass Fremde im Hause seien, zu ihrer Ausschliessung genügt. Noch ganz neuerlich ist das denn auch vorgekommen. Thatsächlich hat das Unterhaus aber die Oeffentlichkeit der Verhandlungen seit 1778 immer nützlicher gefunden und 1845 von den Fremdengalerien mindestens in einer Ordre Notiz genommen.[4]

Zusammenfassend können wir sagen, dass das Unterhaus als ein von dem ganzen Volke der drei Reiche nach seiner historischen Gliederung bestellter Ausschuss wohlhabender Männer betrachtet werden

---

[1] Dodd, Manual 135.
[2] May, Parl. 401.
[3] May II. 27, 54.
[4] May II. 51, 55.

könne, welche mit dem Oberhause die Aufsicht über die Regierungspolitik und speciell über die Hilfsquellen des Reiches führen. Sie beantragen die etwa nöthigen Veränderungen, die in der Regel von dem Oberhause angenommen und von den Dienern des Souveräns ausgeführt werden.

Wie nun das Gesammtverhältniss dieser drei leitenden Organe des Verfassungslebens uns erscheint, lässt es sich, obwohl das Oberhaus für sich Vergleichungspunkte mit dem römischen Senate bot, einigermaassen den drei Hauptorganen des atheniensischen Verfassungslebens nach Solons Gesetzgebung vergleichen. Denn hier hatte der Rath eine dem englischen Unterhause, der Areopag eine dem Oberhause und die Volksversammlung mit den von ihr erwählten Beamten eine der englischen Krone ähnliche Stellung. Was der atheniensischen Verfassung aber am meisten verhängnissvoll geworden ist, die directe Bekleidung des Souveräns mit gerichtlichen Befugnissen, ist in der heutigen englischen Verfassung vermieden.

Viertes Kapitel.

5. Vorlesung.

Pflichten und Rechte der Bevölkerung.

Es ist von Gneist treffend bemerkt worden: 'durch alle verwickelten, scheinbar zufälligen Formen dieser Verfassung geht ein fester klarer Zug hindurch: die

Entstehung aller politischen Rechte aus den politischen Pflichten.

Eben die uns nächstliegende, weil in den sämmtlichen Staaten des Continents heutzutage giltige, und gleichsam selbstverständlich gewordene, die allgemeine Wehrpflicht, ist freilich der heutigen englischen Verfassung ganz fremd geworden. Ein Gesetz vom Jahre 1829[1]) gestattet allerdings, durch eine Ordre des gesammten königlichen Rathes die damals aufgehobenen Stammlisten aller Wehrfähigen zu erneuern; thatsächlich stehen aber einer Erneuerung dieser, auf dem Milizgesetze von 1802 beruhenden Stammlisten andere Acte der Gesetzgebung entgegen. Vom Jahre 1853 an, verbessert 1857 und in den folgenden Jahren bis zur letzten Session sind die neuen Gesetze über die Miliz erlassen worden, welche dieselbe auf ein Werbesystem mit möglichst geringer Schädigung der Einnahmen des Geworbenen im Einberufungsfalle begründen. Dann entstanden unter königlicher Autorität vom Jahre 1859, gesetzlich besonders 1863 regulirt, Freiwilligencorps zur Landesvertheidigung, die bereits zu einer stattlichen Armee von fast 200.000 Mann angewachsen sind. Nun besteht daneben freilich das noch zu besprechende Grundrecht jedes Engländers, Waffen zur Vertheidigung zu tragen und selbst eine allgemeine

---

[1]) Gneist, Selfgov. 534 ff.

Verpflichtung 'mit dem Gebrauche der Waffen vertraut zu sein'[1]). Aber ohne einen neuerlichen Gesetzgebungsact werden sich die alten Kriegsordnungen doch kaum mehr ausführen lassen.

Eine allgemeine Verpflichtung besteht zunächst nur zum Gehorsam gegen die Gesetze und zur Hilfeleistung für die mit ihrer Ausführung betrauten Organe des Gerichtes und der Polizei, welche jeden Unterthan zur 'Hilfe für das Gesetz' aufzurufen berechtigt sind. Thätliche Widersetzlichkeit gegen einen Polizeibeamten kann unter Umständen mit Transportation bis zu sieben Jahren geahndet werden.[2]) Verpflichtet ist ferner Jedermann, die ihm von der Staatsgewalt übertragenen Ehrenämter anzunehmen, und diese Verpflichtung ist seit 1834 auch wieder auf eine Reihe von Communalämter ausgedehnt worden.

Unter den auf königlicher Ernennung beruhenden Ehrenämtern sind jetzt nur zwei an keine Vermögensbedingung gebunden, das des Kronfiscals (coroner) und des Hochconstablers. Der Erstere wird durch Wahl der für Unterhauswahlen befugten Wähler je für eine Grafschaft als Gehilfe des Sheriff bestellt, um bei Leichenschauen, Strandungsfällen und ähnlichen besonderen Diensten das Staatsinteresse zu wahren, der Letztere ist der Beistand und Vertreter

---

[1]) Todd I. 280.
[2]) Gneist, Verw. 703.

des Friedensrichters in den kleinen Unterbezirken und hat unter Anderem die Urlisten der Geschwornen aufzustellen.

Alle anderen Ehrenämter sind an eine Besitzqualification gebunden. Aus ihrer mühsamen und treuen Verwaltung und daneben aus den Grundsteuern, die sie bezahlen, ist 'die Entstehung der Macht und Bedeutung der höheren Stände' in der That [1]) zu erklären.

Diese letzteren Ehrenämter sind meist an die alten Landeseintheilungen gebunden. Noch heute stellen die Grafschaften grossentheils Königreiche und Unterkönigreiche oder administrative 'Abtheilungen' (angels. Scire, jetzt Shire) [2]) der angelsächsischen Zeit dar und die Pfarrbezirke deren Gemeindegenossenschaften, die germanischen vici des Tacitus. Die militärisch-administrative Oberleitung, dazu die des Archivs der Grafschaft, hat der Lordlieutenant, dessen Beamtung auch von den vornehmsten Peers gesucht wird. Er muss Grundbesitz in der Grafschaft haben. Dieselbe Forderung ist für das Amt des Sheriff gesetzlich; ein solcher wird fast für jede Grafschaft, ausnahmsweise für zwei mit einjähriger Dienstverpflichtung ernannt; Reste der umfassenden einstigen Befugnisse seines Amtes zur Grafschaftsregierung sind ihm neben

---

[1]) Gneist a. a. O.
[2]) Gneist, Verwalt. 48, das Verzeichniss 57.

grosser Verantwortlichkeit geblieben. Für die Handhabung der Grafschaftspolizei, zum Theil in collegialischer Wirksamkeit und die Leitung der niederen Justiz werden alljährlich Friedensrichter auf Lebenszeit — formell für die Regierungsdauer des Souveräns — ernannt. Schon 1871 [1]) gab es deren über 20.000, darunter freilich die Hälfte nur nominell.

In den Kirchspielen werden durch Communalwahlen aus Grundbesitzern 'Kirchenvorsteher' für die Volkserziehung und 'Armenaufseher' ernannt, die zugleich für die Leitung der Besserungshäuser neben den Friedensrichtern thätig sind; aber mehr und mehr werden ihre Bezirke, 'Divisionen', unabhängig von der kirchlichen Tradition, d. h. wie bemerkt, der ursprünglichsten Landeseintheilung, gebildet.

Die eigentlichen Communalbeamten werden ebenfalls durch Gemeindewahl, die Geschwornen wesentlich durch Ernennung des Sheriff bestellt. Diese beiden Classen von Ehrenämtern beschäftigen in England allein mindestens 200.000 Männer.[2])

Diesen Pflichten stehen die Rechte gegenüber, welche für den Einzelnen wie für die sämmtlichen Corporationen unter den Schutz der Gerichte gestellt sind, d. h. deren Verletzung durch irgend welches

---

[1]) Gneist, Selfgov. 104 und 207.
[2]) Gneist, Selfgov. 346, 178; über die anstössige Bezahlung der Civilgeschwornen: S. 182; über die Zahl auch: 1. Auflage 14.

Regierungsorgan gerichtlich strafbar ist. Sie begreifen die Summe aller der Sicherheiten der Person und des Eigenthumes, welche vornehmlich im 13. und 17. Jahrhundert von den Ständen gewonnen worden sind und als eben so viele Minderungen der königlichen Gewalt im nächsten Kapitel näher zu betrachten sein werden. In der Zusammenfassung der Nationalrechte vom Jahre 1689, der sogenannten Declaration der Rechte,[1]) werden diese mit den Ansprüchen auf die freie parlamentarische Mitregierung nur allgemein zusammengefasst, speciell erwähnt aber das Recht der freien Eingaben 'Petitionen' an den König, das des Waffentragens, des Urtheils durch Geschworne, die bei Hochverrathsprocessen aus Grundbesitzern gebildet sein müssen. Durch eine Reihe von späteren Gesetzen, vornehmlich die Emancipation der Katholiken und die Erleichterungen für Dissenters und Juden, sind auch diese Bevölkerungsclassen in allen bürgerlichen Rechten den Anglikanern gleichgestellt, auf welche, als 'Protestanten' im Sinne des Gesetzes z. B. das Recht des Waffentragens noch in jener Declaration der Rechte beschränkt war. Volle Gewissensfreiheit ist niemals verkündet worden und mancherlei Restrictionen bestehen noch heute, wie denn z. B. die Kirchspielverfassung, eine der Grundordnungen des

---

[1]) Stubbs, Select charters (1870) 507—512.

Communallebens, innerhalb deren die Angehörigen aller Confessionen ihre Pflichten und Rechte haben, unter der Fiction steht, dass jeder Engländer der anglikanischen Kirche angehöre. Press- und Versammlungsfreiheit bestehen factisch in kaum beschränktem Umfange; aber grundsätzlich sind sie niemals durch das Gesetz anerkannt oder gar zu einem Grundrechte erklärt worden. Sie sind vorhanden, weil die Einschränkungen derselben theils gesetzlich, theils durch Herkommen beseitigt sind. Die Freiheit der Presse insbesondere ist seit dem letzten gerichtlichen Verfolgungsversuche der Regierung im Jahre 1831[1]) vornehmlich in den Jahren 1855 und 1861 durch Aufhebung der Stempel- und Papiersteuern erweitert worden. Aehnlich steht es mit der Freiheit des Briefgeheimnisses. Es ist der Regierung im Jahre 1844 bei Gelegenheit der bekannt gewordenen Eröffnung von Briefen italienischer Verschwörer[2]) in dem Parlamente ihr altes Recht, verrätherischen Correspondenzen nachzuspüren, gewahrt worden, wenn auch die begründete Voraussetzung besteht, dass von demselben nur in Ausnahmsfällen Gebrauch gemacht werde.

[1]) May II. 379.
[2]) May III. 45.

ZWEITER ABSCHNITT.

Die Entwickelung der königlichen Gewalt.

Erstes Kapitel.

Angelsächsische Staaten.

§. 1. Allgemeiner Charakter.

Die staatlichen Ordnungen der alten Germanen, welche Tacitus im Jahre 98 in der nach ihnen genannten kleinen Schrift schilderte, haben die Einwanderer aus dem nordwestlichen Deutschland nach Britannien übertragen. Etwa nach dem Jahre 386, als der Gegenkaiser Maximus die Legionen aus Britannien zog — denn die später wieder dorthin gesendeten Cohorten haben zwar auch Gegenkaiser erhoben, aber waren nicht im Stande, dem Zusammenbruche römischen Wesens zu steuern — mögen sich die Germanen dort niedergelassen haben, wenn auch die Tradition richtig sein dürfte, dass sie von der Mitte des 5. Jahrhunderts an sich als eigentliche Herren im Süden und Osten des Landes betrachten konnten.

Zwei Momente sind für das unveränderte Fortleben jener von Tacitus geschilderten Einrichtungen von uns besonders ins Auge zu fassen. Das eine ist eine Art urkundlicher Sicherheit ihrer Erhaltung; der princeps, dux, nobilis, vicus bei Tacitus erscheint in der gleichen Stellung und Bedeutung bei Beda um das Jahr 730 in der angelsächsischen Kirchengeschichte; die wahrscheinlich unter den Augen König Alfreds des Grossen um das Jahr 890 verfasste Uebersetzung Beda's gibt aber diese Ausdrücke mit ealdorman, heretoge, aethel, tûn — was eigentlich lebende Hecke bedeutet — oder tûnscipe (township). Stubbs bemerkt[1] auf Grund dieser Thatsachen wohl mit Recht, dass die Kette von Tacitus zu unserem Verständnisse hergestellt sei. Die Uebertragung der ganzen Lebensordnung kann man sich aber um so vollständiger denken, als die Einwanderung in Britannien von einer eigentlichen Volkswanderung nicht allzuverschieden gedacht werden darf: die Anglen speciell haben ihre Heimath als Einöde hinterlassen.

Das andere Moment wird von der Unvermischtheit des neuen Volksbestandes gebildet. Auch hier hat man[2] gemeint, dass bei den Sachsen jede ehe-

---

[1] I. 71—82.
[2] Stubbs I. 43, 64.

liche Verbindung 'mit anderen und niedrigeren Racen' — noch im 9. Jahrhundert unter fränkischer Herrschaft, um wie viel mehr also in den Zeiten ungebrochener Freiheit — verabscheut worden sei; ausdrückliche Beweise scheinen jedoch für diese Annahme zu fehlen.¹) Gewiss ist nur, dass die standesgemässe Ehe im alten Sachsenlande bei Todesstrafe geboten war.²) Es sind hienach Familienverbindungen mit den nicht verdrängten oder ausgerotteten, irgend freibleibenden älteren Einwohnern, Römern wie Kelten, wohl nur in Ausnahmsfällen zu vermuthen.

Eine volle Uebertragung der Grundordnungen des bisherigen Lebens, wie sie sich im 17. Jahrhundert in den Neuenglandstaaten Nordamerikas vollzogen hat, tritt uns also schon bei der Gründung der angelsächsischen Staaten entgegen. Die königliche Gewalt ist aber doch hier nahezu so alt wie die Besiedelung selbst. Die Tradition mag denn auch nicht so ganz unrichtig sein, die das Königthum der Jüten³) von

---

¹) Sharon Turner ist mindestens auf keine Beobachtung derart gekommen: ein Ausstattungsvertrag aus dem Anfange des 11. Jahrhunderts, den er Hist. of the Anglosaxons III. 41 (ed. Paris) bringt, erwähnt überhaupt nichts von der Herkunft des neuen Paares. Kemble, the Saxons in England, ed. Gray-Birch 1876, bei seiner edlen Geistesrichtung doch für etwas übertriebene Conceptionen zugänglich, hat selbst in der Schilderung der Gemeinfreien I. 125 ff. die Frage nicht berührt.

²) So meldet noch im Jahre 851 der Geschichtschreiber Rudolf von Fulda: nobilis nobilem ducat uxorem et liber liberam, libertus conjungatur libertae et servus ancillae.

³) Lappenberg, Gesch. v. England I. 90, 98, 353.

Kent in Hengist und seinem Sohne Oeric¹) schon wenige, angeblich sechs, Jahre nach der Landung — wenn auch nicht gerade im Jahre 455 — entstehen und vierundzwanzig Jahre verstreichen lässt, bis die Westsachsen — angeblich im Jahre 523 — ihren Herzog Cerdic und dessen Sohn mit der neuen Würde bekleiden. Wie viele solcher Volksfürsten mit oder ohne Königstitel gleichzeitig vorhanden waren, ist nicht mit Bestimmtheit zu sagen, da auch in den Zeiten der Heptarchie, wie sie etwa im 7. Jahrhundert bestand, ausser den sieben oder auch acht Hauptstaaten mindestens eben so viele kleinere Reiche genannt werden.²) Aus gleichzeitigen Denkmalen können wir uns immerhin über die Gestaltung der königlichen Gewalt vom Ausgange des 6. Jahrhunderts an eine wohlbegründete Vorstellung bilden; denn die älteste erhaltene Gesetzgebung, die von Hengists viertem Nachfolger, Aethelbirht,³) ist zwischen den Jahren 597 und 614 entstanden. Da nun dieser König schon bei seiner Taufe der mächtigste in dem germanischen Britannien war und als der dritte der in demselben vorwaltenden, als Bretwalda,⁴) von Beda bezeichnet wird, so darf man

---

¹) Ueber den Namen: R. Schmid, Gesetze der Angelsachsen. 2. Aufl. XXIX. Hengist als Gottheit zu fassen ist besonders Kemble I. 27, II. 3 eifrig.
²) Kemble I. 148—152, II. 3 ff. Gneist, Verw. 55.
³) 560—617, Schmid XXX.
⁴) In einer doppelsprachigen Urkunde um das Jahr 930 wird Brytaenwalda übersetzt: rex et rector totius hujus Britanniae insulae. Stubbs I. 162.

annehmen, dass die Vorstellungen über das Königthum, die sich in seiner Gesetzgebung erkennen lassen, auch bereits ausserhalb seines eigentlichen Königreiches in den angelsächsischen Staaten galten. Nun hat das Königthum natürlich mannigfache Modificationen in dem halben Jahrtausend von Aethelbirht bis zum Ausgange angelsächsischer Freiheit im Jahre 1066 erfahren. Es ist vielleicht nicht einmal die grösste Veränderung, dass die sämmtlichen Staaten mit dem neunten Jahrhunderte unter einen gemeinsamen König, den von Wessex, kamen; denn die Qualität seiner Macht blieb wesentlich dieselbe: Unter- und Nebenkönige haben überdies nur zeitweise nicht bestanden und thatsächlich nur mit jenem Tostig, dem Bruder des letzten Angelsachsenkönigs, wenige Wochen vor dessen eigenem Untergange, geendet. Grösser war die innere Wandlung der königlichen Gewalt, welche der von ihr geleitete Widerstand gegen Dänen und Norweger bewirkte. Im Ganzen aber ist sie doch durch diese Reihe von Jahrhunderten weniger verändert worden, als in einem der folgenden Stadien ihrer Entwickelung.

Durch die ganze Zeit seines Bestandes hat das angelsächsische Königthum den ursprünglich germanischen Charakter der Führerschaft des Volkes, nicht einer Landherrschaft[1]) bewahrt; ihren Ausdruck findet

---

[1]) Kemble I. 153.

diese einerseits in dem Befehle über alle wehrfähigen Freien, so dass mindestens seit dem zehnten Jahrhundert Vermögen und Leben verwirkt hatte, wer das Heer bei des Königs Anwesenheit verliess; anderseits zeigt sich die königliche Volksführerschaft in der Handhabung des gemeinen Friedens, auf dem alle Sicherheit der Person und des Eigenthumes beruht.[1]

Das angelsächsische Königthum hat eben nicht den Anspruch auf eventuelle Verfügung über den Unterthanen- und Bodenbesitz gehabt. Trotz seiner noch zu besprechenden Ausstattung mit liegenden Gütern und trotz der Anerkennung seiner Schutzherrlichkeit über das Volk ist seine Gewalt rechtlich unabhängig von allem Grundeigenthume; dieses zugetheilt zu haben, gewährte dem englischen Königthume erst nach der normännischen Eroberung eine so eigenartige Stellung.

Hiedurch hebt es sich auch von der grundsätzlichen Forderung ab, die der angelsächsische Staat sonst an jeden Freien stellt: entweder selbst Boden zu besitzen oder den Schutz eines Bodenbesitzers zu geniessen. Im Frankenreiche der Merowinger ist solche Forderung nie, im karolingischen wenigstens nicht direct erhoben worden. Die ganze Gestaltung des angelsächsischen Staates, seine hohe Cultur wie sein Verfall, gehen aber auf den Zusammenhang der Staatsangehörigkeit mit dem Bodenbesitze zurück.

---
[1] Schmid 587, 584.

Auf britischem Boden ist nämlich die frühere Stufe wechselnden Hufenbesitzes nicht nachweisbar, wie sie Tacitus als germanische Eigenthümlichkeit schildert und wie sie sich in den Dorfgemeinden des Sachsenlandes bis zum Ausgange des Mittelalters erhalten hat. Erkennen lässt sich nur, dass Einzelbesitz an die Gemeinfreien vertheilt wurde, gross genug je eine Familie, 'hîw', zu ernähren,[1]) daher hîd oder 'hiwisc' genannt und lateinisch auch wohl kurz durch 'familia' wiedergegeben. Nach solchen Ackerloosen wird noch von Beda (um 730) geradezu zuweilen die Grösse eines Landes bezeichnet, z. B. Sussex nach 7000, wie etwa Lakonien durch die sogenannte lykurgische Verfassung in 9000 Loose getheilt worden sein soll. Auch ist bei den Angelsachsen die Zutheilung des Erbgutes aus dem Heimathlande nie vergessen worden: Beides heisst êthel.[2]) Des Einzelnen Grundeigenthum wird eingetragen und als Bôc-, d. h. Buch-land, von dem Folc-, d. h. Staats-land, unterschieden. Solches Eigenthum wird seit Knud's Zeiten (1016—1035) auch als Alod bezeichnet. Wie weit dem Könige ursprünglich freie Verfügung über das Folcland zustand, ist zweifelhaft; im eilften Jahrhundert hat er sie factisch besessen, im neunten war er für Verleihungen aus diesem Staatsbesitze an die Genehmigung der Grossen, der Witan, gebunden; damals konnten auch

---

[1]) Schmid 610. — [2]) Grein, Angelsächsischer Sprachschatz I. 231.

die verliehenen Güter nur mit seinem Willen an die Erben übergehen.

Auf alle Fälle haften aber an dem Einzelbesitze gewisse staatliche Verpflichtungen, vor Allem die technisch als trinoda necessitas bezeichnete für Fyrd oder Heerdienst, Brückenausbesserung und Erhaltung der 'burh', was jeden befestigten Platz, also wohl auch die Einhegung einer Ortschaft bezeichnet. Dann aber hat der Grundbesitz als die einzige Sicherheit zu gelten, dass der freie Staatsangehörige seinen öffentlichen Verpflichtungen nachkommen werde. Es muss daher jeder Besitzlose sich einen grundbesitzenden Schutzbringer — angelsächsisch: mundbora — wählen, er wird durch solche Mundbyrd freilich hlafaeta, d. h. Brodesser eines Lord, ags. hlaford, d. h. Brodgebers; nur in beschränktem Sinne wird dieser aber zum Herrn, obwohl das Wort allmählich diesen Sinn erhalten hat. Denn wer ohne Grundbesitz sich den Schützer nicht verschaffen kann oder will, mag von Jedermann wie ein ertappter Dieb erschlagen werden. Der Schützling zieht mit dem Schutzgeber zu Feld und seine Kleidung und Bewaffnung gilt so sehr als die des Hlaford, dass sie beim Tode des Schützlings demselben als 'heriot' zufällt oder von den Erben gelöst werden muss. So tief hat sich diese Vorstellung den Gemüthern eingepflanzt, dass König Knud dieses 'Heergeräthe, wie es der Würde angemessen ist' für seine Earle und die drei Gattungen seiner Thane normiert hat.¹) Grundbesitz konnte wol als Laenland²) aus Bôc- wie Folcland an Freie, Halbfreie und Freigelassene verliehen werden; aber mit der Mundbyrd als solcher ist Bodenzutheilung so wenig, wie mit der Vasallität nothwendig verbunden; es sind daher die verschiedensten Formen dieser Beleihung, von Pachtung auf Widerruf bis zu ungemessenen Diensten, nachweisbar. Auch die Formel des Huldeides³) geht davon aus, dass der Schutzherr 'Alles leiste, wie es unser Vertrag war'. Die Steigerung des Schutzverhältnisses bis zu der an fränkische Feudalordnung erinnernden Verpflichtung, dass die Verletzung der Treue als Vergehen, der Verrath gegen den Herrn aber als unsühnbares Verbrechen geahndet werde, ist erst vom Ausgange des 9. Jahrhunderts an unter Alfred in Reichsbeschlüssen⁴) nachweisbar. Der König selbst, obwohl wie gesagt keineswegs Herr des Landes, wird als Mundbora des ganzen Volkes bezeichnet.⁵)

In diesem Zusammenhang des Bodenbesitzes mit dem Schutzverhältnisse liegt nun aber ferner sowohl ein Element der Ständeausgleichung, als eine Förderung zugleich und eine Hemmung königlicher Gewalt.

---

¹) Alles nach Schmid 576, 589, 645, 309.
²) Kemble I. 310 ff., der auch nachweist, dass Laenland nie wegen Vergehung des Beliehenen confiscirt werden konnte.
³) Schmid 405.
⁴) Gneist, Verw. 5, 11.
⁵) Schmid 351.

Der Unfreie freilich nach seinen verschiedenen Abstufungen — von der vierten Classe der Haussklaven bis zu dem zahlungsunfähigen Schuldner und dem Armen, der aus Noth auf seine Freiheit verzichtet hat — kann kein Bodeneigenthum besitzen und daher auch nicht Mundbora werden. Wir werden noch sehen, wie erst die straffe Organisation der normännischen und plantagenetischen Könige diese Abstufungen verachten lehrte und alle Unfreiheit in den Pflichten gegen den Staat auflöste. Aber das aller Sklaverei von Natur abholde Wesen des Germanenthumes hat sich freilich auch bei den Angelsachsen und hier, obwohl sie von ihrem Classenvorurtheile nicht loszukommen vermochten, ganz besonders schön bewährt. Der Unfreie hat Anspruch auf genügende Nahrung; er kann sich Ersparnisse machen, durch die er sich oder seinen Kindern die Freiheit erkauft; das Kirchengesetz schützt diese Ersparnisse; an Feiertagen darf er nicht zur Arbeit angehalten werden. Die schon um 690[1]) erlassene Gesetzgebung des Königs Ine von Wessex bestimmt, dass von dem Herrn befohlene Sonntagsarbeit den Hörigen frei macht.

Für den Freien aber ist die Verbesserung seines Standes durch Bodenbesitz stets möglich. In einer nicht ganz rein erhaltenen Aufzeichnung[2]) über den

---
[1]) Schmid XXXVI. 21.
[2]) Schmid LXIV. 389.

Erwerb höherer Rangstufen in älterer angelsächsischer Zeit findet sich, dass ein Nichtedler oder Keorl zum Range eines Than — der erst unter Dänenherrschaft von dem Edlen oder Eorl als einem höher Stehenden geschieden wird — durch Erfüllung gewisser Bedingungen aufsteige. Auch die Erwerbung eines Amtes in des Königs Halle erscheint darunter, doch an letzter Stelle; keineswegs ist also 'der vorausgesetzte Dienst das Entscheidende'[1]) sondern vor Allem 'fünf Hyden eigenen Landes, eine Kirche, Küche[2]) und Glockenhaus'. Dem Königthume aber wurde es unter diesen Umständen nicht eben schwer, die Standesschranke durch Vergabungen an seine Bediensteten zu durchbrechen. Aber anderseits schwächt doch auch die Schutzherrschaft, welche auf dem Grundbesitze ruht,[3]) die königliche Gewalt. Der Hlaford wird allmählich von dem gerichtlichen Bürgen des Hlafaeta zum wahren Gerichtsherrn, auf den die ganze niedere Strafgewalt übergeht. Es hat sich eben auf angelsächsischem Boden der umgekehrte Process vollzogen, wie bei den Römern, bei denen der Patron den Clienten ursprünglich beherrschte und nur vor Gericht vertrat, allmählich aber wesentlich auf den gerichtlichen Beistand beschränkt ward.

[1]) Gneist, Verw. 18.
[2]) Die Zusammenstellung ist, wenn kein Schreibfehler vorliegt, seltsam genug.
[3]) Selbst der Gefolgsmann erwirbt Land nur mit Genehmigung des Herrn. Kemble I. 179.

§. 2. *Specielle Rechte.*   7. Vorlesung.

Ihre natürliche Ausgleichung gegen die Schädigung durch die Macht der Schutzherren empfing die königliche Gewalt der Angelsachsen aus der Entwickelung des eigentlichen Gefolgschaftswesens, dessen hohe Bedeutung ja schon Tacitus an einer viel erörterten Stelle (Germania c. 13) hervorgehoben hat. Das Verhältniss eines Gefolgsmannes, der vor dem 9. Jahrhundert[1]) gesith geheissen zu haben scheint, ist aber ein durchaus verschiedenes, je nachdem er im Dienste eines Bischofes oder weltlichen Grossen oder eines Königs steht. Denn im ersteren Falle gewährte es gar kein politisches Recht, da nur das Schutzverhältniss als solches, schon in Aethelbirht's Gesetzen selbst das des Nichtedlen durch besondern Strafsatz gesichert wird. Der königliche Gefolgsmann ist seinem Herrn durch speciellen Eid verpflichtet. Er empfängt dafür Gaben, aber auch Gut aus dem Folclande; er hat eine eigene, dem Volksgerichte zum Theile entzogene Gerichtsbarkeit selbst für seine Diener; er gehört zum Rathe des Königs, der ihn zur Berathung der Witan zuziehen kann, obwohl das factisch nur einer kleinen Zahl zu Theil wird. Denn das Gefolge ist doch von Anfang und vor Allem des Königs stets

---

[1]) Schmid 600.

verfügbare Streitmacht. Ueber ihre innere Einrichtung sind wir nur aus der Zeit Knud's unterrichtet, unter dem ihre Angehörigen 'huskarls', nordisch: huskarlar, hiessen, sechstausend Mann zählten und in drei Abtheilungen zerfielen. Die erste bestand aus solchen, die 'Diener' hiessen und wohl die eigentliche Mannschaft bildeten, die zweite aus Gestir, d. h. Beamten, die an Festtagen zur königlichen Tafel gezogen wurden, die dritte aus Heridhmen, d. h. Hofherren; in beiden letzteren Classen hat man wohl auch die militärischen Commandierenden zu sehen.

Bisher hatten wir nur im Einzelnen die königliche Gewalt als Führerschaft des Volkes zu erkennen. Auch darin steht sie innerhalb desselben, dass der angelsächsische König keine qualitativ eximierte Stellung einnimmt. Der fränkische König, vornehmlich nach ripuarischem Rechte, das den Tod auf Missachtung seiner Befehle setzt, erscheint als Herr des Volkes, der angelsächsische nur als Glied. Ein Fidelitätseid, wie er dem fränkischen Könige von Jedermann im Reiche, sei er fränkischer oder fremder Abstammung, geschworen ward, ist dem angelsächsischen nicht vor dem 10. Jahrhundert geleistet worden. Um das Jahr 943 beschlossen erst[1]) König Edmund und seine Witan die Einführung desselben nach dem Muster des fränkischen Vasallen-

---

[1]) 'Instituerunt' nach dem urkundlichen Ausdrucke: Stubbs, Select charters 66.

eides, ein allgemeines Treuegelöbniss 'wie der Mann seinem Herrn treu sein muss'.

Vielmehr hat der König sein Wergeld wie jeder andere freie Mann, nur dass es, ohnehin von kaum erschwinglicher Höhe — in Northumberland und Mercia doppelt so hoch als in den übrigen Reichen[1]) — zwiefach bezahlt werden muss, einmal den Verwandten des Königs und dann als Königsbusse dem Volke; die letztere ist anderen Volksrechten, z. B. dem baierischen, fremd, das auch nur das Wergeld für Erschlagung des Herzogs kennt, und zeigt die früh erkannte politische Bedeutung des Volksfürsten.

Sein Amt tritt der König mit einem Eide an, der uns erst aus christlicher Zeit, aus dem Pontificale bekannt ist, welches nach dem Erzbischof Egbert von York um 760 datiert wird. Hienach[2]) gelobte der König, den Frieden der Kirche und des christlichen Volkes zu halten, Raub und Schlechtigkeiten allen Ständen zu wehren, allen Gerichten Billigkeit und Barmherzigkeit vorzuschreiben. Wie weit er das auszuführen gesetzlich befugt war, werden wir noch sehen. Seine Abzeichen scheinen ursprünglich nur eine Lanze,[3]) eine Fahne und ein besonderer Helm gewesen zu sein.

---

[1]) Schmid 396 ff.; auch in Wessex ist es, freilich nicht ausdrücklich, bezeugt: Kemble I. 286.
[2]) Stubbs, Select chart. 61.
[3]) Tufa mit einem, wie schon Kemble II. 18 vergeblich bemerkte, römischen Ausdrucke.

Eine förmliche Krönung, in Byzanz unter dem zweiten Theodosius 408 und die Salbung ebendort unter Justin 518 aufgekommen — bei germanischen Völkern zuerst nach Pippins Erhebung im Jahre 751, vollständig an demselben durch Papst Stefan III. am 28. Juli 754 vollzogen — wird bei den Angelsachsen zuerst unter König Eardulf von Northumbrien im Jahre 796 erwähnt. Der Act muss aber nicht für besonders verbindlich erachtet worden sein, da gerade auch dieser König nach zwölf Jahren wieder abgesetzt wurde.

Denn es gehört zu der beschränkten Stellung angelsächsischer Könige, dass ein volles vom Volke unabhängiges Recht derselben auf den Thron niemals bestanden hat. Anderseits war auch die Wahl 'durch die constitutionelle Praxis' [1]) auf eine bestimmte Familie beschränkt und fiel innerhalb derselben meist auf den nächsten Erben, obwohl auch 'letztwillige Anordnung des letzten Königs, Erbvertrag' unter Brüdern 'oder persönliche Unfähigkeit' eines solchen, die neuerlich als das eigentlich Wesentliche der Thronfolge geschildert worden sind,[2]) bestimmend mitwirken; am einfachsten gestaltet sich natürlich die Nachfolge, wenn dieselbe einem volljährigen, d. h. über elf Jahre alten Sohne[3]) gesichert wird. Aber die Wahl selbst durch

---
[1]) Stubbs I. 135.
[2]) Gneist, Verw. 43.
[3]) Lappenberg I. 395.

die Witan, d. h. in christlicher Zeit durch Ealdormen, Bischöfe und höchste Krondiener, in Gegenwart versammelten Volkes ist ausser Frage. Ueber die Formen der Absetzung 'sind unsere Nachrichten kurz und dürftig, und gestatten nicht die Aufstellung einer allgemeinen Regel'.[1]) Aus einer von Prof. Stubbs gelieferten Zusammenstellung ergibt sich für die Zeiten der Heptarchie, dass im 8. Jahrhundert z. B. fünfzehn Könige von Northumbrien regelmässig erwählt wurden; von diesen sind zwei freiwillig in den geistlichen Stand getreten, fünf oder sechs wurden ermordet, zwei gewaltsam vertrieben, einer durch eine Partei erhoben und gestürzt, vier aber von den Witan in förmlicher Versammlung abgesetzt. Von den Gesammtkönigen ist gleich dem zweiten, Ethelwulf, von den Witan von Wessex, die dessen Erstgeborenen erhoben, das Königthum im Jahre 857 entzogen worden. Gerade hundert Jahre später, im Jahre 957, erklärten die Witan von Mercien und dann die von Northumbrien König Edwy des Thrones zu Gunsten seines vierzehnjährigen Bruders Edgar verlustig. Im nächsten Jahrhundert wurde im Jahre 1014 der nach Rouen geflüchtete König Ethelred durch einstimmigen Beschluss der Witan des ganzen Reiches eingeladen, von der durch des Dänenkönigs Svein Tode erledigten Herrschaft über Eng-

---

[1]) Stubbs I. 139.

land, wieder Besitz zu ergreifen, nachdem Ethelred durch die im Jahre vorher stattgehabte Anerkennung des Verstorbenen factisch abgesetzt worden war.

Schon hier sieht man, wie die königliche Gewalt von den Beschlüssen der Grossen unter Umständen abhängig war. Eine bald innerhalb ihres Kreises erscheinende, bald über das Königthum hinaus auch in weltlichen Dingen wirksame andere Gewalt ist die der Geistlichkeit. Allmählich ist sie es, in viel höherem Grade als das Königthum und unabhängig von demselben geworden, welche die nationale Einheit bildete. Ja in Northumbrien übte in Zeiten politischer Trennung der Erzbischof von York allein eine unzweifelhafte Autorität. Die geistliche Ordnung war überhaupt in heidnischer, aber wesentlich auch in älterer christlicher Zeit der königlichen Einwirkung entzogen. Nur mit Zustimmung der Witan, ja, wie es scheint, des ganzen Volkes kann das Heidenthum abgestellt, selbst nur christliche Predigt gestattet werden. So empfing Aethelbirht von Kent im Jahre 597, Edwin von Deira im Jahre 627 — da der Priester Coiffi selbst durch einen Speerwurf gegen das Götzenbild entschied — die Taufe, Oswiu von Northumberland im Jahre 664 die römische statt der britischen Lehrform. Wenn unter Heinrich VIII. die englische Verfassung durch die Lossagung von dem unter Oswiu definitiv anerkannten Papstthume eine so epochemachende Veränderung erfahren konnte, so geschah es auch damals formell und materiell nicht durch königlichen Gewaltact, sondern durch Beschlüsse der Geistlichen in der Convocation und beider Häuser des Parlamentes, also weit mehr, als man meint, angelsächsischer Ueberlieferung entsprechend.

Auch die Ernennung der Bischöfe ist in älterer Zeit meist unabhängig vom Königthume erfolgt, mindestens in ruhigen Zeiten nur durch Clerus und Volk für die acht kleineren Sitze, die germanischer Abneigung gegen Städte entsprechend, in Klöstern, ja Dörfern errichtet wurden. Die acht anderen Bischofsitze waren freilich in ursprünglich königlichen Residenzen und hier hatten König und Witan über die Wahl Beschluss zu fassen. Zur Bestellung des Erzbischofs von Canterbury, der Hauptstadt Kents, trat, von den bei der Wahl mitwirkenden Mönchen des dortigen Dreifaltigkeitsklosters abgesehen, der Landeskönig mit Nachbarkönigen noch ausserdem zu einer Berathung zusammen und ähnlich geschah es für den erzbischöflichen Sitz von York. Könige und Ealdormen konnten bei den Synoden der einzelnen Königreiche zugegen sein,[1]) ohne doch an den Berathungen Theil zu nehmen. Dagegen ward die königliche Gewalt zur Ausführung kirchlicher Beschlüsse oft in Anspruch

---

[1]) Stubbs I. 135, 221, 230.

genommen. Der Rom-fcoh oder Peterspfennig — die Abgabe eines Pfennigs von jedem Herde, wahrscheinlich durch König Offa von Mercien im Jahre 787 als Gegengabe für die Einrichtung des bald wieder eingegangenen dortigen Erzbisthums Lichfield eingeführt — ist oft genug durch weltliche Gesetzgebung eingeschärft worden. Die sämmtlichen Gesetzsammlungen der Könige betreffen fast mehr noch kirchliche Satzungen, Personen und Besitzungen als weltliche Dinge. Hat die Kirche also auch ein weites eigenes Gebiet, so bedarf sie doch immer mehr der königlichen Gewalt zu ihrer Sicherung. Die Bussordnungen durchzuführen, wird diese angerufen; sie tritt strafend gegen die Ehebruchs Ueberwiesenen ein, wenn auch die Strafe des Weibes dem Bischofe überlassen bleibt.[1]) Anderseits dienen im 10. und 11. Jahrhunderte Bischöfe als Botschafter, Staatsmänner, Feldherren der Könige.

Grundsätzlich erscheint der König an den Rath der Witan gebunden: für Gesetzgebung und die freilich erst in dem Danegeld Ethelreds II. um das Jahr 1000 nachweisliche Besteuerung, ferner für Krieg und Frieden, sowie für die noch zu erörternde höchste Justizübung,[2]) bis zum 10. Jahrhundert, wie es scheint, (S. 70) auch für die Vergabung von Folcland.[3]) Aber dieser

---

[1]) Schmid 562, 301.
[2]) Stubbs I. 105, 140.
[3]) Das Münzrecht scheint der König frei verliehen zu haben. Kemble II. 69.

Rath ist für des Königs Entschliessungen in allen diesen Fragen nur ein formeller, wenn — wie wahrscheinlich bei dem besonders stark ausgestatteten Königthume von Wessex stets der Fall war — die Versammlung der Witan, überwiegend durch königliche Ernennungen gebildet, aus einem Rathe der Nation ein solcher des Königs ward.[1])

Genauer gesetzlicher Normierung entbehrt, wie sachlich oft den Witan gegenüber, so in Bezug auf die Justizübung das königliche Recht. In den regelmässigen Gang der Volksgerichte einzugreifen, wäre dem Könige in alter Zeit kaum möglich gewesen, es sei denn in den Gauversammlungen (Shiregemôt), die jährlich zweimal abgehalten wurden und auch Justiz übten durch den Earldorman des Gaues, der, ob auch oft genug im Erbbesitze seiner Würde, dieselbe doch vom Könige erhalten hatte; auch der Bischof war in der Gauversammlung anwesend; 'göttliches sowohl als menschliches Recht sollen da Beide weisen' wie es in Knuds Verordnungen heisst.[2]) Mit ihnen wirkte der dem Ealdorman zwar untergeordnete, aber sonst selbständig mit Friedensbewahrung und Urtheilsvollstreckung, auch Verkehrsleitung betraute königliche Vollziehungsbeamte, Scirgerefa — wie es andere

---

[1]) Kemble II. 31 hält freilich die Mitglieder der Witenagemot für nicht absetzbar.
[2]) Schmid 281.

Gerefen für Tûn und Burh und ihrer zwei für den Marktort (Port) London, gab.¹)

Das regelmässige Gericht aber wird in den Versammlungen der Hundertschaft, des Hundred, gehalten, in einigen östlichen und mittleren Gauen mit dem anglischen und dänischen Worte Wapentake bezeichnet, das irgendwie²) mit Waffe zusammenhängt. Auch das Hundred, obwohl von ganz verschiedener Grösse, stellt ursprünglich vielleicht³) ein Heerescontingent dar; aber urkundlich ist es überhaupt erst in der zweiten Hälfte des 10. Jahrhunderts unter König Edgar nachweisbar und für wesentlich fiscalische Zwecke bestimmt.⁴) Ein wohl gewählter Hundredealdor berief die Versammlung; ob er sie leitete, ist zweifelhaft. Zwölf Männer in einer den fränkischen Schöffen vergleichbaren Stellung fanden am Ende des Beweisfahrens vielleicht⁵) das Urtheil, das die Gesammtheit der Freien bestätigte

---

¹) Die schöne Ausführung Kemble's II. 151 ff. und 550 ist durch Schmid 597 ff. und 643 ganz überholt.

²) Stubbs I. 197.

³) So nach Gneist, Verw. 8.

⁴) Stubbs I. 98, 105.

⁵) Brunner, Entstehung der Schwurgerichte 399, erwähnt nur die in Burgen höchstens 33, in Hundertschaften mindestens 12 Männer aus einer Satzung Edgars für das Geschäftszeugniss; aus ihnen hatten die Parteien bei Abschluss von Rechtsgeschäften zwei oder drei Zeugen auszuwählen. Dass auch die zwölf Thane, welche in Ethelreds Zeit über die einem Beklagten aufzuerlegende Ordalform eidlich zu entscheiden hatten, nur über dessen bisherigen Leumund urtheilten, beweist Brunner 404. Stubbs a. a. O. erinnert noch an die 36 'Barones' oder 24 'Judices', welche in Ostanglien Processe zu entscheiden hatten, um die von mir aufgenommene Vermuthung zu begründen.

oder verwarf. Ueber die regelmässige Anwesenheit des königlichen Beamten, des Gerefa, des Sheriff,[1]) ja auch nur des Ealdorman des Gaues im Gerichte, liegt keine Nachricht vor. Der König hat wohl die Pflicht für Vollstreckung der Urtheile des Volksgerichtes zu sorgen; aber ein Appellations- und Begnadigungsrecht kann er nur in sehr beschränktem Umfange, namentlich ohne Verletzung eines Privatrechtes üben. Sein Eingreifen in den Gang der Justiz wird von Edgar an dahin definirt, 'wenn Jemandem das Recht versagt wird oder er nicht dazu gelangen kann'.[2])

§. 3. *Erscheinung und Weiterbildung.*

8. Vorlesung.

Die Würde des angelsächsischen Königs ist im Gegensatze zu seiner schwachen rechtlichen Ausstattung oder, wenn man will, in Ergänzung derselben mit grosser Sorgfalt gewahrt. Gerade in dem zuerst christlich gewordenen Reiche, in Kent, war das vielleicht am meisten der Fall: gegen das Wort des Königs war hier kein Beweis zulässig, Diebstahl an seinem Gute ward neunfach gebüsst, sein Haus und Gesinde steht unter besonders hoch angesetztem Schutze, jedes Vergehen in seiner Nähe auch in einem Hause, in dem er nur zu Gaste ist, wird schwer

---

[1]) Stubbs I. 103 f.
[2]) Gneist, Verw. 25.

gebüsst, Haus und Umgebung des Königs gelten als Asyl.¹) Er hat eine Krondomäne, Königs Bolt oder Tûn genannt, dem spartanischen 'abgegrenzten' Königsgut, dem Temenos, genau entsprechend; deren Bestand darf nicht ohne Genehmigung der Witan verändert werden; Städte und 'Burghs' gehören dazu, ganz abgesehen von des Königs ererbtem Besitze an Buchland und ausgethanen Zinsgrundstücken des Folclandes. Er hat an den gerichtlichen Bussgeldern seinen Antheil, Anspruch auf freie Bewirthung für sich und sein Gefolge bei Reisen, auf Strandgut und Schatzfünde, gewisse Markt- und Hafenzölle und endlich herkömmliche Festgeschenke.

Diese Natur der königlichen Gewalt ändert sich zunächst nicht durch Aufsaugung kleinerer Fürstenthümer durch grössere. Heccana oder Hereford, Middle Anglia oder Leicester sind allmählich in Mercia aufgegangen, Ostsachsen, Essex, ist mit Kent vereinigt worden; zuletzt sind sie alle dem Könige Egbert von Wessex zugefallen, der freilich urkundlich seine Führerschaft, officiell: Ducatus, von 816 datirt, thatsächlich die Gesammtherrschaft jedoch erst kurz vor seinem Tode, 836, gewonnen hat.²) Aber die sämmtlichen alten Königreiche blieben bestehen, zum Theil eine

---

¹) Schmid 552.
²) Stubbs I. 171, 174.

Zeit lang mit Titelträgern, wie in Mercia und Kent, oder die königlichen Geschlechter wurden zu solchen von Ealdormen, wie in Ostanglien und später in Westmercia. Erst im Jahre 973, bei dem Krönungsfeste Edgars in Bath, sind geistliche und weltliche Grosse vollständig erschienen, wie denn in dessen Gesammtreiche auch erst wieder die dänischen Theilfürstenthümer gänzlich aufgingen, welche die Natur der angelsächsischen kleinen Königreiche mit anderen Begrenzungen und in roheren Formen erneuert hatten.

Wie früher bemerkt, ist es vornehmlich die Abwehr der Fremden, zunächst der Briten, dann der Dänen, welche der königlichen Gewalt Stärkung gebracht hat. Thätig erscheint hier besonders noch vor der Vereinigung der Reiche das Königthum von Wessex, das an ihre Spitze treten sollte. Das zeigt sich zunächst in der Steigerung des Werthes, den sowohl Mundbyrd, (Schutz) als Burhbryce (Hausfrieden) erhalten. Fünf oder sechs Schillinge bleiben in den Gesetzgebungen Aethelbirhts von Kent um 600, Ine's von Wessex um 690 und Alfreds des Grossen um 890 gleichmässig auf beider Schutzarten Bruch zu Gunsten der Nichtedlen gesetzt; aber die des Königs — und entsprechend die der höheren Classen — steigen von 50 auf 120. Unter Ine wird zuerst bestimmt, dass das Eigenthum dessen verwirkt sei, der in des Königs Hause ficht, und sein Leben in des Königs Belieben stehe.

Unter Alfred wird Verschwörung gegen den König, Herbergen von Geächteten oder deren Anhängern mit Tod und Confiscation bedroht.¹) Nach Knud's Gesetzgebung (II. 13) verfällt das Buchland des Geächteten 'wessen Mann er auch sein mag, zu Handen des Königs'. Das ganze Volk der Grafschaften von Northampton und Cambridge ergab sich Alfreds Sohne Edward I. als seinem Hlaford. Unter Alfreds Ururenkel Ethelred wird wiederholt als religiöse Pflicht eingeschärft, des Königs Anspruch als Volksherrn zu wahren. Dessen Nachfolger Knud stellt an die Spitze seiner geistlichen Gesetze: Gott verehren, Christenthum halten 'und König Cnut lieben in rechten Treuen'.²)

Nunmehr dürfte auch Folgendes erklärlich sein. An die Stelle des Volksgerichts tritt für das von königlichen Beamten verwaltete oder durch königliche ordnungsmässige Vergabung, namentlich an Kirchen, zu Buchland gewordene Folcland ein eximierter Zustand zu Gunsten der Inhaber; diese Exemtion gilt auch für die unter ihrem persönlichen Schutze Stehenden; Vergehungen der grösseren Buchlandbesitzer werden aber der Gerichtsbarkeit des Königs vorbehalten. Für Beides, vornehmlich für das Erstere, ist in der spätern angelsächsischen, noch mehr in der normännischen Zeit der alliterierende Scherzausdruck für Gerichts-

---

¹) Kap. 4, Schmid 72.
²) Die Belege bei Schmid XXXVIII. 22, 72, 276, 250.

bann, sac und sôc, d. h. Sache und Suche,¹) üblich geworden. Ob hierbei, wo immerhin nur nach Volksrecht gerichtet ward, auch Personen höhern Ranges als Nichtedle, Keorlas, abgeurtheilt werden konnten, ist zweifelhaft.²) Unter Knud ist sogar ein förmliches Gericht für Streitigkeiten der grösseren Lehensbesitzer nachweisbar; aber von demselben konnte doch an Ealdorman und Volk appellirt werden, wo dann selbst ein Bischof einmal unterlag.

Dagegen erscheint seit dieser Regierung ausgebildet, unter der vorigen zuerst nachweisbar, der Vorbehalt königlicher Gerichtsbarkeit für gewisse Verbrechen, wie Verletzung des Königsschutzes, der Wehrpflicht, Raub und fehdeartigen Einbruch. Zu einer Art crimineller Verwaltungsgerichtsbarkeit erscheinen in solchem Falle besondere königliche Beauftragte oder bevollmächtigte Grundherren der Gegend. Schon König Aethelstan verordnet im zehnten Jahrhundert, 'dass man keinen Dieb schone, der auf handhafter That ergriffen ist, über zwölf Winter zählt und über acht Pfennige genommen hat'. Knud geht im nächsten Jahrhundert so weit, Jeden, der über zwölf Winter alt sei, schwören zu lassen, 'dass er nicht Dieb noch Mitwisser eines Diebes sei'.³) So wird die königliche

---

[1] Stubbs I. 184; Schmid 654.
[2] Stubbs I. 186, bezweifelt es für die Thegns.
[3] Schmid 131, 283.

Gewalt gedrängt, um nicht von der Sondergerichtsbarkeit erdrückt zu werden, sich selbst zu einer Quelle der Gerechtigkeit zu gestalten.

Und auch die allgemeine Führerschaft des Heeres wurde zu einer Art Kriegsherrlichkeit. Vom allgemeinen Heerbanne kam der angelsächsische Staat durch verschiedene Zwischenstufen allmählich zu der Gestaltung Alfreds des Grossen von 894. Ein Theil des Heeres sollte fortan zur Vertheidigung der Befestigungen dienen, die Masse der Wehrpflichtigen zur Hälfte zu Hause sein und zur Hälfte im Felde stehen. Ein weiterer Schritt ist durch Nachahmung von Kaiser Karls des Grossen Gesetz über die Heerbildung geschehen, indem unter Ethelred einmal, im Jahre 1008, und dann unter Edward dem Bekenner in Berkshire die Ausstattung eines völlig Bewehrten durch Besitzer von zusammen dort acht, hier fünf Hufen verfügt ward. Ueberdies sind des Königs Thane — d. h. eigentlich nur Diener,[1]) nun aber die zu erblichem Kriegsdienste für den König Verpflichteten und so Geadelten — zu stetem Dienste verpflichtet. Die allgemeine Wehrpflicht aller in des Königs Frieden Lebenden bleibt übrigens grundsätzlich bis zum Ausgange angelsächsischer Freiheit und über denselben hinaus bestehen.

[1]) Schmid 665 ff.

Denn es gehört nicht zu den geringsten Seltsamkeiten angelsächsischer Staatsentwickelung, dass keine Neuerung den alten Zustand aufhebt. Wie die alten Fürstenthümer trotz der neuen Reichsgewalt in den erblichen Ealdormenwürden, die alte Gerichtsordnung trotz der durchgehenden Exemtionen, die allgemeine Dienstpflicht trotz ihres Ersatzes bestehen, so erscheinen auch alle neuen Gesetzgebungen nur als Wiederholungen früherer oder Auswahlen aus denselben, obwohl sie immer von den Witan, ja möglicherweise gar von den Volksversammlungen in den einzelnen Landschaften bestätigt wurden. So sagt auch König Alfred in der Einleitung zu seiner Gesetzgebung §. 9, er habe nicht viel hinzuthun mögen; 'denn es war mir unbekannt, was davon denen gefallen werde, die nach mir kommen'; was er in den Gesetzgebungen seines Verwandten Ine, des Königs Offa von Mercien und des zuerst Getauften, Aethelbirths von Kent, gefunden habe, 'die sammelte ich hier, soweit sie mir richtig schienen'.[1]

So fest gegründet, dazu durch Wilfreds, Beda's und König Alfreds literarische Thätigkeit geistig so hoch entwickelt war die angelsächsische Eigenart, dass sie das dänische Element sich ganz assimilierte, das doch mit überlegenen Waffen sich in weiten Gebieten

---

[1] Schmid 69.

festgesetzt hatte. Alfred erkannte in dem Vertrage mit König Guthrum diesem eine Südgrenze zu, deren Spitze bei der Leamündung in die Themse wenig östlich von London endete; aber bis auf die Ortsnamenendungen [1]) auf —by statt —tun oder —ham lässt sich schlechterdings keine heutige Eigenthümlichkeit auf diese dänische Eroberung zurückführen. Die Verdoppelung des Wergeldes für Dänen in den nördlichen Grafschaften hatte nur temporären Werth, da sie sonst kein abweichendes Recht besassen und, ohne nationalen Zusammenhang, mit ihrer Bekehrung in die verwandte angelsächsische Nationalität aufgingen. So sind denn auch Knuds Gesetze nichts als Wiederholungen früherer, speciell aus der Könige Edgar und Ethelred Zeiten. Knud ersetzte die bisherigen, meist von ihm als Rivalen blutig beseitigten herrschenden Geschlechter der ehemaligen Einzelstaaten durch die Theilung Englands in vier Verwaltungsgebiete unter Earls, die den nordischen Jarls gleichstehen, wenn nicht nachgebildet sind; aber die Neuerung führte ebenfalls nur mit anderer Begrenzung zur alten Ordnung. Denn die neuen Earls suchten ebenfalls ihre Macht erblich zu machen, durch Lehnsmannen zu schützen und die des Königthums aufzusaugen. Der Kampf zwischen den beiden mächtigsten

---

[1]) Stubbs I. 197.

dieser Earls Godwin und Leofric von Mercia, erfüllt die Regierung Edwards des Bekenners, des eigentlich letzten Angelsachsenkönigs. Hierbei ist zu bemerken, dass der Däne Godwin, vornehmlich aber sein Sohn Harold, gerade an den 'Ostmannen', d. h. Normannen von Ireland und den dortigen Kelten, sowie den Wallisern eine besondere Stütze hatten, während die Schotten damals und auch in den ersten Zeiten Wilhelms des Eroberers auf Seite des Königshauses von Wessex standen.

Alle Versuche Egberts, Alfreds, Edgars — vielleicht des tüchtigsten Organisators, der 3000 Schiffe zu seiner Verfügung gehabt haben soll — und Knuds, eine einheitliche angelsächsische Staatsgewalt über die Verfassung der einzelnen Gaue zu legen, sind ohne bleibenden Erfolg gewesen. Der hohe Clerus bewährte im elften und zum Theile schon im achten und zehnten Jahrhundert, indem er eine einheimische Literatur schuf, ein über den Einzelordnungen stehendes nationales Interesse, wie denn[1]) auch die Organisation der Kirche sich an die allgemeinste und ursprünglichste Ordnung, den Gemeindeverband, die tûnscipe, anschloss, die sich mit dem Pfarrbezirke deckt; die Geistlichkeit allein war noch zum guten Theile auf die freiwilligen Opfergaben des Volkes, die noch ungebotenen Zehnten,

---

[1]) Vgl. oben S. 60.

angewiesen. Alle anderen Classen der Bevölkerung hingen neben ihren Einzelinteressen nur an den verfassungsmässigen Ueberlieferungen ihrer Gemeinden, Hundertschaften, allenfalls ihrer kleinen Staaten oder Grafschaften. Der Theilung des Reiches durch dänische Einbrüche, Parteiungen der Mächtigen, Interessen königlicher Brüder eine wahrhaft politische Action entgegenzusetzen, waren sie nicht geneigt.

Zweites Kapitel.

Normännische Herrschaft.
1066—1154.

§. 1. Die neue Staatsgewalt.

Die Eroberungen und Niederlassungen der sogenannten 'Dänen' — denn auch Norweger und Schweden sind unter diesen Nordmannen — haben in der englischen Verfassung keine Spuren zurückgelassen. Aber sie sind doch als Mittelglied zu der Eroberung Wilhelms von der Normandie nicht minder bedeutend, als die Beziehungen zu Frankreichs Ritterschaft und Clerus, welche Edward der Bekenner als Sohn einer dortigen Fürstin, Emmas von der Normandie, eifrig pflegte. So gewaltsam sie erscheint, hat überhaupt die normännische Eroberung die englische Verfassung durchaus organisch weiter entwickelt.

Fyrd und Mundbyrd, Bocland, sac und sôc, selbst die Gemote der kleinen und grossen Gaue und der Witan finden in dem festen Reichsorganismus des Eroberers und seiner Söhne, wenn auch zum Theile anders bezeichnet und zu anderem Zwecke, ihre Stelle. In dem éinen Punkte darf man ihn mit Alexander dem Grossen vergleichen, dass er die Genossen und Werkzeuge seiner Siege, sein normännisches wie jener sein makedonisches Heer, unter die Bedingungen der neuen Staatsordnung beugte, die er im Anschlusse an die bisherige aufzurichten entschlossen war.[1]

Schon in der Normandie, seinem Erblande, hatte er eine zwiefache Verfassungsüberlieferung vorgefunden und weitergebildet.

Geflüchtet bei Errichtung der Herrschaft Haralds des Haarschönen in Norwegen als Einherrn hatte Hrolf, der Ahn des Eroberers, in der ihm formell ´zum Schutze'[2] verliehenen Grafschaft an der untern Seine zu Beginn des zehnten Jahrhunderts im Kleinen einen ganz ähnlichen Staat, wie jener Harald, eingerichtet. Unter seinem Sohne Wilhelm Langschwert entwickelte sich dieser zu einer durch kaum geduldeten Beirath

---

[1] Dass übrigens von einem durch Generationen dauernden nationalen Gegensatze zwischen Normannen und Angelsachsen, wie ihn Walter Scott's Dichtergenius erfunden und Augustin Thierry mit historischen Irrthümern belegt hat, überhaupt nicht die Rede sein kann, wird von Freemann V², 825—839 treffend dargethan.

[2] Brunner Schwurgerichte, 127 ff., 147 f.

der grössten Barone wenig beschränkten Despotie, obwohl die persönliche Freiheit der fränkisch-romanischen Unterthanen sich erhielt und ihr Recht auch von den Siegern wahrscheinlich ganz übernommen ward. Die Grossen oder Bannerherren waren fast durchaus norwegischer oder dänischer Abkunft, wenn auch, wie ja der Gebrauch der nordischen Sprache noch im Laufe des zehnten Jahrhunderts erlosch, von westfränkischer Sitte. Meist stammen sie aus dem Regentenhause selbst oder seiner Verschwägerung. Die Erbfolge der Regenten ist wesentlich nach Primogenitur mit Bevorzugung der von nordischen Frauen auch ausser kirchlicher Ehe Geborenen.

Anderseits ist das Land von den Grundsätzen der erblichen Feudalität erfüllt. Vornehmlich seit dem Jahre 877 nach Karls des Kahlen Anerkennung derselben hat diese sich in Frankreich staatsauflösend entwickelt und zu einer Stufenfolge von erblichen Treueverpflichtungen geführt, denen sich zu entziehen gerade die grossen Lehnsträger der westfränkischen Krone das gefährliche Beispiel gaben. Erleichtert wird jeder Widerstand derselben durch die ihnen zugestandene Immunität für ihr Gebiet, auf dem sie eine mehr oder weniger beschränkte Gerichtshoheit besitzen.

Die Rüstung zur Eroberung gewann aber Wilhelm weder kraft seines herzoglichen, noch kraft seines lehnsherrlichen Rechtes, sondern durchaus nach der

Weise der nordischen Beutemacher zu See und Land, der Vikinger und Varinger, durch freiwilligen Zusammenschluss von Unternehmern unter Führung eines 'Königs', d. h. eines Mannes fürstlicher Herkunft. Bei der entscheidenden Berathung von Lillebonne erschienen wohl Hunderte; aber zu einer das Doppelte ihrer sonstigen Lehnspflicht betragenden Verpflichtung entschlossen sich, wie es scheint, nur die dreizehn Barone, welche uns genannt werden.[1] Eine unsichere, doch nicht bedeutende Zahl Anderer schloss sich mit nicht wenigen Fremden an, besonders Flamändern, d. h. aus der Grafschaft von Wilhelms Schwiegervater. Sie und Andere rüsteten Schiffe sowohl als Ritter. Wilhelm fuhr eben wie König Guthrumn in Alfreds des Grossen Tagen aus, um England zu erobern.

Er kam jedoch keineswegs, wie gleichzeitig mit ihm selbst König Harald der Harte von Norwegen, dessen Zuge sich freilich auch Fremde, namentlich Kelten, anschlossen; Harald der Harte unternahm nach seinem königlichen Machtgebote[2] den Zug. Als er am 25. September 1066 bei Stamfordbridge erlegen war, liess daher sein Besieger, der

---

[1] Stubbs I. 257 gibt diese Liste und die von vier anderen bei Hastings kämpfenden Baronen aus Ordericus Vitalis III. 11 und IV. 14. Freeman, Hist. of the Norman conquest. 2d ed. 1875 III. 300 sieht Wilhelms Erfolg in Lillebonne zu günstig an.

[2] Freeman III. 334 hält auch für möglich, dass die Nichtbefragung des Thing nur von Snorri ausgelassen sei.

neue Angelsachsenkönig Harold, den Rest von des Norwegerkönigs unschuldigem Volke unbehelligt abziehen.[1])

Wilhelm behauptete, gewiss mit Recht, von dem letzten Landeskönige Edward III., der seines Vaters Vetter und dessen Gast er vor fünfzehn Jahren in London gewesen war, eine Zusicherung der Nachfolge erhalten zu haben. Dasselbe versicherten zwei Dänen: Edwards Schwager, eben der nunmehrige König Harold und der Dänenkönig Svend, Knud's Neffe von dessen Schwester Estrith. Aber wie wir angelsächsische Thronfolge kennen, sind alle solche Zusagen bedeutungslos. Noch lebte Edgar, der Enkel von Edwards älterem Bruder Edmund. Auf alle Fälle aber stand nur den Witan das Recht zu, diesen einzigen echten männlichen Sprossen des alten Königshauses als König zu verkünden oder abzulehnen und dann zu einer Neuwahl zu schreiten. In der That ist das Alles geschehen, wie wir sehen werden. Durchaus fest stand in den Augen der Angelsachsen diese Auffassung des Thronanspruches. Erst die Vermählung mit Mathilde, einer Nichte Edgars, einer Tochter seiner Schwester Margaretha und des Schottenkönigs hat König Heinrich I., dem Sohne Wilhelms des Eroberers, bei den Angelsachsen im Jahre 1100 die Legitimität gegeben.

---

[1]) Freeman III. 376 erklärt die Schonung aus Harolds 'mildem Geiste'.

Unmittelbar am 14. October 1066 mit dem Siege von Senlac stand Wilhelm seinerseits seinen Kriegsgenossen in neuer Stellung gegenüber. Was er auch früher und noch eine Zeit lang nach der Schlacht von Erbanspruch behauptete: auf dem Todbette hat er allein von Gottes Gnade, d. h. von dem Waffenanspruche, der ihm den Sieg verlieh, wissen wollen. Entgegen der angelsächsischen Anschauung, die, wie früher bemerkt, kein Gottesurtheil durch die Waffen kannte, aber in Uebereinstimmung mit der aller sonstigen römisch-katholischen Zeitgenossen und speciell seiner normännischen Heimath — wie ihm denn Papst Alexander II. eine Fahne als Kirchenstreiter gegen das halbschismatische Angelsachsenreich gesendet hatte — sah er in der Entscheidung von Senlac ein Gottesurtheil. Und diese Anschauung durchdrang allmählich das englische Volk so sehr, dass noch den Sieg von Bosworth, durch den er seinerseits den Thron gewann, König Heinrich VII. Tudor feierlich als solches im Jahre 1485 verkündet hat.

Aber nicht zugleich für seine Kriegsgenossen sollte die Entscheidung so völlig gelten, dass Wilhelm der Eroberer England mit ihnen zu theilen gedacht hätte: er hätte aus trotzigen französischen und niederdeutschen Baronen Fürsten geschaffen, vor deren Macht Wilhelm's neues Königthum noch kläglicher sich dargestellt haben würde, als das angelsächsische

Edwards des Bekenners oder das seines eigenen geborenen capetingischen Lehnsherrn, Philipps I. von Frankreich. Wenn er ein wahrer König von England sein wollte, musste er in den Ueberlieferungen der königlichen Gewalt der Angelsachsen, ja bis zu einem gewissen Grade in dem besiegten Volke selbst, seine Stütze suchen.

Die Witan erhoben zuerst den Aetheling Edgar, ja liessen ihn vielleicht durch Erzbischof Stigand von Canterbury krönen.¹) Aber die beiden Schwäger Harolds zogen, nachdem sie an der Wahl Theil genommen, nach Norden ab, Edgar den weiteren Kampf überlassend. Harolds Schwester, die Witwe Edwards, vielleicht auch die Harolds selbst, erklärten sich dann für Wilhelm. Stigand huldigte ihm. Hierauf wurde von den Witan eine Neuwahl vorgenommen, die gleich der Svein Gabelbarts im Jahre 1013 die Absetzung Edgars, wie damals Ethelreds, in sich schloss.²) Der einflussreichste und patriotischeste unter den Witan, der nach römisch-katholischer Anschauung allein rechtmässig erhobene Erzbischof Eldred von York hat in Stigands Gegenwart nach der Wahl die Krönung in Westminster an ihm vollzogen.³) Sein Eid ging dabei

---

¹) Freemann hält III. 529 den Nichtvollzug der Krönung für wahrscheinlicher.
²) Vgl. oben S. 79.
³) Freemann III. 557.

wie der Ethelreds dahin¹) 'Gottes Kirchen und ihre Leiter zu vertheidigen, das ganze ihm unterworfene Volk gerecht und mit königlicher Vorsorge zu regieren, Recht zu satzen und das Gesetz zu halten, Raub und ungerechte Urtheile durchaus zu verbieten'.

Sonstige Versprechungen hat er dem Reiche nicht gegeben; die des Kroneides genügten aber zur Weiterbildung der angelsächsischen Verfassungstradition.

Jede alte Handhabe zur Stärkung der königlichen Gewalt hat er verwerthet. Es war nach der Gesetzgebung Alfreds und Knuds²) ganz correct, dass er, nachdem die Witan seinen Kronanspruch anerkannt, die Güter Aller, die bei Senlac gefochten oder dem Gegenkönige Harold gehuldigt hatten, für verwirkt erklärte und rechtlich nur ein Act der Milde, dass er denen, die ihn anerkannten, seinerseits Anerkennung, d. h. Einlösung ihres Grundbesitzes durch Geld oder Geiseln gestattete. Die Einlösung aber geschah urkundlich in den Formen der Feudalordnung. Ununterbrochen bis zur Einnahme von Chester, etwa im Februar 1070, hat er dann Rebellen bekämpft, wesentlich nicht mehr mit dem gelandeten Heere, von dem ein grosser Theil während der Eroberung umgekommen war, sondern mit geworbenen Truppen, die er dann,

---

¹) Stubbs, Sel. chart. 77.
²) S. o. S. 88.

so weit sie es wünschten, reich beschenkt entliess.[1]) Eine Verschwörung im Jahre 1074 brachte weitere Confiscationen, so dass Wilhelm sich durch diese Masse gänzlich verwirkter Güter in Verbindung mit dem bisherigen Folclande als unmittelbaren Herrn vielleicht der Hälfte des englischen Bodens betrachten konnte. Wenn die Könige seit Menschenaltern über alles Folcland verfügten, ohne dass es bisher ihr Eigenthum geworden wäre, so verwandelte es Wilhelm, gleich der alten Krondomäne, ohne Weiteres in sein Eigenthum.[2])

In diesem spätern Stadium der Eroberung stützte er sich wohl zunächst mehr als auf die herübergekommenen normännischen Barone auf die Söldner[3]) und die noch aus Edwards des Bekenners Zeit angesiedelten oder nach Wilhelms Siege aus der ungerecht über sie, in den Jahren 1052 und 1065 verhängten Verbannung zurückgekehrten französischen Edelleute und Geistlichen. Er stützte sich ferner auf die Ausländer, die er allmählich auf englische bischöfliche Sitze brachte und unter denen Lanfranc aus Pavia, nach Absetzung Stigands im Jahre 1070 Erzbischof von Canterbury, ihm vielleicht die meiste Hingebung widmete. Der Sohn eines angesehenen lombardischen Juristen,

---

[1]) Freeman IV.² 233, 309, 317.

[2]) Die von Gneist, Verw. 117, aufgestellte Berechnung bezweifelt Stubbs I. 403.

[3]) Im Jahre 1086 scheint er sie grossentheils ganz entlassen zu haben. Freeman IV.² 687.

war er einst als Rechtslehrer und bewunderter Anwalt in die Normandie gekommen.¹) Eine wenig auffällige Grundveränderung der ganzen Verfassung, deren nunmehr näher zu gedenken sein wird, ist unter seiner thätigen Theilnahme bewirkt worden.

Wir wissen, wie der Grundbesitz allein rechtliches Dasein bei den Angelsachsen gewährte, alles Schutzverhältniss auf ihm ruhte, nur der König ohne Rücksicht auf sein Grundeigenthum 'als Schutzherr des ganzen Volkes' galt. Die Wehrpflicht war ferner seit 1008 mit dem Landbesitze mindestens gesetzlich²) in Verbindung gebracht, Wilhelm aber war thatsächlich auch Herr des Bodens in einem grossen, wenn nicht dem grössten Theile des Landes geworden. Wie, wenn alle diese Momente in den, bei den übrigen Völkern der katholischen Christenheit durchgedrungenen feudalen Formen zu einem neuen Zustande des öffentlichen Rechtes gestaltet wurden?

Der Eroberer hat Jedem, dessen Gut zu einer ritterlichen Ausrüstung genügend schien, den Ritterdienst mit oder ohne ritterliches Gefolge auferlegt und das ganze Land in solche dienstpflichtige Ritterlehen getheilt. Ein bestimmter Umfang von Grundbesitz ward nicht vorgeschrieben. Die Gesammtzahl der so präsumirten Ritter hat ein jüngerer Zeitgenosse, der Ge-

---

¹) Freeman II.¹ 224.
²) S. o. S. 90.

schichtschreiber Ordericus Vitalis, wahrscheinlich zu hoch[1]) auf 60.000 angegeben. Nach dieser Zahl hat man immerhin Summen der Ritterlehen gezogen. Diese Summen basieren auf der nach vieler und tiefer Berathung mit den Witan' zu Gloucester um Weihnachten 1085 beschlossenen und durch die im ganzen Lande trotz allen Widerstandes thätigen Commissäre schon im Juli 1086[2]) beendeten Statistik, deren Anlage uns noch einmal beschäftigen wird. Hier genügt Weniges über sie. Sie ist im Originale erhalten in dem damals auf Wilhelms Befehl angelegten Verzeichnisse der Grundstücke, ihrer Pflichten und ihres lebenden Zubehörs, welches das Gerichtstagsbuch, Domesdaybook, heisst, weil seine Angaben sicher, wie die Sprüche am Tage des jüngsten Gerichtes sein sollten. In der That sind sie genau wie kein ähnliches statistisches Werk aus dem Mittelalter über ein ganzes Reich.

Die aus dem Werke gezogenen Berechnungen, die zu der Gesammtsumme von 60.000 Ritterlehen führen sollen, sind freilich vielfach trügerisch. Aber die Verpflichtung, nicht nur des weltlichen, sondern auch des geistlichen Besitzes Ritter zu stellen, ist unzweifelhaft. Wie lebhaft gerade Lanfranc auf des Königs Absichten einging, zeigt wohl die Thatsache, dass er

---

[1]) S. u. S. 107.
[2]) Freemann IV. 688 bis 691.

die Pächter seiner Kirche zugleich zu Rittern für den königlichen Dienst machte und bisher freie Eigenthümer,[1]) gegen deren Verpflichtung dem Könige als Ritter zu dienen, in seiner Kirche Schutz nahm.

Unmittelbar hätte diese Verwandlung des lose gefügten angelsächsischen Staates in einen militärischen die Gefahren einer Sprengung des Reichsverbandes durch kleine Fürstenthümer, nunmehr gar mit wohlorganisierten Ritterschaaren, erneuern, den Stand der Gemeinfreien ersticken, den Wohlstand des Landes unter ritterlichem Gepränge vernichten können. Aber alle diese Gefahren wurden von dem wohlberathenen königlichen Eroberer gemieden und die Neuerung ist zum Heile englischer Staatsentwickelung angeschlagen.

Der Möglichkeit der Bildung neuer Theilfürstenthümer wurde durch die Art gesteuert, in der die mächtigsten Güteransprecher unter des Königs Kriegsgefährten und Begünstigten, darunter einige Angelsachsen, befriedigt wurden. Nur 41[2]) können als grössere Vasallen im festländischen, etwa französischen Sinne bezeichnet werden, und darunter 13 mit einer Art von fürstlichem Besitze von über 100 Ritterlehen; aber diese sämmtlich erhalten keine zusammenhängenden Besitzungen. Im Besitze der drei eigenen Brüder des Königs werden wohl 442 bis 793 Ritterlehen auf-

---

[1]) Stubbs I. 262.
[2]) Stubbs I. 272.

geführt, aber zerstreut in 17 bis 20 Grafschaften; in weniger als 6 ist keiner von diesen mächtigen Herren belehnt. Nur etwa 600 Personen und Körperschaften im Ganzen erscheinen als weltliche und geistliche Kronvasallen, tenentes in capite, darunter persönlich dienende Mannschaft des Königs.[1])

Der Entstehung oder Erhaltung eines für die Volkswohlfahrt auf dieser Culturstufe gefährlichen Grossgrundbesitzes mit armer Bauernschaft beugte die neue Königsgewalt vor, indem die grossen Lehensträger sich zu möglichster Auftheilung ihres Landes genöthigt sahen, um die entsprechende Ritterzahl stellen zu können. Die Auftheilung hat sich unter dem starken Königthume in einem Jahrhunderte von der Eroberung an vollzogen.[2]) Es darf gleich hier bemerkt werden, dass der umgekehrte Process, das Verschwinden des freien Bauernthumes, die Bedrückung des kleinen Grundbesitzes, mit dem Siege der ständischen Gewalten seit 1688 und vornehmlich im vorigen Jahrhunderte sich vollzogen hat, als die ganze Streitkraft des Reiches aus geworbenen Söldnern bestand.

Mit dem Einziehen der Formen des Feudalismus gewann wohl das analoge angelsächsische Schutzverhältniss eine schärfere Gestalt; über das ganze Reich legte sich die Stufenfolge von feudalen Ver-

---

[1]) Gneist, Verw. 118.
[2]) Von Stubbs I. 263 schön nachgewiesen.

pflichtungen um so leichter, als schon in der letzten angelsächsischen Zeit die kleinen Grundbesitzer sich regelmässig in die Mundbyrd eines Mächtigeren begeben hatten. Aber fortan durfte bei dem Treueide des Vasallen der Vorbehalt 'schuldiger Treue gegen den Herrn König und dessen Erben' niemals fehlen. Des Königs Domäne, über das ganze Reich zerstreut, mit besonderer Gerichtsbarkeit ausgestattet, die in den Forsten nach neuen abweichenden Vorschriften als Forstjustiz von königlichen Beamten mit besonderer Härte geübt ward, hielt Jedermann die Alles durchkreuzende königliche Gewalt auch ihrerseits gegenwärtig. Am 1. August 1086 haben alle freien Männer, wie Wilhelm von Malmesbury sagt, doch wahrscheinlich nur die freien Grundbesitzer Englands, zu Salisbury dem Könige den Eid sowohl der Lehnstreue, als den schon König Edmund geleisteten der Unterthanentreue schwören müssen.

Ausser den wenigen Hundert unmittelbar von der Krone Belehnter müssen hier die nahezu 8000 Unterlehnsleute, wie die etwa 10.000 'Freien' höheren Ranges, welche das ›Gerichtstagsbuch aufführt, erschienen sein und vielleicht auch ein Theil der Freien des nächsten Ranges, der ebendort verzeichneten 23.000 Sochemannen. Auf alle Fälle hatten diese drei Bevölkerungsclassen, wahrscheinlich zunächst auch noch die unterste des Freienstandes, die 110.000 als

Villani Aufgeführten¹) in der königlichen Gewalt den natürlichen Schutz gegen ihre geistlichen und weltlichen Lehns- und Gerichtsherrn zu erkennen.

Das Institut der Rechtsbürgschaft von je zehn Männern mit einem Obmanne, an die das Gericht sich statt an den Schutzherrn halten kann, scheint unter Knud zuerst versucht worden zu sein.²) Unzweifelhaft ist es erst von Wilhelm, und formell als eine Neuerung, zu bleibender Bedeutung erhoben worden: 'Jeder Mensch, der als Freier betrachtet sein will, soll in einer Bürgschaft sein',³) und gleichzeitig wird die alte Ordnung der Hundert- und Grafschaftsgerichte eingeschärft. Das Volk soll überzeugt sein, dass der König seine alte Verfassung und Freiheit wahren will: 'ich schreibe vor und will', sagt er wörtlich,⁴) 'dass Alle die gesetzliche Ordnung des Königs Edward in Ländern und allen Dingen haben und halten mit den Zusätzen, welche ich zum Nutzen des englischen Volkes festgesetzt habe'.

So hat er denn auch, geschieden von den freien Villani, noch 82.000 Häusler oder Bordarii,⁵) etwa 7000 grundbesitzlose Hintersassen, Cotseti — noch

---

¹) Nach Stubbs I. 428: 'unzweifelhaft die Keorls der vorigen Periode', ähnlich Gneist, Verw. 119, was mir doch nicht so zweifellos ist.
²) Schmid 649.
³) Statuta Wilh. §. 8. Stubbs, Sel. chart. 81.
⁴) Ebendas. §. 7.
⁵) Schmid 548.

jetzt in Niederdeutschland Kossäten genannt — und die nur noch 25.000 Sklaven[1]) nach der zu König Edwards Zeit üblichen Stufenfolge[2]) verzeichnen lassen. Aber schon unter seinem jüngeren Sohne Heinrich I. erscheinen im Jahre 1130 Villanen wie Bordarier in den Fiscalaufnahmen als Gutsausstattung zwischen Fischteichen, Mastvieh und Heu. Sie Alle gehen im Laufe des 12. Jahrhunderts in dem allgemeinen Begriffe von Nativi auf. Die Villanen klagen wohl noch unter Heinrich I. mit Erfolg über thätliche Misshandlung,[3]) nehmen noch an den Geschäften der Volksversammlungen in Gemeinde, Hundred und Grafschaft Theil, können mindestens bis 1164, bis zu den Constitutionen von Clarendon, unbestritten in den Kirchendienst treten; aber allmählich werden auf dem Lande die armen Freien, Halbfreien und Sklaven gleichmässig als die Villeins bezeichnet. Diese drängten vom 14. Jahrhundert an nach gleichem Rechte mit den Höherstehenden, bis um den Anfang des 17. Jahrhunderts[4]) die letzten Spuren der freilich milden Leibeigenschaft verschwanden, zu der in manchen Landestheilen, trotz aller sorgfältigen Herkunftsverzeichnisse der Einzelnen, alle drei Classen fast gleichmässig ge-

---

[1]) Vgl. oben S. 73.
[2]) Gneist, Verw. 118.
[3]) Stubbs I. 430.
[4]) May III. 35.

bracht waren. Gerade die tiefsten und so peinlich abgestuften[1]) Schichten der angelsächsischen Bevölkerung gewannen unter dem straffen Regimente, das die normännische Königsgewalt über die ganze Bevölkerung legte.

Empfindlicher ward das neue Regiment den mittleren und höheren Classen. Das Danegeld, einst unter König Ethelred zum Tribute für die nordgermanischen Bedränger bestimmt, kurz vor der Eroberung abgeschafft, ward gelegentlich, wie im Jahre 1084 mit dem dreifachen Satze von sechs Schilling für die Hufe, wieder erhoben. Aber die einmal scheinbar zum Fyrd, Heerbann, befohlenen Leute mussten sich auch unter des Eroberers Sohne gefallen lassen, dass ihnen in Hastings, wo man sie wieder entliess, die zehn Schilling abgenommen wurden, die Jeder von seiner Gemeinde für den Lebensunterhalt im Felde erhalten hatte. Die Geldforderungen des Feudalrechtes sind dazu von dem Königthume vielleicht nirgends höher als von diesem normannischen gespannt worden. Aus dem Heriot für den Mundbora[2]) wurde das freilich ähnliche relevium, (relief) als königlicher Lehnszins für die verfallene Bewaffnung des Todten, bei den grösseren Lehnsträgern grösser und direct an den König, bei den kleineren geringer und an den Sheriff (s. u.) zahlbar;

---

[1]) Vgl. o. S. 73.
[2]) Vgl. o. S. 71.

aber auch von dem bisherigen Alod, das dadurch Lehnsgut ward, musste es entrichtet werden und das Gut selbst konnte durch 'prima seisina' bis zur Feststellung der Erbberechtigung für den König eingezogen werden. Schon mindestens seit Knud mussten wohl der minderjährige Erbe und die Erbtochter Heirathserlaubniss erkaufen: jetzt musste sie dem Könige auch von dem Mündigen abgelöst werden.

Wie schwer der unbändige normännische Adel das ihm auferlegte Joch trug, zeigten wiederholte Empörungen. Gegen eine hat Wilhelm II. geradezu die Hilfe der angelsächsischen Bevölkerung in Anspruch genommen, die seinem Rufe auch willig folgte. Mit starker Hand hat dann des Eroberers jüngster Sohn Heinrich I. sein Ansehen gewahrt. Aber unter dem vierten, dem letzten Könige dieser Dynastie, unter dem in seinem Innern unsichern Stephan, drohte das ganze Gebäude des Eroberers zusammenzubrechen. Der Adel erhielt das Recht, eigene Münzen zu schlagen,[1] Burgen zu bauen, Söldner zu halten, die zum Theile mit Staatsgeldern bezahlt wurden. Bei dem schliesslichen Vertrage von Wallingford — zu welchem Stephan wenige Monate nach dem Tode seines ältesten Sohnes im November 1153 durch die öffentliche Meinung genöthigt ward, und durch den er

---

[1] Stubbs I. 328.

seinen geistesstarken Nachfolger Heinrich II. Plantagenet als Reichserben adoptierte — musste nach langem Kriege die Niederreissung von 1115 Burgen beschlossen werden.

Mit dem normännischen Adel, und dessen Ansprüche unter königlichem Schutze vielfach durchbrechend, erhob sich aber in dieser Zeit ein eigentlich städtisches Bürgerthum. Gilden, d. h. Genossenschaften, gab es in den Städten längst zu verschiedenen Zwecken, besonders wohlthätigen und kirchlichen, z. B. für Processionen, Kerzenstiftungen; ihre Mitglieder hatten regelmässige Zusammenkünfte, etwa bei der monatlichen 'Fassfüllung'; solche hielt auch die aus Edlen und Nichtedlen[1]) gebildete Londoner Frith-Gilde zu besserer Handhabung öffentlicher Sicherheit, deren Statuten von Bischof und Verordneten zu König Aethelstans Zeiten aufgezeichnet worden waren. Zu einer rechtlichen Sonderstellung der Städtebewohner, selbst Londons scheint es nicht gekommen zu sein. Der Eroberer bestätigte[2]) auch nur in wenigen Zeilen, die an den Bischof, Marktschulzen[3]) und alle französischen wie englischen 'Burgbewohner', burhwaru, gerichtet sind, ihr Recht aus seines Vorgängers Edward Zeit, und sicherte dem Kinde das väterliche Erbe zu —

---

[1]) Stubbs, Select charters 65.
[2]) l. l. 79.
[3]) 'Portirefan' vgl. Schmid unter port-geréfa und port 598, 643.

ohne es mit 'relief' und sonstigen Lasten zu beschweren. Sein Sohn Heinrich I. gewährte dann¹) eine Summe von Rechten, durch welche nach Stubbs' treffendem Ausdrucke 'eine Anhäufung verschiedener Corporationen, wenn auch noch keine vollkommene Municipalität' begründet wurde.

Der Act gehört zu den merkwürdigsten im ganzen Verlaufe englischer Verfassungsgeschichte. Er illustriert nicht nur die Stellung der königlichen Gewalt zu dem aufkommenden Bürgerthume, sondern auch die Lasten, welche dieselbe der übrigen freien Bevölkerung aufzulegen vermocht hatte.

Hier zuerst tritt uns der Grundsatz entgegen, der uns durch den Verlauf der Verfassungsgeschichte bis 1688 begleitet, dass fast jede Freiheit des Engländers von dem Königthume erkauft worden ist. Gegen eine Pacht von 300 Pfund erhalten die Bürger für sich und ihre Erben Verwaltung und Gerichtsbarkeit von Middlessex derart, dass die von ihnen zu erwählenden Beamten, der Justitiar und Sheriff, für die Bürger ausschliesslich die königlichen Tagfahrten (placita), und zwar nur innerhalb der Stadtmauern, zu halten haben. Sie erhalten mit einer Zeile Freiheit von all dem, was die übrigen Gemeinfreien am meisten drückte: von Schot, den auf die Einzelnen repartierten königlichen

---

¹) A. a. O. 103.

Grafschaftssteuern; von Loth, der Remuneration königlicher Beamten; von Danegeld, dessen gesteigerte Erneuerung früher erwähnt ward; von Murdrum, der auf die Einzelnen repartierten Strafsumme eines Bezirkes für unentdeckten Mord; von Duellpflicht, der den Angelsachsen unbekannt gewesenen und ihnen seit der Eroberung nur facultativ und unter ungünstigen Bedingungen[1]) erlassenen Form des gerichtlichen Gottesurtheils. Ferner werden sie von der Beherbergung königlichen oder sonstigen Gefolges losgesprochen. Sie erhalten volle Zoll- und Handelsfreiheit im ganzen Reiche zu Lande und zur See. Wo ihnen trotzdem Gebühren abverlangt werden, können sie einen gleichwerthigen Gegenstand nehmen und den Gerichtsgang abwarten.

Trotz alledem bleiben aber auf dem Boden Londons auch Kirchen und Feudalherren im Besitze ihrer Rechte, für sich sowohl als ihre Gäste, auf ihrem Grundeigenthume; es bleiben die drei Arten der alten Volksversammlungen: das Folcmot als Gaugemeinde, das Wardemot für die Hundertschaft, das Hûsting,[2]) das an jedem Montage als Localgericht zusammentritt.

Die Freiheiten Londons wurden in Stephans späterer Regierung wie so manche andere Rechts-

---

[1]) Brunner, Schwurgerichte 397.
[2]) Schmid 615.

ordnung verletzt, von Heinrich II. bestritten; unter dessen Söhnen aber, in den Jahren 1191 und besonders 1199 bei Johanns Thronbesteigung sind die Freiheitsgaben Heinrichs I. durch den völligen Abschluss der Municipalität für die kommenden Zeiten gesichert worden.

Was aber in London in grossem Zusammenhange erscheint, lässt sich in einer ganzen Reihe anderer Städte in Einzelheiten verfolgen. Lincoln erwarb um 300 Mark Silber und 4 Mark Gold das Recht der obersten Lehensträger der Krone, der 'barones dominici', mit allen gerichtlichen Vorzügen. Andere erkauften nur die 'firma burgi', die eigene Umlage ihres Antheils an den Grafschaftslasten. Handwerkergilden kauften ihre Anerkennung von der Krone oder den Grundherren. Im Jahre 1130 ward bereits die erste Handwerkergilde in London, die der Weber, nach den königlichen Rechnungen von Heinrich I. als Corporation gegen Bezahlung anerkannt. Unter den Gilden erscheint besonders wichtig für unseren Zweck die der Kaufleute, welche unter dem Namen Hansa gleichzeitig an verschiedenen Orten während Heinrichs I. Regierung auftritt, wahrscheinlich zuerst in Beverley mit Privileg des Erzbischofs von York.[1]) Die Hansa hat nämlich allein das Recht, Mitglieder auch auf

---

[1]) Stubbs I. 411, 416.

dem Lande zu haben. Der Nativus oder Villein aber,[1] der ihr ohne Reclamation seines Feudalherrn Jahr und Tag angehörte, war seiner Pflichten gegen denselben ledig.

10. Vorlesung.

§. 2. *Aenderung der Verwaltung.*

Wir haben bisher gesehen, wie das normännische Königthum, das der Angelsachsen fortbildend, verstanden hat, alle Classen an das Staatsinteresse zu fesseln, bei den gedrückten unteren Ständen alle Geburtsunterschiede vor dem Maasse der Verwerthbarkeit eines Jeden für den Staat verschwinden zu lassen, den Segen städtischer Freiheit zu erwecken. Nunmehr haben wir Grundsätze und Formen der königlichen Administration zu betrachten, demnächst die Gesammtstellung des Königs dieser Zeit und namentlich den Unterthanen gegenüber, dann die Einschränkungen seiner Gewalt, wie sie sich in den dem Reiche gegebenen Freiheitsbriefen darstellen.

Es wurde bereits früher bemerkt, dass der Eroberer entschlossen war, das Hauptübel des angelsächsischen Gesammtkönigthums, die landschaftliche Fürstenmacht der Ealdormen, nicht wieder aufkommen zu lassen. Selbst ihren Titel Earl — seit Knud, wie bemerkt, aufgekommen, indem der Name des nordi-

---

[1] Vgl. o. S. 109.

schen Unterkönigs, des Jarl, mit dem angelsächsischen des Adeligen, Eorl, verbunden scheint — hat er nur spärlich erneuert. Abgesehen von den dem Range nach gleichstehenden Grafen, die diesen Titel aus Frankreich oder der Normandie mitbrachten, hat er die Rechte des alten Amtes nur an wenige weltliche und geistliche Grosse auf beschränkten Gebieten, an den Landesgrenzen verliehen: so gegen Wales in Chester — das bis zum Jahre 1541 ganz selbständige Verwaltung ohne Vertretung im Parlamente hatte — und in Shrewsbury, wo aber die Rechte mit dem Bisthume getheilt waren; gegen den Norden in dem sogar bis 1578[1]) selbständigen Bisthume Durham, wo dem Bischof-Grafen alles Folcland und die Gerichtsherrlichkeit aus den Zeiten der northumbrischen Könige gehörte. In dem noch von dem Eroberer verliehenen Earldom von Northumberland und in den etwa sechzehn ertheilten seiner Nachfolger bis zum Jahre 1154, die sich nur theilweise behaupten konnten, hat man aber nur einen Ehrentitel zu sehen, der durch Umgürtung mit dem Grafschaftsschwerte verliehen ward und ein Drittel der Gerichtsgelder einbrachte.

In einigen dieser Fälle erscheint die Würde des Earl mit der eines erblichen Sheriff verbunden. Erbliche Sheriffs ernannte Wilhelm der Eroberer bereits zum Ersatze zugleich der bisherigen Sciregerefen und

---
[1]) Hallam III. 30.

der diesen übergeordneten Ealdormen, doch kaum für ein Drittel der Gesammtzahl der Grafschaften. Bei ihnen wie bei den übrigen nur auf Zeit ernannten — die Listen aus dem Jahre 1130 sind erhalten — setzte schon er das Amt durchaus dem des normännischen Vicecomes gleich, d. h. des Stellvertreters oder Missus des Grafen nach fränkischer Reichsordnung.

Jene drei Fälle in Grenzgebieten ausgenommen, ernannte er also zum Unterschiede von der fränkischen Einrichtung, das Zwischenglied weglassend, keinen Grafen. Das war freilich schon in der Normandie herkömmlich,[1]) die formell selbst nur eine Grafschaft des westfränkischen Reiches bildete.

Der Vicegraf, Sheriff, wird aber durch die Neuerung in England zum wahren, stets verantwortlichen Repräsentanten des königlichen Willens für Militärwesen, Gelderhebung, Vorsitz in den Grafschafts- und Hundertschaftsversammlungen; namentlich sitzt er den gerichtlichen vor, bei denen jetzt auch das Gottesurtheil des Zweikampfes als Thatbeweis eingeführt und sonst die durchgängige Appellation an den König eingeführt wird. Der Vicegraf oder Viscount führt die Ritterschaft unter Baronenrang und das freilich selten nach dem Fyrd aufgebotene Fussvolk. Er darf den höheren Classen,[2]) welche zu dem lästigen Zeugen-

---

[1]) Brunner, Schwurger. 127, 148.
[2]) Stubbs I. 397.

beweise über den Thatbestand in gerichtlichen und administrativen Dingen als 'juratores et judices' verhalten werden können, gegen eine Geldsumme für den Königsschatz ihre Verpflichtung erlassen, ebenso den geringeren Classen, den 'minuti homines', ihre Verpflichtung, in den Versammlungen zu erscheinen. Die Höhe der Summe, die bis auf den Pfennig gebucht und jährlich zwei Mal, zu Ostern und Michaelis, in den Schatz abgeführt werden muss, ist dem Sheriff unter Controle der Rechnungsbeamten (s. u.) überlassen. Denn Unparteilichkeit und Redlichkeit desselben werden als Grunderfordernisse guter Staatsordnung angesehen; daher auch in dem Vertrage von Wallingford König Stephan im Jahre 1153 die Verpflichtung der Ernennung solcher Beamten eingehen musste.

Von dem Gesichtspunkte des modernen Staates muss es schon hier als eine Wohlthat für das englische Volk betrachtet werden, dass die Entscheidung des Königs, nach den von seinen Räthen erkannten Rücksichten der Billigkeit, das eigentlich doch recht mangelhafte altgermanische Gerichtswesen durchbrechen konnte, wie es nun wesentlich unter Leitung des königlichen Sheriff stand, wenn auch gelegentlich noch ein Ealdor des Hundred erwähnt wird.

Dies führt uns auf die neue Stellung des Königthumes im Gerichtswesen.

Nach fränkischem, aus der ungemeinen Gewalt der ripuarischen Könige begreiflichem Rechte, ist die Erklärung des Königs, dass eine Person oder Genossenschaft aus seiner Gnade gefallen sei, an sich eine Verurtheilung an Leib und Gut, der nur durch Appell an die Gnade oder Barmherzigkeit begegnet werden kann, so dass die Verhandlung selbst 'misericordia' oder 'gratia regis' heisst. Die entsprechende Geldstrafe bei Höheren,[1] körperliche Strafe bei Geringeren heisst Amerciamentum. Sie wird bei jeder Verletzung königlicher Autorität, eventuell durch den Sheriff, als 'misericordia vicecomitis' verhängt. Demgemäss greifen königliche Schreiben, karolingisch meist 'indiculi' genannt, auch in das Gerichtswesen entscheidend ein. Nach dem karolingischen Muster, erliessen die französischen Könige und normannischen Herzoge[2] kurze Handschreiben, 'brevia', welche als der Ausdruck der höchsten landesfürstlichen Autorität unbedingten Gehorsam beanspruchten. Ein 'despectus regalium literarum', in England meist 'contemptus brevium' genannt, ist an sich Hochverrath. Diese Anschauung ist mit der normännischen Eroberung nach England übertragen worden.[3]

---

[1] Gneist, Verw. 172—182.
[2] Brunner, Entstehung der Schwurgerichte 66—77.
[3] Wie weit die von Sohm aufgebrachte und von Stubbs I. 391 aufgenommene Behauptung richtig ist, dass hier eine dem jus honorarium der Römer ähnliche und wie bei ihnen das jus civile oder commune ergänzende

Königliche Ausschreiben durchbrechen aber nicht nur den Gerichtsgang, sie genügen, um Jedermann zu einer wahrheitsgemässen Aussage bei Vermeidung der auf Hochverrath und Meineid gestellten Strafen zu nöthigen. So ist die früher erwähnte absolut genaue Schilderung des Landeszustandes durch das Gerichtstagsbuch entstanden. Den um Neujahr 1086 in die einzelnen Grafschaften entsendeten Commissionen wurden in der Form von Frageformularen die königlichen Befehle mitgegeben. Sie haben zunächst den Sheriff, alle Mannen des Königs, d. h. die höheren oder 'dominici' wie die geringeren Barone, alle Franzosen, von jedem Hundred geschworene Vertreter, von jeder Gemeinde den Priester, Grefe (englisch: reeve), und sechs Keorlas oder Villanen zu laden, welche über Bestand und Rechtsverhältnisse alles Grundeigenthumes genaue Auskunft geben müssen. Das soll Alles dreifach verzeichnet werden: wie es zu Zeiten König Edwards, bei der Vergabung Wilhelms war und gegenwärtig sei.

Zusammengestellt wurde das eingegangene Material wahrscheinlich[1]) mit Ranulf Flambard's Hilfe, von

---

Institution vorliege, ist mir zweifelhaft geworden, da wir über das Gesetzgebungsrecht bei den Römern in der Königszeit nicht unterrichtet sind, ja Manches dafür spricht, dass eine Rechtsbildung und Gerichtsbarkeit, deren Quelle bei den Germanen durchaus das Volk selbst ist, dem römischen Volke überhaupt ursprünglich nicht zustand.

1) Stubbs I. 348.

welchem, wie von dem Könige Heinrich II., in eminentem Sinne der in der Einleitung aufgestellte Grundsatz gilt, dass auch persönlich verwerfliche Charaktere in der Verfassungsgeschichte zuweilen heilsam wirkend erscheinen. Ranulf war Cleriker, Normanne von Geburt, aber schon unter Edward dem Bekenner in den Besitz eines Landgutes in Hampshire gelangt. Er zuerst hat die Organisation des Beamtenthums in feste Gestaltung gebracht, so viel sich erkennen lässt, indem er unter Wilhelm II. von 1089 bis zu Heinrichs I. Regierungsbeginn die Geschäfte führte. Ein persönlich trefflicher Mann, 'das Schwert der Redlichkeit' nach seinem Epitaph, der Bischof Roger von Salisbury, ist dann sein zweiter Nachfolger geworden und hat im Einzelnen bis zu seiner Verhaftung unter König Stephan das Werk des Vorgängers fortgesetzt. Beide führten Ideen des ersten Normannenkönigs im Einzelnen aus.

Der Eroberer bestellte nämlich für die Zeiten seiner Abwesenheit von England Stellvertreter, bald für das ganze Reich, bald mit Theilung desselben. In seinen späteren Jahren scheint meist Lanfranc diese Stellung eingenommen zu haben, in der er von seinem Biographen als 'Fürst und Wächter ganz Englands' bezeichnet wird. Weit mehr als man früher annahm,[1] ist Lanfranc, obwohl er im Allgemeinen Gregors VII.

---

[1] Freeman IV² 434—440.

kirchliche Richtung theilte, auch in kirchlichen Dingen Wilhelms Gehilfe gewesen, wie wir ihn als solchen in weltlichen bei der Eintheilung Englands in Ritterlehen kennen gelernt haben. Ueber die Vergangenheit der englischen Kirche dachte er freilich geringschätzig, wie die damalige römische Geistlichkeit überhaupt. Aus seinem Briefwechsel mit dem gewaltigen Papste erhellt aber, dass ihr Verhältniss ein zunehmend kühles war. Nur aus seiner Zustimmung ist erklärlich, dass Wilhelm den von Gregor geforderten Fidelitätseid für England ablehnte und brieflichen Verkehr mit dem Papste ohne königliche Genehmigung untersagte. Lanfranc hielt sich hierin in den Traditionen der angelsächsischen Kirche, wie ja schon im Jahrhundert vorher ein Bischof von der Autorität des heiligen Dunstan einmal päpstlichen Befehlen geradezu den Gehorsam versagte.[1]

Ranulf nun wendete in derselben Stellung eines Stellvertreters Wilhelms II., in alle Besitzverhältnisse eingreifend, das Königsrecht mit äusserster Härte an. Jedes Abgeschiedenen Eigenthum musste von den Erben als in das Besitzthum der Krone gefallen, käuflich erworben werden, so dass das Relief[2] voller Ernst ward; dasselbe geschah mit dem Rechte der Vormundschaft oder dem, Erbinnen zu vermählen, mit den Misericordiae oder Amercements; am schlimmsten

---

[1] Stubbs I. 245.
[2] S. oben S. 110.

vielleicht ging es mit dem Kirchengute: erledigte Stifter und Bisthümer hatten ihre Einnahmen bis zu der möglichst lange hinausgeschobenen Neubesetzung abzuliefern und ihre Güter wurden von der Krone verpachtet. Das Alles sieht nun wie pure Gewalt aus und ist in dem noch zu erörternden Freibriefe König Heinrichs I. für die Zukunft untersagt worden. Aber es war doch nur eine ausgedehnte Anwendung der von dem Eroberer durchgeführten Landordnung und auch formell so wenig ungesetzlich, dass Ranulf Flambard unter König Heinrich I. nur eine Zeit lang in Haft genommen werden konnte. Was seinem Thun aber das besonders bedeutende Gepräge gibt, ist, dass er wahrhaft Sheriff, d. h. Gerichts- und Finanzleiter, des ganzen Reiches war.¹) 'Er leitete die Versammlungen in den Grafschaften wie Hundreds nach seinem Willen', sagt die angelsächsische Chronik. Er zerstörte die Autonomie derselben nicht, sondern machte sie zu einem Werkzeuge des königlichen Willens. Und ebenso, wenn auch zu löblichem Zwecke verfuhr Roger von Salisbury. Als Justitiar — officiell hatte er unter den Dreien zuerst diesen Titel — oder 'Capitalis justitiarius', vom Jahre 1107 an, hat er die Criminaljustiz gelegentlich direct gehandhabt: einer seiner Gehilfen hat trotz der Abschaffung der Todesstrafe durch den Eroberer

---

¹) 'Placitator et totius regni exactor' nach Florentius' von Worcester Ausdrucke bei Stubbs I. 348; denn exactor ist gerefa. Schmid 597ᵃ.

einmal auf dem Lande vierundzwanzig Diebe henken lassen;¹) unter seiner Verwaltung erhielt das Justitiariat sicher seine definitive Gestaltung.²) Damals gestaltete sich auch das Hofgericht zu dem regelmässigen Forum der höchsten Vasallen. Unter Rogers Leitung bildete sich eben der neue Adel der Familien grosser Verwaltungsbeamten³) — zum Theile, wie die noch heute blühenden Clinton, aus normännischem Adel — die zugleich als Richter in noch unbestimmter Zahl und Ordnung die Grafschaften bereisten und die herkömmliche Justiz stützten und ergänzten.

Als oberster ausführender Beamter des Justitiar erscheint, ständig auch erst seit Heinrich I., der Kanzler, dessen Amt schon Roger selbst als Vorstufe diente und später von seinem Sohne verwaltet ward. Dem Kanzler untersteht das eigentliche Administrationsgeschäft, und ein Siegelbewahrer oder Vicekanzler⁴) ist ihm untergeordnet.

§. *3. Umgestaltung.*

II. Vorlesung.

Die Administration selbst wird wesentlich fiscalisch geführt. Ein Rechnungshof, Scaccarium, Exchequer,

---

¹) Stubbs I. 391.
²) Zu derselben gehörte stets das Commando des Towers von London und der Burg von Windsor, zu seinen Pflichten die Signirung der königlichen Handschreiben. Stubbs I. 449 n.
³) Stubbs I. 313.
⁴) Stubbs I. 563.

ist sicher unter Heinrich I. sowohl in Caen für die Normandie, als in Westminster für England nachweislich;[1]) wo man zuerst das betreffende schwarze Tuch mit den Streifen verwendete, ist nicht nachzuweisen. Wie im Schachspiel geschieht die Verrechnung zwischen dem Schatzmeister, dessen eigentliche Residenz Winchester, wo sich der Schatz befand, sein musste, und dem Sheriff, der seine Beträge abliefert. Barone, d. h. königliche Mannen, des Exchequer sind die obersten Staatsbeamten: Justitiar, Kanzler, zwei Kämmerer, der Schatzmeister und andere königliche Vertrauenspersonen. Zu Ostern und Michaelis hielten sie in Westminster ihre regelmässigen Abrechnungen. Nur aus dem einunddreissigsten Jahre König Heinrichs I., 1130, aber von der Regierung seines Enkels von dem Jahre 1155 an fast vollständig sind diese erhalten und eine geschichtliche Quelle, wie deren in solcher Fülle kein anderes Land sich berühmen kann; auch ist ganz begreiflich, dass man gerade aus England schon früh Verwaltungsbeamte nach dem Auslande, nach Neapel und Sicilien, berief,[2]) dessen nachmals musterhafte Administration von ihnen eingerichtet wurde.

[1]) Die ältere auch von Gneist, Verw. 194, 291, getheilte Meinung, dass er schon 1061 in der Normandie nachweisbar sei, beruht auf einem widerlegten Irrthume. Vgl. Brunner, Schwurger. 150, der übrigens die Priorität für die Normandie festhält. Anderseits ist aus dem Gerichtstagsbuch sicher, dass schon Edward III., wie er seine Witan auch für Rechtsfälle hatte, so seine Schatzbeamten besass.

[2]) Stubbs I. 377, 350.

Für diesen Rechnungshof zugleich und meist in erster Linie erschienen nun seine 'Barone' zugleich wie in der Normandie¹) als reisende Richter in den Grafschaften und informierten sich in deren Versammlungen, besonders der Grafschaften²) selbst, bei den geschworenen Vertretern: das ist wohl zunächst eine Sicherung des königlichen Einkommens und eine bessere Controle als die der fränkischen Königsboten; aber es war auch der Anfang repräsentativen Verfassungslebens. Das eigene Interesse der Beamten, auch der höchsten, wurde dadurch gespornt, dass sie ihre Aemter bis in das 13. Jahrhundert kaufen mussten und meist vererben konnten.

Das Königthum stellt sich in seinem vollen Glanze an den drei grossen Festtagen dar, an denen Wilhelm I., die Krone auf dem Haupte, sich Ostern in Winchester, Pfingsten in Westminster, Weihnachten in Gloucester zeigte, die Grossen zu erscheinen verpflichtet waren, auch nicht wenige allgemeine Geschäfte 'in curia regis' förmlich berathen wurden. Diese Sitte, unter Stephan allmählich abgekommen,³) ward von Heinrich II. bis 1158 erneuert.

---

¹) Brunner 152.
²) Stubbs I. 392.
³) 'Consenescere' sagt die Hauptquelle über diese Hoftage, Wilhelm von Malmesbury, und Heinrich von Huntingdon sieht darin ein Zeugniss des Reichsverfalles. Vgl. Stubbs I. 370.

Gehen wir schliesslich zu den Einschränkungen, welche die königliche Gewalt dieser normännischen Zeit dennoch zu erfahren hatte, so sind es theils herkömmliche, theils neue durch förmliche Verpflichtung übernommene, die dann auch die nachfolgenden Könige binden.

Es scheint mir freilich unzulässig,[1]) aus einer bei einem Chronisten überlieferten Aeusserung Heinrichs I. — 'die Geldhilfe, welche die Barone mir gegeben haben' — auf ein Geldbewilligungsrecht zu schliessen. Aber wie die Verurtheilungen durch das Hofgericht, wie die Verhandlungen über politische Dinge an den drei grossen Hoftagen vollkommen gut bezeugt sind, so lässt sich wohl kaum bezweifeln, dass bei diesen Anlässen auch über die Gelderfordernisse des Königs eine Mittheilung erfolgte. Die Genehmigung, 'communi concilio et consilio', der geistlichen und weltlichen Grossen wird von dem Eroberer ausdrücklich und urkundlich bei Gelegenheit der Einführung geistlicher Jurisdiction, ja der Beirath derselben bei den neuen Einrichtungen erwähnt.[2]) Dem entsprechend sagt sein Sohn Heinrich I. von ihm in dem grossen Freiheitsbriefe,[3]) sein Vater habe mit ihrem Beirathe,

---

[1]) Wie wieder Stubbs I. 371 wagt.
[2]) Stubbs I. 277.
[3]) §. 13 Stubbs, Sel. chart. 98.

'consilio baronum suorum', den Rechtszustand der Zeit Edwards, 'lagam Edwardi', verbessert.

Wie Wilhelm I. selbst gewählt ward, so ist sein zweiter Sohn wohl nach des Vaters unveröffentlichtem Wunsche von Lanfranc zum Könige Englands erhoben worden, aber durch eine Art Vertrag mit den Angelsachsen, deren Recht er unter der Form des Versprechens einer Gesetzesverbesserung anerkannte. Heinrich I., auf englischem Boden geboren, ist 'nicht ohne einigen Streit unter den Grossen', nach eines Zeitgenossen Ausdrucke, gewählt worden.[1]) Nach vorläufiger Anerkennung durch die Bürger von London und Winchester ist auch Heinrichs Neffe Stephan förmlich vor der Krönung gewählt worden. Es waren die geistlichen und weltlichen Grossen an dem Vertrage von Wallingford betheiligt, durch welchen Heinrich Plantagenet von Stephan als Erbe anerkannt wurde. So hat auch Heinrich I. 1116 seinem Sohne, nach dessen Tode 1126 und nochmals 1131 seiner Tochter Mathilde, ja 1133 deren einjährigem Sohne Heinrich II. auf Hoftagen von allen Grossen Treue schwören lassen, was doch die Wahl in sich schloss.

Zu einer förmlichen Absetzung wie in angelsächsischer Zeit ist es in dieser Periode nicht gekommen, obwohl Mathilde und ihr Sohn bei Stephans Leb-

---

1) Stubbs I. 304.
Büdinger. Englische Verfassungsgeschichte.

zeiten Huldigung empfingen.[1]) Im Uebrigen nahmen schon die Gemahlinnen der Könige: Wilhelms I., Heinrichs I. und Stephans, die gegen angelsächsisches Herkommen sämmtlich gekrönt wurden und einen eigenen Hofstaat und eigene Gerichtsbarkeit für ihre Besitzungen empfingen, eine Stellung ein, die unter der folgenden Dynastie bedeutend werden sollte, wie sie denn einen Anspruch auf die durch die Krönung erworbene Unterstützung des Beirathes der Grossen gewährte.

Eine Einschränkung auf kirchlichem Gebiete liess Wilhelm I. durch die erwähnte Einführung geistlicher Gerichtsbarkeit zu; im Uebrigen lehnte er, wie früher bemerkt ward, jede Abhängigkeit von dem römischen Stuhle ab und verbot er jede Correspondenz mit dem Papste ohne seine Genehmigung. Wilhelm II. nahm nach Lanfranc's Tode wiederholt eine geradezu kirchenfeindliche Stellung ein; im Jahre 1093 bequemte er sich wohl, einen Nachfolger desselben in Anselm anzuerkennen, indem die Investiturfrage umgangen wurde. Heinrich I. regelte mit überlegenem Geiste die letztere im Jahre 1108 durch ein Abkommen, das bei dem Wormser Concordate für Deutschland nachgeahmt worden ist.

---

[1]) Stubbs meint I. 340, eben aus diesem Grunde habe man ihre Krönung als Königin vermieden.

Durch neue Versprechungen hat der Eroberer sich dem Volke gegenüber nicht gebunden. Die allgemeine Zusage bei Wilhelms II. Thronbesteigung, die im Jahre 1093 bei einer gefährlichen Krankheit dieses Königs in urkundlicher Form gesteigert ward, war von geringem Belang. Aber die natürliche Hilfe gegen den normännischen Adel, die er in dem aufgerufenen Angelsachsenvolke fand, von dem sich 30.000 unter seine Fahnen stellten, zeigte, wie richtig der Vater gehandelt hatte, als er in der angelsächsischen Verfassung den besten Verbündeten seiner Königsmacht ehrte. Heinrichs I. erhaltener, mit dem Ethelreds und seines Vaters wesentlich stimmender Kroneid verpflichtet ihn wohl nur zum Schutze der Kirchen, zum Friedensschutze, zur Steuerung allen Raubes, zur Vorschrift von Billigkeit und Barmherzigkeit für die Gerichte;[1] aber unmittelbar mit Beirath der wenigen Grossen die ihn sofort anerkannten — drei Bischöfe, zwei Grafen, vier Barone — verkündet er den ersten der grossen Freiheitsbriefe, durch welche das Königthum sich selbst eingeschränkt hat.

Derselbe[2] gibt in vierzehn Abschnitten eine Vorstellung von der bisher geübten Gewaltherrschaft. Er beginnt mit einer den Kroneid erweiternden Versicherung zu Gunsten der Kirche und ihrer Güter, auch

---

[1] Stubbs I. 304.
[2] Stubbs Sel. chart. 97.

für die Zeit der Erledigung kirchlicher Pfründen. Demnächst sichert er: 2. für Kron- und Untervasallen recht- und gesetzmässiges Relief mit Verbot der vollen Gutsauslösung. 3. Heiratsconsense für die weiblichen Angehörigen der Vasallenfamilien, 'Tochter, Schwester, Nichte oder sonstige Anverwandte', sollen vom Könige umsonst und, wenn der Bräutigam nicht sein Feind ist, immer ertheilt werden. 4. Witwen von Vasallen aller Grade sollen bei sittlichem Wandel im Besitze von Morgengabe und eingebrachtem Gute bleiben, auch nicht gegen ihren Willen neu vermählt werden; die Vormundschaft über Land und Kinder gebührt (nicht dem Lehnsherrn, sondern) der Mutter oder dem nächsten Verwandten. 5. Abkauf des königlichen Münzverschlechterungsrechtes durch allgemeine Steuer von Stadt und Land, das unter König Edward nicht bestand, soll durchaus nicht stattfinden. 6. Münzverschlechterungen sollen an Münzern wie Anderen nach den bestehenden Gesetzen bestraft werden. 7. Ungerechte Processe, Schulden, Erbverschreibungen an den letzten König werden annullirt. 8. Die Vasallen dürfen über ihre Fahrhabe testiren, andernfalls die rechten Erben dieselbe theilen. 9. Bei Verfehlungen der Vasallen, jedoch mit Ausschluss von Untreue und Verbrechen, soll der Rechtsgang der Misericordia mit vorläufiger Pfandnahme nicht mehr stattfinden, sondern die Verfehlungen sollen wie zu Zeiten König Edwards abgeurtheilt werden; Murdra[1]) für bisherige Todtschläge werden erlassen und sollen fortan nur nach König Edwards Gesetz verhängt werden. 10. Die Forsten bleiben wie zu des Eroberers Zeit Königs Eigenthum, d. h. die von Wilhelm II. versprochene Rückgabe findet mit Genehmigung der Barone nicht statt. 11. Ihrer Waffenpflicht nachkommende Ritter werden von allen Genossenschaftsverpflichtungen, gildis, und jeder sonstigen persönlichen Leistung ab omni opere gnädig befreit. 12. Frieden soll im ganzen Reiche bestehen, d. h. jede Fehde untersagt sein. 13. Der Rechtszustand vor der Eroberung mit den unter Genehmigung der Getreuen, der Barone, vorgenommenen Verbesserungen (emendationibus) wird garantirt. 14. Bei schwerer Strafe wird die sofortige Herausgabe alles seit dem Tode Wilhelms II. von den Feudalherren entfremdeten Eigenthums befohlen.

Mit der Thatsache zusammengehalten, dass Heinreich zugleich der erste von der englischen Nation als ein Einheimischer angesehene, der mit der Erbin des angelsächsischen Hauses vermählte König war, gewinnt dieser erste Freiheitsbrief seine rechte Bedeutung.

In einer kurzen Urkunde[2]) bestätigte Stephan seines Oheims Freiheiten und gute Gesetze mit den

---
1) Vgl. o. S. 114.
2) Stubbs, Sel. chart. 115.

guten Gewohnheiten aus König Edwards Zeit' unmittelbar nach seiner Krönung.

Noch im Jahre 1136, bei seiner ersten grossen Hofversammlung zu Oxford, gab er aber dann eine zweite urkundliche Versicherung, die ebenfalls erhalten ist.[1]) In der Einleitung nennt er sich nicht wie Heinrich I. und Wilhelm I. 'gratia Dei rex Anglorum', sondern 'assensu cleri et populi in regem Anglorum electus'; er erwähnt seine Weihung durch Wilhelm, Erzbischof von Canterbury und päpstlichen Legaten, seine Bestätigung durch den Papst Innocenz; er gestattet die Freiheit der Kirche und bestätigt die ihr schuldige Ehrerbietung. Hierauf nimmt er die Kirche und alle ihre Güter, die sie unter Wilhelm I. gehabt oder irgendwie seitdem erlangt hat, in seinen Schutz; speciell verspricht er Vermeidung aller Simonie. Justiz und Gewalt über kirchliche Personen und Sachen und Vertheilung kirchlicher Würden soll ausschliesslich den Bischöfen zustehen — eine Bestimmung von ungemeiner Bedeutung bei dem Conflicte der nächsten Regierung mit Thomas Becket.

Die Forste ferner, welche König Heinrich aus Kirchengut und Folcland[2]) neu gebildet hat, gibt er der Kirche und dem Reiche zurück. Die Geistlichen

---

[1]) A. a. O. 116.
[2]) Denn der folgende Zusatz 'regno' würde sich sonst nicht erklären, auch der ganze Forststreit sich um Folcland zu bewegen scheint.

erhalten — wie die Ritter durch Heinrichs I. Freiheitsbrief — testamentarische Verfügung über ihre Fahrhabe, die andernfalls von der Geistlichkeit selbst zu Stiftungszwecken verwendet werden soll. Alle Exactionen und Gerichtschikane durch Sheriffs und irgend Andere, d. h. wohl die Reiserichter und Beamte des Rechnungshofes, sollen definitiv beseitigt sein. Das alte Landesrecht bei Murdrum, Civil- und anderen Processen garantiert endlich der neue König.[1])

Noch boten sich der so überaus stark ausgestatteten königlichen Gewalt mannigfache Auswege, den öffentlichen Rechtszustand zu erschüttern, wie eben die Regierung Stephans bald genug zeigte; denn unter ihr trat ein Zustand allseitiger Gewaltsamkeit von Seiten des mit landesherrlichen Rechten ausgestatteten Ritterthumes ein, der durch fremde, namentlich flamändische Söldner sich für die unteren Classen noch viel übler gestaltete, als der im nächsten Jahrhundert in vielen Theilen Deutschlands vor Rudolph von Habsburg eingetretene. In diesem Sinne muss auch der mehrerwähnte Vertrag von Wallingford oder Westminster unter die Grundordnungen der Fortbildung englischen Verfassungslebens eingereiht werden.

Wesentlich unter bischöflicher Vermittlung und mit Zuthun des Papstes Anastasius IV. ist derselbe zu

---

[1]) Bonas leges et antiquas et justas consuetudines in murdris et placitis et aliis causis observabo et observari praecipio et constituo.

Stande gekommen, wie ja schon in Stephans Freibrief die Kirche so überaus mächtig erscheint. So weit die Bestimmungen desselben für den Zusammenhang der Verfassungsgeschichte bedeutend erscheinen[1]) — also abgesehen von den Verfügungen über Niederreissung der Burgen, Verabschiedung der Söldner, Rückgabe entfremdeten Eigenthums — ist etwa Folgendes zu sagen. Der König nimmt sein von den Baronen usurpirtes Recht wieder zurück, d. h. keine Entäusserung der Grundlagen königlicher Gewalt, in welcher Form sie auch erfolgt sein mag, hat in England Giltigkeit. Er wird zur Herstellung des verwüsteten Landes, Ackerbaues und Viehstandes verpflichtet: in recht angelsächsischer Auffassung der königlichen Friedenswahrung. Das Sheriffamt soll hergestellt, gerechten und selbstlosen Männern vertraut, Diebstahl und Raub mit dem Strange bestraft werden; von einer Mitwirkung des Volksgerichtes hiebei ist aber keine Rede. Stephan musste noch auf einer Versammlung in Dunstable, Anfangs 1154, von dem Reichserben Heinrich II. zu stricter Erfüllung des Vertrages gemahnt werden, zu der er sich doch nicht stark genug zeigte.

In deutlichen Umrissen waren in dem Vertrage dem neuen Königthume der Plantagenets seine Aufgaben vorgezeichnet. Die starke Gewalt der Nor-

---

[1]) Stubbs I. 333.

mannenkönige und zugleich Rechtssicherheit und Wohlstand des Volkes sollten gewahrt werden. Diese Aufgabe erfüllt zu haben, ist das Verdienst Heinrichs II. Indem er sie erfüllte, begann er aber nur eine neue Reihe von Grundordnungen der englischen Verfassungen zu schaffen, die unter seinem Ururenkel Edward II. vollendet erscheinen und als eben so viele Einschränkungen der königlichen Gewalt, wie sie Stephan rechtlich hinterlassen hatte, betrachtet werden müssen.

Drittes Kapitel.

12. Vorlesung.

Legale Beschränkungen.

25. October 1154 bis (19.) Mai 1322.

§. 1. Uebersicht.

Der Beginn gesetzlicher Einschränkung der von Wilhelm dem Eroberer so gewaltig ausgestatteten Königsmacht zählt wohl von den beiden ersten Normannenkönigen. Aber ihre Versprechungen für die Gesammtheit des Reiches haben doch nur einen allgemeinen Charakter und dazu einen vorwiegend negativen: sie steuern den äussersten Gewaltsamkeiten und sind auch gegen die Ausschreitungen der Barone gerichtet. Wir betrachten nun den Weg, den die Königsgewalt zurückzulegen hatte, bis auf dem vom 2. bis

19. Mai 1322 tagenden Parlamente von York das Grundgesetz verkündet ward:¹) 'die Gegenstände, welche für den Zustand unseres Herrn Königs und seiner Erben und für den Zustand des Reiches und Volkes festgesetzt werden, sollen bewilligt und berathen werden von unserem Herrn dem Könige, in Uebereinstimmung mit den Prälaten, Grafen, Baronen und Gemeinen des Reiches'. Der Schlusszusatz 'so wie früher der Brauch war' darf über die Thatsache nicht täuschen, dass hier etwas wahrhaft Neues beschlossen ward.

Von dem persönlichen Verhältnisse der Herrscher zu der Gesetzgebung dieser Zeit lässt sich etwa das Folgende sagen.

Heinrich II. († 1189) und sein Urenkel Edward I. († 1307) haben die Gesetzgebung, die ihrer Macht Schranken zog, in freier Erkenntniss gefördert oder selbst gehandhabt. Hiebei waltete Heinrich II. ohne besonderes Interesse für die englische Nation nur in der Absicht, seiner über so viele Lande sich erstreckenden Macht überall und so auch in England einen möglichst sichern und wohlgeordneten Boden zu gewinnen, wie er etwa in ähnlicher Weise für die Normandie durch die Ausbildung ihrer Institutionen Sorge trug. Edward I. aber war ein Monarch, der

---

¹) Stubbs II. 352.

sich Freiheiten zwar auch abkaufen liess, aber doch in grossherziger Vaterlandsliebe alle Volkskräfte zu freier Entfaltung zu wecken und zu leiten verstand. Nicht unwürdig mit diesen beiden Königen genannt zu werden, erscheint der Regent während Heinrichs III. Unmündigkeit, 'des Königs und Reiches von England Vormund':[1]) der Marschall Graf Wilhelm von Pembroke, der die eingebrochenen Franzosen schlug, den Bürgerkrieg beendete und den grossen Freiheitsbrief von 1215 in zweimaliger Redaction zu seiner definitiven Gestalt brachte.

Den vier anderen Königen dieser Zeit, wie verschiedenen Werthes sie auch sonst waren — dem treu- und erbarmungslosen Kämpfer Richard Löwenherz († 1199), dem scharfsichtigen und niedrig gesinnten Johann († 1216), dem hochfahrenden und doch gutmüthig-bigotten Heinrich III. († 1272), dem arbeitscheuen[2]) Edward II. († 1327) — ihnen allen haben Minderungen der ererbten Macht in schwerem Kampfe abgerungen werden müssen.

Immer lebt noch der Gedanke der Wählbarkeit des Königs, dem bei Johanns Erhebung am 27. Mai 1199 der Erzbischof Hubert Walter dahin Ausdruck

---

[1]) Regis tutor et regni Angliae, rector noster et regni nostri, am Schlusse der Magna Charta Heinrichs III. von 1217: Sel. chart. 338; er regierte von October 1216 bis zu seinem Tode im Mai 1219.
[2]) Stubbs II. 363.

gab, das Reich werde durch Wahl des Volkes nach Anrufung des heiligen Geistes verliehen.[1])

Zu einer förmlichen Absetzung eines Königs ist es, wie unter der Normannenherrschaft, auch in diesem Zeitraume nicht gekommen, obwohl zwei Vorkommnisse eben in Johanns Leben einer Absetzung sehr ähnlich sind. In seines Bruders Richard Abwesenheit und gegen dessen Willen war er am 10. October 1192 von einer Vertretung der Nation zum Regenten erhoben worden und hatte die Huldigung als Thronerbe empfangen; aber noch vor Richards Landung im Februar 1194 haben dann wieder geistliche und weltliche Grosse ihn für abgesetzt erklärt und geächtet. Als König schwur ihm der grösste Theil des Adels, als er die Magna Charta zurücknahm, im Herbste 1215 förmlich ab und erwählte den Kronprinzen Ludwig (VIII.) von Frankreich.

Heinrich II. vollends als Stifter einer neuen Dynastie hat die Wahl nicht entbehren können. Aber nach seiner förmlichen Erwählung und Krönung am 19. December 1154 versprach er[2]) nur in einer von dem Justitiar unterzeichneten Urkunde, die von seinem Grossvater Heinrich I. verliehenen Vergabungen und Freiheiten, wie anerkannten Gewohnheiten, also speciell die Charta von 1100 zu schirmen und zu halten. Aber

---

[1]) Stubbs I. 515.
[2]) Stubbs, Sel. chart. 128.

mit dem Vertrage von Wallingford hatte er, wie wir wissen, nicht nur seinem Vorgänger wahrhaft königliche Verpflichtungen auferlegt, sondern solche auch selbst übernommen.

§. 2. *Kriegswesen.*

Vor Allem durfte keine andere Kriegsmacht als die königliche und diese nur als Werkzeug des königlichen Willens im Reiche bestehen.

Zur See, wo uns die Bildung einer nur vom Könige abhängigen Kriegsmacht am nächstliegenden dünkt, ist sie doch, wie es scheint, zuerst bei Richards Kreuzfahrt im Jahre 1189 erfolgt; auf alle Fälle traf dieser die ersten Verfügungen über ihre Disciplin. Im 13. Jahrhundert wurden die Küstengrafschaften und die 'fünf Häfen' im Süden — darunter Dover und Hastings gegen Erhaltung ihrer Freiheiten — zur Stellung von Schiffen angehalten.[1] Die definitive Regulierung auch dieses Dienstzweiges scheint erst auf Edward I. zurückzugehen, der im Jahre 1294 zwei Admirale ernannte, welchen die Geächteten als Marinemannschaft zugewiesen wurden und die im Uebrigen das Recht erhielten, Schiffe und Matrosen zu pressen.

Nach Beseitigung der Festungen, welche in Wallingford beschlossen war, liess Heinrich im September

---

[1] Stubbs I. 592 ff.

1176 auf einem grossen Hoftage in Winchester das königliche Besatzungsrecht für alle Burgen sichern, wie es die Herzöge der Normandie stets besessen hatten. Immerhin fand man bei der definitiven Redaction der Magna Charta am 6. November 1217 mit Rücksicht auf den neuerlich beendeten Krieg gegen den Prätendenten, den Kronprinzen von Frankreich, die Zerstörung 'unechter' Burgen in einem Schlussartikel wieder einzuschärfen gerathen.

Söldner waren dem Eroberer dienlich gewesen, unabhängig von den Ansprüchen der Grossen seine Macht und in derselben auch die überlieferten Freiheiten Englands zu sichern. Unter seinen Söhnen, besonders aber unter seinem Enkel Stephan, wurden die Söldnerschaaren als eine allgemeine Gefahr für Englands Bevölkerung empfunden. In dem Vertrage, der Heinrich II. die Thronfolge sicherte, war bestimmt, dass sie verwiesen oder zu friedlicher Beschäftigung angehalten werden sollten. Während seiner ganzen Regierung hat denn auch dieser Fürst in England keine Söldnerschaaren gehalten — einen einmonatlichen Aufenthalt bei einer drohenden französischen Landung abgerechnet[1] — obwohl sie seine und seiner Söhne eigentliche Streitmacht auf dem Continente bildeten. Geistliche und weltliche Grosse lehnten es

---

[1] Stubbs I. 589 und 509.

im Jahre 1198 ab, den Unterhalt auch nur von dreihundert englischen Rittern dem Könige Richard Löwenherz zu bewilligen. König Johanns Söldnerheer hat nicht am wenigsten die siegreiche Erhebung der Barone und der Stadt London veranlasst, welche zum Gewinne der Magna Charta führte.

Die Kämpfe auf englischem Boden, zu denen Heinrich II. die einheimischen Streitkräfte aufzubieten hatte, waren wenig bedeutend. Im Uebrigen zog er Geldleistungen der dortigen Ritterschaft ihrem Waffendienste vor. Wenn bei den Angelsachsen unter dem Namen Fyrdwit eine Busse auf Nichterscheinen im Felde gesetzt war, so verwendete sie Heinrich II. in ähnlicher Weise, wie der Eroberer Danegeld, Heriot und Heirathsconsense:[1] er nöthigte die Ritterschaft seit 1159 ihre Dienstpflicht mit einem Schildgeld, scutagium, von zwei Mark für jedes Ritterlehen abzulösen, das eventuell für jeden Feldzug erhoben wurde. Die sonstigen herkömmlichen Besteuerungen der Ritterschaft, das Donum bei feierlichen Anlässen, das Auxilium für Kriegführung, blieben daneben. Die eigentliche Ackerabgabe, seit Richard I. wörtlich so als 'Carucage' bezeichnet, konnte ebenfalls noch neben dem Schildgelde erhoben werden; dagegen verzichtete das Königthum seit 1163 auf das Danegeld, weil es zu einer Hand-

---

[1] Vgl. o. S. 110 ff.

habe der Bereicherung für die Sheriffs geworden war. Das Schildgeld aber erwies sich als eine sehr vermehrbare Einnahmsquelle; bei Richards Lösung aus deutscher Haft wurde es auf zwanzig Schilling von jedem Ritterlehen gesteigert. Der Missbrauch, den Johann damit trieb, führte zu der Regelung in der Magna Charta, deren 44. Artikel in der definitiven Fassung von 1217 die Handhabung in Heinrichs II. Zeit als Norm aufstellt. Drückend genug ist die Abgabe trotzdem durch das 13. Jahrhundert empfunden worden, vollends als Edward I. sie einige Male auch von denen erhob, die ihm Waffendienst geleistet hatten. Mit dem Jahre 1315 scheint ihre Einhebung, da das Unrecht bei persönlicher Kriegsdienstleistung doch zu offenbar war, aufgehört zu haben, wenn sie auch erst im Jahre 1660 förmlich abgeschafft worden ist.

Der persönliche Waffendienst, auf dem am Ende die ganze monarchische Ordnung des Reiches seit dem Eroberer begründet war, ist trotz dieser Gelderpressung von den beiden königlichen Gesetzgebern zunächst für das Landheer in neue und feste Formen gebracht worden. Nach dem Maasse des Bodeneinkommens ward die Verpflichtung zuerst durch Heinrichs II. Waffenassise von 1181 geregelt: Assise bedeutet seit der Mitte des 12. Jahrhunderts[1]) ein mit

---

[1]) Stubbs I. 573; über die sonstigen Bedeutungen des Wortes: Brunner, Schwurgerichte 299, 414.

Berathung der Grossen zu Stande gekommenes Gesetz, dem fränkischen Capitulare vergleichbar. Diese Waffenassise bildet die wahre Grundlage der folgenden Milizgesetzgebungen, obwohl sie schon in dieser Periode mehrfach[1]) und vornehmlich durch das noch zu erörternde Statut von 1285 umgewandelt worden sind. Der Dienst dauert regelmässig vierzig Tage, aber er wird auch über diese Frist erstreckt; Edward I. stellte hiezu wohl nur eine herzliche Bitte;[2]) Andere, wie Johann für die doppelte Zeit im Jahre 1205, haben einfach eine längere Frist befohlen. Die Ladung ergeht zugleich für ihre Vasallen an die direct Belehnten durch königliche Schreiben — die übrigens kein Präjudiz für sonstige Ansprüche, etwa Theilnahme an Magnatenberathungen bilden — an alle Anderen durch die Sheriffs; das Commando hat, an wen die königliche Ladung erging. Zu überseeischem Dienste kann sie nur an die direct Belehnten gehen, obwohl diese sich desselben wiederholt geweigert haben. Durch den Ritterschlag glaubte die Regierung von 1224—1274 eine erhöhte Dienstverpflichtung erzwingen zu können. Allen einigermassen begüterten Grundbesitzern, im Jahre 1254 bis auf eine Jahreseinnahme von 12 Pfund herab, wurde das Ansinnen gestellt, den Ritterschlag zu empfangen. Auf die Weigerung ward Güterverlust,

---

1) In den Jahren 1195, 1205, 1230, 1252.
2) Affectuose rogamus. Stubbs II. 278 dazu 280.

auf den Empfang eine schwere Taxe gesetzt, bis Edward I. auch diesen Gewaltmissbrauch abstellte.

Im nächsten Jahrzehnte hat dann dieser edle Fürst in dem Statute von Winchester von 1285 die allgemeine Wehrpflicht unter dem Gesichtspunkte der öffentlichen Ordnung normiert.[1]) Es ist das erste eigentliche Gesetz Englands in französischer Sprache. Bis zu den nächsten Ostern erhalten durch dasselbe alle Herrschaften, Grafschaften, Hundreds und Städte einen Termin, jede Räuberei und Unordnung abzustellen. Von nun an soll scharfe Thorwache und Fremdenaufsicht geübt, sollen die Landstrassen in gutem Stande, bis auf zweihundert Fuss frei von Buschwerk, gehalten werden. Eine Verpflichtung aller Waffenfähigen vom fünfzehnten bis sechzigsten Lebensjahre soll durch Einschwörung derselben auf die Waffen bestehen. Selbst die, welche weniger als zwanzig Shilling im Jahre einnehmen, sollen mindestens mit Bogen und Pfeil versehen sein. Je zwei Constabler in jedem Hundred sind mit der Aufsicht betraut und haben jeden Mangel bei ihrer Waffenschau und ihrer Prüfung der Streitrosse den Gerichten anzuzeigen. Die Oberaufsicht haben die Sheriffs und Amtleute, Baillifs, zu führen. Die Constabler sind beritten und stehen an der Spitze von je hundert Bewaffneten, je zwanzig befehligt ein

---

¹) Stubbs, Sel. chart. 459 ff.

Vintenarier. Wie die Masse der Bevölkerung neben der Ritterschaft durch diese Bestimmungen auch zu politischem Selbstbewusstsein gehoben wurde, leuchtet ein.

Dem Waffeneide entspricht die Verpflichtung der Ablegung des Fidelitätseides, den schon Heinrich II. durch die Assise von Northampton[1]) Jedermann, 'Graf, Baron, Ritter, Gutsbesitzer und Bauer' (rusticus) bei Strafe der Verbannung auferlegte. Richard I. bestimmte dann, dass jeder über fünfzehn, nicht mehr wie zu Knuds Zeiten über zwölf Jahre alte männliche Einwohner[2]) die öffentliche Sicherheit beschwören solle,[3]) ohne dass hiebei der Unfreiheit gedacht würde.

§. 3. Gerichtsordnung.

13. Vorlesung.

Die ganze, durch den dem fränkischen Staate entlehnten Treueeid auf das Königthum gewiesene Bevölkerung hatte die schützende Hand desselben ganz vornehmlich auf dem gerichtlichen Gebiete zu erfahren.

Hier hielt Heinrich II. zunächst an den unter Stephan vernachlässigten Ordnungen seines Grossvaters. In den Constitutionen von Clarendon aber, von denen noch mehr zu sagen sein wird, liess er (am

---

[1]) C. 6. Stubbs, Sel. chart. 145.
[2]) Vgl. o. S. 89.
[3]) Stubbs I. 517.

29. Januar 1164) im sechsten Capitel verfügen, dass die geistliche Gerichtsbarkeit über Laien in den herkömmlichen Formen des Volksrechtes durch Kläger und Zeugen geschehen, eventuell auf Verlangen des Bischofes durch den Sheriff von zwölf 'legalen', also schon nach ihrer Qualification bestimmten Geschworenen aus der Nachbarschaft der Thatbestand festgestellt werden solle. Die Zwölfzahl von Urtheilfindern war[1]) vielleicht schon angelsächsischem Rechte nicht fremd, obwohl dieselben sonst mit Geschworenen keine Berührung haben. Aehnlich wird im neunten Capitel verfügt,[2]) dass bei Streitigkeiten über den weltlichen oder geistlichen Charakter eines Lehens zunächst der Thatbestand durch solche zwölf legale Männer 'recognosciert', d. h. durch Wahrspruch festgestellt[3]) und durch den königlichen Justitiar entschieden werden solle.

Diese Institution der Geschworenen, welche hier zuerst mächtig hervortritt und welche für die englische wie für die allgemeine Rechtsentwicklung so bedeutend geworden ist, darf man in der That[4]) als ein juristisches Universalmittel, wenn nicht eine Liebhaberei Heinrichs II. bezeichnen.

---

[1]) Vgl. oben S. 84.
[2]) Stubbs, Sel. chart. 133.
[3]) Brunner, Schwurger. 293 ff. Die Beschränkung des Begriffes der Recognition auf ein secundum assisam ergangenes Specialmandat fällt hier weg.
[4]) Stubbs I. 586.

Durch die Assise von Clarendon aus dem Jahre
1166, wohl vom Januar auch dieses Jahres,¹) wurde
zum Theile im Anschlusse am Gesetze Knuds und
Edwards des Bekenners die scharfe Gesetzgebung
gegen Fremde und Vagabunden derart erneuert, dass
mit Ausrottung oder Verbannung aller Missethäter eine
vollkommene öffentliche Sicherheit begründet werde.
Die Bedeutung der Assise für die Verfassungsgeschichte liegt aber in vier Momenten.

Neben der Gerichtsleitung durch die Sheriffs wird
eine ihr übergeordnete oder sie ergänzende nach karolingischem und in der Normandie üblich gebliebenem
Muster von Missi eingeführt,²) königlichen Beauftragten, welche hier reisende Richter (justitiae errantes)
heissen. In der That durchzogen zwei bis zum Herbste
das ganze Land und sorgten hiebei für zahlreiche Gefängnissbauten, deren Bedürfniss die Assise im siebenten Artikel³) hervorhebt.

Zweitens wird gleich im ersten Artikel der Grundsatz aufgestellt, dass der Thatbestand über das
Vorhandensein von Verbrechern durch Geschworene,
zwölf von der Hundertschaft und vier der betreffenden
Gemeinde, festgestellt werde; immerhin kann der

---

¹) Da die Berichte über ihre Ausführung aus Frühjahr und Sommer datieren. Stubbs I. 472 und 470 n. 2.
²) Brunner, Schwurgerichte 88 ff.
³) Stubbs, Sel. chart. 138.

Bezichtigte noch das Ordal des Wassers versuchen, das ihm bei günstigem Ausgange nur Landesverweisung bringt — mit der Abschaffung der Ordalien durch das Martiniconcil von 1215 fiel jedoch im Jahre 1219 auch dieser Ausweg fort —. Hier zuerst tritt aber das Rügeverfahren durch Jury, das noch zwei Jahre früher nur eventuell gestattet ward, als ständige Norm auf. Diese Rügejury darf zunächst nicht, wie einige Forscher meinten, aus dem ihm an sich ganz fremden, früher (S. 108) erwähnten Institute der Gesammtbürgschaft abgeleitet werden, obwohl sich in beiden der Staat an eine 'aus den Umsassen gebildete Genossenschaft' hält. Ebensowenig darf die Rügejury mit der erst im 14. Jahrhundert aufkommenden, wenn auch aus ihr entwickelten Anklagejury verwechselt werden, welche gleich anfangs aus vierundzwanzig, nicht aus der Hundert-, sondern aus der Grafschaft gewählten Personen bestand.[1]) Aber es lässt sich kaum in Abrede stellen, dass die Rügejury, wenn sie sich einerseits in der Normandie findet, doch anderseits in Ethelreds Zeit eine Art Vorbild in den zwölf Thanen besitzt, die durch eidliche Erklärung über den bisherigen Leumund eines Angeklagten entschieden, ob er einem schwereren oder leichteren Ordale sich zu unterziehen habe,[2]) wie ja auch in der Assise das

---

[1]) Brunner, Schwurgerichte 466—468.
[2]) Vgl. o. S. 84 und Brunner 403.

Ordal noch eventuell vorbehalten bleibt. Und bald genug unterwarf sich mancher Angeschuldigte, wenn er das Breve für solche Processänderung von dem Könige erkauft hatte, mit gänzlicher Beiseitesetzung des alten Volksrechtes, dem Spruche von Geschworenen, deren Zwölfstimmigkeit freilich erst aus dem 14. Jahrhundert datiert. Schon aus der nächsten Regierung, der Richards, sind einige Fälle nachweisbar, in denen solche Spruchjury entschied. Aber erst durch den 36. Artikel der Magna Charta — den 32. der definitiven Redaction von 1217 — wurde verfügt, dass das betreffende Breve des Königs als unentgeltliches Recht des Angeklagten anzusehen sei,[1] das ihm allmählich sogar als Zwang auferlegt worden ist.

Mit der Rügejury treten drittens auch die Grafschaften, deren Bezirke ja die Geschworenen zu stellen haben, in lebendige Verbindung zu dem neuen Institute der königlichen Reiserichter, denen sie durch ihre Geschworenen für die Handhabung guter Justiz verantwortlich sind. Zum ersten Male sieht man hier auf englischem Boden Repräsentanten der Grafschaftsbevölkerung im Vereine mit des Königs Räthen über Fragen allgemeiner Sicherheit entscheiden. Wenn im nächsten Jahrhunderte Grafschaftsvertreter auch zu

---

[1] Brunner, Schwurgerichte 370 und 471—474.

anderer politischer Thätigkeit aus dem ganzen Reiche berufen werden, so sieht man wohl, wie sie durch Generationen zur Berathung über das Gemeinwohl erzogen waren.

Endlich durchbricht die Staatsgewalt durch die Artikel 8 und 9 alle in den letzten Jahrhunderten, vornehmlich aber seit der Eroberung entstandenen herrschaftlichen Ausnahmsrechte. 'Der Herr König will, dass Alle' ohne Ausnahme in der Grafschaftsversammlung vor dem Sheriff zu erscheinen und zu schwören haben, auch auf keinem Gebiete dessen Nachforschung gehemmt werden dürfe.

Die Neuerung erforderte natürlich ein vollkommen zuverlässiges Beamtenthum. Desshalb vermuthlich entschloss sich Heinrich II. im Jahre 1170, die sämmtlichen Sheriffs vorläufig ihrer Aemter zu entheben und durch Beamte des Hofes, vornehmlich des Schatzamtes, zu ersetzen. Dass eine grössere Zahl hierauf wieder in ihr Amt hergestellt wurde, zeugt doch davon, wie der König nur seine und hiedurch des Staates Autorität auch bei den Organen seines Willens zur Geltung bringen, Privatinteressen aber möglichst schonen wollte. Dem entspricht auch, dass er nach Niederwerfung eines Aufstandes im Jahre 1174 mindestens in England mit äusserster Milde verfuhr.[1]

---

[1] Stubbs I. 482.

Um so befremdender für unsere Empfindungen sind die Strafbestimmungen von zum Theil barbarischer Härte in Verstümmelungen der Verbrecher, welche der nächste grosse Gesetzgebungsact, die Assise des grossen Hoftages von Northampton aus dem Januar 1176, zeigt. Es ist aber dennoch ein wohlwollendes Gesetz. Der 4. Artikel bestimmt z. B., dass das Gut und die Fahrhabe des Freisassen vererbt werden soll ohne Rücksicht auf das schuldige 'Relief' und die Ableistung des Lehenseides durch den Erben, eventuell nach Urtheil von zwölf Geschwornen; denn auch hier wird das die volle Ehrenhaftigkeit der Bevölkerung voraussetzende Institut verwerthet. Zahlreiche privatrechtliche Verhältnisse werden der Cognition der Reiserichter zugewiesen. Zum ersten Male haben diese damals in sechs Abtheilungen, diesmal von drei Mann, das Land durchzogen, wahrscheinlich mit siebenjähriger Amtsdauer. Da aber Klagen über gerichtliche Willkürlichkeiten einliefen, so wurden im Jahre 1178 aus den Hofleuten fünf Richter, davon zwei geistlichen Standes, bestimmt, welche am Hofe selbst eine ständige Appellinstanz bildeten, so dass der König seiner Entscheidung nur die schwierigsten Fälle vorbehielt.

So ist das Gericht der Königsbank entstanden, mit dem aus Heinrichs I. Zeit[1] stammenden, aber um

---

[1] S. oben S. 126.

dieselbe Zeit in feste Formen gebrachten, des Rechnungshofes, das zweite der obersten Reichsgerichte. Als 'Nebenschösslinge königlicher Gerichtsherrlichkeit'[1]) haben sie stets das höchste Ansehen besessen, wie denn ihre Mitglieder in Rang und Einkommen noch heute den obersten Kronräthen gleich stehen. Als 'communia placita', 'common pleas' bildete sich kurz darauf das 'Allen gemeine Gericht' für Civilprocesse, anfänglich aus denselben Mitgliedern wie die Königsbank bestehend; die Magna Charta (Artikel 17 der ersten, Artikel 12 der beiden späteren Fassungen) bestimmte aber, dass dies 'Allen gemeine Gericht' dem Hofe nicht folgen, sondern feste Residenz, thatsächlich in Westminster, haben solle, und zwar wegen der Beschwerlichkeit und Kostspieligkeit für die Rechtsuchenden. Die förmliche Personaltheilung der drei Gerichte ist trotzdem erst gegen Ende der Regierung Heinrichs III. erfolgt. Das königliche Entscheidungsrecht blieb in den schwierigsten, auch finanziellen Fällen reserviert, dazu das Präsidium der immer der königlichen Residenz zugehörigen 'Königsbank', das angeblich noch Edward IV.[2]) ein paar Tage geübt hat. Die erste formelle Geschäftstheilung speciell für die Geschäfte des Rechnungshofes brachte die königliche Ordonnanz von Rhuddlan im Jahre 1284.

---

[1]) Stubbs I. 596.
[2]) Gneist, Verw., erste Aufl. I. 344.

Der von dem Könige bestellten oberrichterlichen Gewalt derogierte wohl noch einige Zeit die des Justitiars. Mit dem Sturze Huberts de Burgh, des treuen gedankenvollen Nachfolgers des Grafen von Pembroke in dieser Würde, durch König Heinrich III. am 29. Juli 1232 hörte dieselbe thatsächlich auf, mindestens in dem Sinne, den sie seit Wilhelm II. gehabt hatte, obwohl sie formell noch drei Jahrzehnte hindurch vergeben wurde. Zuletzt hat sie Hugo le Despenser unter dem Protector der Gemeinen, unter Simon von Montfort, bekleidet. Mit diesem ist auch ihr Träger am 4. August 1265 bei Evesham gefallen.

Bald darauf, mit der Regierung Edwards I., beginnt die bis heute ununterbrochene Reihe der Oberrichter der Königsbank und des Allen gemeinen Gerichtes; von der Mitte der Regierung seines Sohnes die der 'Hauptherren' (chief barons), der Vorsitzenden des Rechnungshofes. Der Oberrichter im eminenten Sinne ist der der Königsbank. Von da an bis zum Jahre 1830 hatte jeder von diesen Oberrichtern vier hohe Richter zur Seite, denen damals mit Rücksicht auf ihre Semestralreisen je ein fünfter hinzugefügt ward. Vorgreifend sei denn auch gleich hier bemerkt, dass vom Jahre 1347 an auch der Kanzler vom Hofe losgelöst und an die Spitze einer Art von Verwaltungsgerichtshof gestellt ward.

Diese imposante Verbindung von ständiger und wandernder Justizübung hoher königlicher Beamten, welche als das Ideal karolingischer Hofgerichtsbarkeit bezeichnet werden kann, ist erst sehr allmählich auch in England in ihrem vollen Werthe gewürdigt worden. Nur für drei Processformen über Güterbesitz[1]) wurde der König im 18. Artikel der Magna Charta von 1215 zu alljährlich viermaliger Absendung zweier Reiserichter in jede Grafschaft verpflichtet, um Recognitionen[2]) abzuhalten. In der schliesslichen Redaction von 1217 ist im 13. und 15. Artikel die Verpflichtung auf einmalige Absendung reducirt und eine jener Processformen der Königsbank zugewiesen. Dass Willkürlichkeiten der Reiserichter Anstoss erregten, beweist auch eine entsprechende Klage in den sogenannten Oxforder Provisionen von 1258.[3]) Das Institut der Reiserichter hat, wie so viele andere, erst durch König Edward I. in dem zweiten Statut von Westminster von 1285 und einigen folgenden, sowie in einem Edwards II. von 1308, seine definitive Form erhalten. Das Reich ward in vier, später sechs, zu-

---

[1]) Mort d'ancestre: ob der letzte Inhaber rechtmässiger Erbe gewesen; novel disseisin: unrechtmässige Verdrängung des Erben (Brunner 333, 329); darrein presentment: die letzte Vergebung einer erledigten Pfründe. Eben diese wird in der Fassung von 1217 den Reiserichtern entzogen.
[2]) S. oben S. 148.
[3]) Art. 16. Del poer (pouvoir) la justice et de bailivis klagt über deren Ansprüche für ihren Unterhalt. Stubbs, Sel. chart. 382.

letzt sieben Gerichtsbezirke eingetheilt, die Aburtheilung der höheren Criminaljustiz den Reiserichtern in trimestralen, heutzutage semestralen, Abschnitten zugewiesen. Zugleich wurden auch seit 1285 die Qualificationen der Geschworenen geordnet, Volks- und Herrschaftsgerichte sorgsam erhalten, aber auf einen bestimmten Geschäftskreis gewiesen.

Die bisher betrachteten legalen Einschränkungen der königlichen Gewalt auf gerichtlichem Gebiete haben einen weitern Zuwachs durch die Verleihungen von Justizbefugnissen an Städte erfahren, vornehmlich durch Richard I. und Johann in momentanen Geldverlegenheiten. Richard hat einigen und Johann zahlreichen Bürgerschaften zuerst die Wahl ihrer Obrigkeiten gestattet, die auch dem Rechnungshofe gegenüber jede andere Beamtung ausschlossen. London mit seiner bunten Bevölkerung, in der im zwölften Jahrhunderte in den oberen Schichten auch ein lombardisches Element sich geltend macht,[1] constituirte sich[2] im Jahre 1191 als Communa und wurde als solche unter einem Mayor bei Johanns Thronbesteigung anerkannt, dessen Amt dieser König im Mai 1215 mit einem neuen Freibriefe zu einem jährlich wechselnden gestaltete.

Einige Ausgleichung für diese Verluste an Autorität erhielt die königliche Macht, indem sie judicielle

---

[1] Stubbs I. 629.
[2] Vgl. oben S. 115.

Befugnisse von der bisherigen Gewalt der Sheriffs abtrennte und neuen Beamten zuwies. Die Kronfiscale (Coroners) wurden zugleich mit der definitiven Einrichtung der Anklagejury, der sogenannten 'grossen Jury', im Jahre 1194 eingeführt, um Kronprocesse zu leiten. In vollem Grafschaftsgerichte[1]) gewählt, müssen sie Anfangs[2]) eine unerwartete Autorität geübt haben. Die Barone verlangten im 14. Artikel von König Johann im Jahre 1215, dass die Sheriffs nicht ohne die Kronfiscale in Kronprocesse eingreifen sollten: die Magna Charta (Artikel 21 der Fassung von 1217) verbietet Beiden das Abhalten solcher Termine. So blieb denn dem Kronfiskal nur eine Abzweigung von Polizei-, niederen Justiz- und Administrationsgeschäften. Den Sheriffs wurde aber eine, für ihren Geschäftskreis viel bedenklichere andere Concurrenzbeamtung im Jahre 1264 durch die Friedensrichter geschaffen, welche im Allgemeinen Aufsicht üben, speciell aber jede Minderung des königlichen Einkommens verhindern sollten.

Zwölf Jahre später ist der Friedensrichter bereits ein in dem Grafschaftsgerichte gewählter Beamter, dem nach Vermehrung der Zahl auf zwei bis drei für jede Grafschaft, zuerst provisorisch 1344, definitiv 1360,

---

[1]) In pleno comitatu per assensum totius comitatus. Stubbs II. 227, cf. I. 505.

[2]) Stubbs I. 535.

die Aburtheilung aller Fälle von gemeiner Friedensstörung u. dgl. (Felonie) überwiesen wurde.¹)

§. 4. Conflicte mit dem Clerus.

14. Vorlesung.

Ueberaus schwierig gestaltete sich bei der bisher geschilderten straffen Umgestaltung des Reiches in militärischer und gerichtlicher Beziehung die Stellung des Königthumes der Kirche gegenüber. Abgesehen von der, kirchlichen Ansprüchen so günstigen Stimmung der Geister im zwölften und dreizehnten Jahrhundert, konnte die Kirche sich auf den grossen Freibrief des Königs Stephan²) berufen, der doch auch nach seinen Grundzügen in den Vertrag von Wallingford aufgenommen war, auf welchem Heinrichs Thronrecht beruhte. Auf die unabhängige kirchliche Stellung seiner Ahnen, der Könige Heinrich I. und Wilhelm I., vollends seiner angelsächsischen Vorgänger zurückkommen zu können, war ihm nur mit Genehmigung der öffentlichen Meinung Englands möglich. Diese der Continuität englischer Verfassung entsprechende Stellung hat er denn auch im Januar 1164 auf einem grossen Hoftage in Clarendon eingenommen.

Die Beschlüsse desselben leiten den Kampf voll tiefen universalhistorischen Gehaltes ein, der das König-

---

¹) Stubbs II. 273.
²) Vgl. o. S. 61.

thum einige Zeit zum engsten Bunde mit dem Papstthume brachte, die von Beiden gedrückte englische Geistlichkeit aber zum Bunde mit den unter der Königsgewalt seufzenden übrigen Ständen drängte, bis das Königthum sich wieder an der Spitze der geeinigten Nation dem Papstthume entgegensetzte und in einem zweihundertjährigen Kampfe, den das nächste Kapitel zu schildern hat, unter Heinrich VIII. die kirchliche Hoheit gewann.

Die Constitutionen von Clarendon gehören daher zu den staatsrechtlichen Acten, welche, gleich der österreichischen pragmatischen Sanction, nur aus einer vollen Kunde der im Laufe der Jahrhunderte vollzogenen Staatsentwickelung verstanden werden können.

Sie gehören insofern zu Heinrichs II. ersten Regierungsacten nach voller Beruhigung des Landes, als dieser Fürst vom August 1158 bis zum Januar 1163 nicht in England anwesend war. Die dortige Regierung wurde von seinen Stellvertretern inzwischen mit voller Sicherheit geführt, auch die Königswahl seines Sohnes Heinrich inzwischen vollzogen. Besonders nützlich hiebei wie bei den Verhandlungen und Kriegen in Frankreich war dem König eben der Mann gewesen, in welchem sich der hierarchische Anspruch am stärksten darstellen sollte.

Thomas Becket war geringer, doch freier normännischer Herkunft, in London geboren. Trotzdem hatte er schon bei Heinrichs Thronbesteigung eigene Macht als Archidiakon des Erzbisthums Canterbury. Der neue König verlieh ihm dazu die Kanzlerwürde, mit der das Commando des Towers und von Windsor[1]) verbunden war, und zwei Kronlehen. Nach einjähriger Sedisvacanz des Stuhles von Canterbury bewog der König ihn zur Annahme desselben, trotz der ihm noch mangelnden Priesterweihe, unterstützt von dem päpstlichen Legaten,[2]) aber gegen den Wunsch hervorragender englischer Geistlicher (2. Juni 1162). In der That waren nur durch einen mit König Heinrichs II. Ideen ganz vertrauten und denselben eifrig ergebenen Erzbischof-Kanzler alle Lücken zu beseitigen, die durch Wilhelms des Eroberers Einrichtung geistlicher Jurisdiction und Stephans Freibrief in das alte Staatsgefüge gekommen waren. Aber der neue Erzbischof legte noch vor Jahresfrist das Kanzleramt nieder und stellte sich dann sofort des Königs kirchlicher Politik entgegen. Er machte die Rechte seines Stiftes gegen seine lehnsrührigen Barone rücksichtslos geltend, die der Kirche gegen das Königthum bei Gelegenheit einer Schatzung,[3]) wie durch Zurückweisung weltlichen Gerichtes über einen Mörder geistlichen Standes. Recht auffällig belegte er diesen nur mit

---

[1]) Vgl. oben S. 125.
[2]) Pauli III. 32.
[3]) Nach Stubbs I. 462 das umgeformte Danegeld.

einer zweijährigen Suspendirung von seiner Pfründe, während er gegen Laien, selbst bei zweifelhaften Rechtsansprüchen seiner Kirche von der Excommunication umfassenden Gebrauch machte. Den Standesschranken dieser ritterlichen Zeit zeigte er Missachtung, indem er die niedrig Geborenen des untern Clerus begünstigte.

Zunächst versuchte der König nur das Recht der Staatsgewalt zur Bestrafung von Verbrechern geistlichen Standes nach ihrer Degradierung durch den Bischof festzustellen. Seinen Bemühungen auf einem Hoftage zu Westminster vom October 1163 setzte Becket den Anspruch entgegen, dass die Degradierung dem Verbrechen vorausgegangen sein müsse, wenn es vor weltlichem Gerichte strafbar sein solle. Wie hätte aber Heinrich eine solche Ausnahmsstellung in seinem auf vollkommene Rechtssicherheit gestellten Staate zulassen können!

In der Form der Aufzeichnung eines alten Landesrechtes liess er durch den Justitiar Richard de Lucy und einen französischen Rechtsverständigen[1]) die Grenzen geistlicher und weltlicher Gewalt eben in Clarendon durch sechzehn Constitutionen feststellen.[2]) Wie weit er hiebei durch Geschworene das Urtheil gleichsam der ganzen Bevölkerung in Schuld- und Besitzfragen

---
[1]) Stubbs I. 464.
[2]) Select chart. 131.

der Geistlichkeit gegenüber walten liess, wurde früher erörtert.¹) Aller Streit über Kirchenvogtei und Pfründenvergebung wird vom Königshofe wie jede Schuldenklage vom königlichen Gerichte entschieden. Criminelle Geistliche unterstehen nicht nur dem königlichen Gerichte, sondern ein Vertreter königlicher Gerichtsbarkeit ist auch bei dem geistlichen Verfahren gegenwärtig. Durchaus stehen geistliche Lehensträger des Königs den weltlichen gleich in ihren Pflichten, auch zu Anwesenheit und Abtimmung am Königshofe als Gerichtsinstanz; nur wo über Verstümmlungen und Hinrichtungen berathen wird, sind sie, wie noch heute die Bischöfe im Oberhause, entschuldigt; zu Reisen bedürfen sie königlicher Genehmigung, die auch mit der Forderung des Gelöbnisses besonderer Treue während der Reise verbunden werden kann. Keine Excommunication gilt ohne königliche Genehmigung und soll durch keine andere Verpflichtung als die erschwert werden, sich geistlichem Gerichte zur Absolution zu stellen; dagegen der König seinerseits Ungehorsam gegen geistliche Ladung mit seiner Ungnade bedroht. Bei geistlichen Appellationen bildet der König die höchste, nur mit seiner Genehmigung überschreitbare Instanz, d. h. mit Ausschluss des Papstes, doch immerhin mit Wahrung des gerichtlichen Ansehens des Erzbischofs,

---

¹) Vgl. o. S. 148. Die übrigen Bestimmungen erörtere ich in dieser Reihenfolge: 1 und 15, 3, 11 und 4, 7 und 4 und 10, 8, 12, 13, 14, 16.

an dessen Hofe die letzte Entscheidung auf königlichen Befehl gefällt wird. Bei Erledigung bischöflicher und sonstiger höherer Kirchenämter fallen Verwaltung und Einkünfte bis zur Wiederbesetzung dem Könige zu. Die Neuwahl findet in der königlichen Kapelle, die Huldigung des Gewählten 'mit Leben, Gliedern und weltlicher Ehre' vor der Consecration statt. Bei Widersetzlichkeit gegen Erzbischof, Bischof und Archidiakon tritt Königsgericht ein, bei solcher gegen den König Unterstützung der Genannten. Bewegliche Habe Geächteter hat keinen Kirchenschutz. Die Ordination von Bauernsöhnen ohne Genehmigung der Grundherren wird untersagt — gleichsam die von Becket durchbrochene Standesschranke wieder aufgerichtet.

Das Königthum hatte hiemit für den Moment eine kirchliche Vollgewalt erlangt, nicht gar verschieden von der, die es zu Heinrichs VIII. Zeiten dauernd gewinnen sollte. Hätte aber ein so überzeugungsvoller Priester wie Thomas Becket sich den Constitutionen wirklich fügen können?

Er hat denselben auf seiner Mitbischöfe, vornehmlich seines Rivalen Roger von York Andringen zugestimmt, aber sich dafür dann doch wie für eine Sünde vom Papste Absolution ertheilen lassen. Der König seinerseits, wohl um die Gemüthswandlung des neuen Primas Jedermann vorzuführen, verlangte Rechenschaft über die politische Führung des Kanzleramtes — die finanzielle hatte schon bei Niederlegung des Amtes, sicher in Gegenwart des Königs[1]) stattgefunden. Dem Rechtsgange hierüber und über andere Dinge entzog sich Becket durch freiwilliges Exil; aber er bewirkte während desselben die Excommunication des Erzbischofs von York, der in Becket's Sprengel die Krönung des jungen Königs vorgenommen hatte, und seiner Helfer, der Bischöfe von London und Salisbury; nach seiner Rückkehr wendete er persönlich dasselbe, in jener Zeit furchtbare Strafmittel vielfach gegen Verfehlungen seiner eigenen Lehnsleute an. Der hierarchische Anspruch erhob sich so mit voller Schärfe gegen die alle Verhältnisse durchdringende Königsgewalt. Da begreift man den verzweiflungsvollen Ausruf ihres Trägers Heinrichs II. — den Ausruf, den geschäftige Diener, welche den Erzbischof persönlich hassten, zu dessen gräulicher Ermordung benützten.

Papst Alexander III. aber, ohnehin mit Kaiser Friedrich Barbarossa in schwerem Conflicte und von Heinrich II. in demselben gestützt, begnügte sich mit leichter Sühne. Der König erhielt persönlich gegen einen Reinigungseid Absolution wegen des Geschehenen: im Uebrigen musste er sich zur Freigebung des geistlichen Verkehres mit der Curie bequemen, d. h. die Artikel VIII und IV der Clarendoner Consti-

---

[1]) Stubbs I. 563.

tutionen ausser Kraft setzen, so weit sie Appellationen und Reisen nach Rom betrafen. Im Uebrigen aber gab er[1]) nur eine allgemeine, ganz ohne Folgen gebliebene Zusage, Constitutionen gegen die Freiheit der Geistlichen abschaffen zu wollen, 'falls solche während seiner Regierung eingeführt seien'. Die von Clarendon besagen aber in der Einleitung, sie seien nur 'eine Aufzählung oder rechtmässige Anerkennung gewisser Gewohnheiten, Freiheiten und Würdeansprüche der Vorfahren des Königs' — recordatio vel recognitio cujusdam partis consuetudinum et libertatum et dignitatum antecessorum suorum. Man kann also keineswegs von einem Verzichte des Königs auf diese Constitutionen sprechen.[2])

Trotzdem wussten König und Papst fortan ein gutes Verhältniss zu erhalten, ja man kann sagen, dass Heinrich II. in dieser seiner spätern Zeit das Vorbild für die enge Verbindung mit dem Papstthume gab, welche sein Sohn Johann schloss und sein Enkel Heinrich III. so lange festzuhalten wusste. Dem ersten Sturme wegen Becket's Ermordung ging er aus dem Wege, indem er gleichsam im Dienste des Papstthumes Ireland in Besitz nahm. Im ersten Jahre seiner Regierung war ihm die Insel von Alexanders Vorgänger 'als Herr aller Inseln, auf welche Christus, die

---
[1]) Pauli III. 103.
[2]) Wie auch Stubbs I. 475 thut.

Sonne der Gerechtigkeit, scheint', verliehen worden. Er verpflanzte in das kleine Gebiet, welches er zu unmittelbarer Herrschaft in Ireland in Besitz nahm, englische Einrichtungen und wartete dort ruhig ab, bis die päpstlichen Legaten, welche seine Absolution brachten, in der Normandie angelangt waren. Im Jahre 1180 erhielt dann auch Becket's alter Rival, Erzbischof Roger von York, die Legation über Schottland und mit derselben auch des Königs Einwirkung auf die innere Regierung des Landes einen neuen Impuls.

Die sogenannten Könige von Schottland geboten eigentlich nur über den südlichen Landestheil, Lothian, und selbst dessen südwestlicher Theil, Galloway, bildete ein selbständiges Fürstenthum.[1]) Die Lehnsherrlichkeit über Schottland wurde von englischer Seite auf Grund von Huldigungen beansprucht, die angelsächsischen Königen seit Alfreds Sohn Edward I. dargebracht seien. In der That hatte Malcolm Canmore im Jahre 1071 Wilhelm dem Eroberer Huldigung geleistet. Malcolm IV. scheint aber Heinrich II. nur für seine englische Grafschaft Huntingdon gehuldigt zu haben. Dessen Nachfolger, Wilhelm der Löwe, ist in einem Aufstande gegen Heinrich im Jahre 1174 gefangen und zu voller Huldigung genöthigt worden;

---

[1]) Stubbs I. 557, der sehr verständig über das Lehnsverhältniss Schottlands urtheilt.

durch die dem Erzbischofe Roger ertheilte Legation schien er in volle Abhängigkeit sinken zu müssen; aber er trotzte Rogers Bannfluch und behauptete sich, bis er bei Richards I. Thronbesteigung gegen hohen Preis seine Unabhängigkeit erhielt. Trotz des Bundes mit dem Papste war Schottland zunächst nicht zu gewinnen.

Aber gerade unter Richard I. und durch dessen Kreuzfahrt gewann der Kirche gegenüber die königliche Gewalt eine viel stärkere Stellung. Richard machte es zur Bedingung seiner Abfahrt,[1]) dass der Papst den königlichen Günstling, den Poiteviner Wilhelm Longchamp Bischof von Ely Justitiar und Kanzler, zum Legaten über England, Schottland, Wales und Ireland bestelle. Zum ersten Male waren so in Richards Abwesenheit weltliche und geistliche Gewalt über England in éiner Person vereinigt. Mit Johanns Erhebung[2]) durch geistliche und weltliche Grosse und die Londoner Bürgerschaft ward Longchamp freilich abgesetzt, zur Rechenschaft gezogen und Landes verwiesen, ohne alle Rücksicht auf des Papstes Bannflüche. Aber zu Richards Lösegeld hat auch die Geistlichkeit und sie ganz besonders beisteuern müssen.

Gegen den doppelten Druck des verbundenen König- und Papstthumes erhob sich aber gerade der

---

[1]) Pauli III. 210.
[2]) Vgl. oben S. 139 f.

englische Clerus in voller Entschlossenheit. Geleitet von dem Bischofe von Lincoln fand die Geistlichkeit auf einem Baronentage in Oxford im Jahre 1198 zuerst seit der Eroberung den Muth, ein Hilfsverlangen Richards für den Krieg in der Normandie abzulehnen; der Justitiar Richards nahm wegen dieser Ablehnung seine Entlassung. In der That hat[1]) so die Geistlichkeit diesen constitutionellen Grundsatz zuerst angewendet. Das nächste war, dass der hohe Clerus im Januar und Februar 1207 die Besteuerung des niedern durch König Johann verhinderte.

Schon war damals Johann, nachdem er seine nordfranzösischen Besitzungen verloren, in Conflict mit dem Papstthume gerathen. Die Mönche des Dreifaltigkeitsklosters in Canterbury[2]) hatten ihr altes Recht der Wahl des Erzbischofs ohne königliche Genehmigung und ohne die mindestens in den letzten Erledigungsfällen üblich gewesene Verständigung des Königs mit den Bischöfen vorgenommen. Diese Mönche wählten zuerst ihren Subprior, dann des Königs Candidaten, dann, als die Bischöfe diesen ablehnten, endlich in Rom selbst um Neujahr 1206 gegen das Recht des Königs wie der Bischöfe des Papstes Freund, den aus Nordengland gebürtigen Cardinal Stephan Langton, dem Innocenz nach anderthalbjährigen vergeblichen Ver-

---

[1]) Stubbs I. 500, 509, 379.
[2]) Pauli III. 318.

handlungen das Pallium ertheilte. Johann vertrieb hierauf die Mönche aus ihrem Kloster, alle Bischöfe bis auf drei aus dem Reiche und hielt seine Autorität mit äusserster Gewaltsamkeit gegen alle geistlichen Güter, ja eine Zeit lang mit Verfolgung aller geistlichen Personen aufrecht. Da verhängte Innocenz zu Anfang des Jahres 1208 das Interdict über das Reich, zu Anfang des nächsten den Bann über den König.

Aber das englische Königthum war zu fest, unvergleichlich fester als irgend ein anderes der Christenheit jener Zeit, gegründet, als dass es den Kampf nicht hätte mit aller Aussicht auf Erfolg aufnehmen können. Einige der Besten, wie der früher erwähnte Graf Wilhelm Marschall von Pembroke, haben nie in ihrer Treue gegen den König gewankt. Seine tüchtige Söldnerarmee war doch nur äusserlich die Stütze seiner Macht. Gerade im Jahre seiner Bannung (1209)[1] nöthigte er den Schottenkönig unbedingt und völlig englische Oberherrlichkeit anzuerkennen, seine Töchter zur Vermählung und als Geiseln Söhne seiner Grossen an Johanns Hof zu senden, jene Geiseln, die erst nach einer Verfügung der Magna Charta heimgesendet wurden. Auch die päpstliche Entbindung der Unterthanen von dem Treuegelöbnisse hatte wenig Erfolg.

---

[1] Pauli III. 350.

Aber Innocenz setzte ein anderes Schreckmittel in Bewegung, das ihn zum Ziele führte. Eben den König von Frankreich, der Johann schon so vieler Gebiete beraubt hatte, betraute er mit der Eroberung Englands, und dieser berühmte sich wenigstens, auch von dem englischen Adel, der das nachträglich freilich für Verleumdung erklärte,[1]) geladen zu sein. Im letzten Momente aber ging des Papstes Vertrauter, der Subdiakon Pandulf, nach Dover und schüchterte Johann genügend mit dem drohenden allgemeinen Abfalle ein. Er erlangte, wohlbemerkt: unter voller, ausdrücklicher Zustimmung der geistlichen und weltlichen Grossen, Zweierlei. Einmal erhielt er am 13. Mai 1213 Herstellung und Entschädigung Langton's und seiner Anhänger wie der des Papstes, dann aber auch die förmliche und bis zur Bewahrung jedes Geheimnisses[2]) verpflichtende Huldigung Johanns für den Papst als Lehnsherrn mit Verbindlichkeit zu einem Jahrestribute von 700 Mark für England und 300 für Ireland.

§. 5. *Abhängigkeit vom Papstthume.*

15. Vorlesung.

Der Cardinal-Erzbischof Langton war nach keinem andern Ruhme als dem treuer Pflichterfüllung

---

[1]) Pauli III. 378.
[2]) Stubbs, Sel. chart. 277.

begierig. Seine angelsächsische Herkunft[1]) und die Ueberlieferungen mehr seiner grossen Vorgänger Lanfranc und Anselm als die Thomas Becket's bezeichneten seine Bahn. Er sah keinen Ausweg, als den der Fortbildung der alten, durch den Kirchenstreit durchbrochenen Verfassung.

Der Cardinal-Erzbischof nöthigte daher den König, indem er dem Knieenden am 20. Juli in Winchester Absolution ertheilte, zu dem öffentlichen, eidlichen Gelöbnisse auf das Evangelium[2]) 'die guten Gesetze seiner Vorfahren und vor Allem Edwards des Bekenners wieder einzuführen'.[3]) Der Justitiar Fitz-Peter erklärte denn auch am 4. August in einer Versammlung, der mit geistlichen und weltlichen Grossen auch der Greve und vier Mann von jeder Gemeinde der königlichen Domäne beiwohnten, dass die 'Gesetze seines Grossvaters Heinrich' nach Befehl des Königs beobachtet werden sollten. Bereits am 25. August wohnte dann Langton in der Paulskirche in London einer Versammlung geistlicher und weltlicher Barone

---

1) Doch hat gerade er am 20. Januar 1215 zuerst in England eine Urkunde in nordfranzösischer Sprache ausgestellt. Pauli III. 485.

2) Pauli III. 382.

3) Quodque bonas leges antecessorum suorum et praecipue leges Edwardi regis revocaret. Math. Paris p. 239, Pauli III. 382. Dazu vergleiche man die Carta Henrici I c. 13. Lagam Edwardi regis vobis reddo cum illis emendationibus quibus pater meus eam emendavit consilio baronum suorum. Das ist also keineswegs eine Erneuerung des Kroneides, wie Stubbs I, 524 meint: an express renewal of his coronation oath.

bei, in welcher der Freiheitsbrief Heinrichs I. verlesen ward und die Anwesenden an seinem Inhalte festhalten zu wollen schworen.¹) Hier tritt eine Lücke in unserer Kenntniss ein. Wir wissen nur, dass Johann auf den 7. November 1213 eine Versammlung der bewaffneten Ritterschaft nach Oxford berief, zu welcher²) jeder Sheriff vier verständige Männer senden sollte, 'um mit uns über unseres Reiches Geschäfte zu reden'; also ward mit Berufung weltlicher Repräsentanten von der neu versöhnten Geistlichkeit ganz abgesehen; aber ob die Versammlung zu Stande kam, ist unbekannt. Johann selbst ging am 2. Februar 1214³) nach Frankreich, von wo er erst um Mitte Octobers zurückkehrte. Seine kriegerischen Bemühungen gegen Philipp August waren nicht nur vergeblich gewesen: den glänzenden Sieg von Bouvines trug dieser über Kaiser Otto IV. davon und Johann musste froh sein, im Stillstande von Chinon am 18. September 1214 seine Besitzungen südlich von der Loire noch zu behaupten.

---

¹) Noch in Heinrichs II. Kroneid war, wie Eingangs dieses Kapitels bemerkt ward, die Verpflichtung auf denselben aufgenommen, nur in denen Richards und Johanns weggelassen (Select charters 129, 243, 263) worden; es ist daher auch an sich — von jener Versammlung des 4. August abgesehen — undenkbar, dass, wie eine viel, auch von Stubbs I. 527, nachgeschriebene Quelle behauptet, diese Urkunde erst damals wieder aufgefunden worden sei.
²) Stubbs, Sel. chart. 279.
³) Pauli III. 392, 409.

Der Krieg, den er führte, noch eine Nachwirkung des von Innocenz selbst gegen Johann angestifteten, war dem Papste unangenehm, da er eben Philipp August gegen den gebannten Kaiser Otto für Friedrich II. gebrauchte; aber eine Störung des überaus freundlichen Verhältnisses, in welchem er seit der Huldigung zu Johann stand, trat doch nicht ein. Johann konnte, als er England verliess, die Hut des Landes ruhig 'Gott, seinem Justitiar', einem Poitevinen Peter des Roches, Bischof von Winchester, 'und dem Legaten', Bischof Nikolaus von Tusculum, überlassen. Vorzeitig hob der Papst das Interdict auf und verbot Jedermann, den Papst ausgenommen, dasselbe für des Königs Kapelle zu erneuern. Er verfügte ferner,[1]) wenn sich die Geistlichkeit mit der von Johann angebotenen Entschädigungssumme von 100.000 Mark nicht zufrieden gebe, so solle Johann dieses Geld nach Belieben für Kreuzzugszwecke verwenden. Dem Bruder Langtons, Simon Langton, versagte er nach des Königs Wunsche die Genehmigung für den erzbischöflichen Stuhl von York und wies später den Gesandten der Barone, Eustache von Vescy, zum Gehorsam gegen des Königs Willen an.

Da traten am 20. November 1213 die weltlichen Barone in Bury S. Edmunds zusammen und schwuren,

---

[1]) Pauli III. 388.

den König zu bekriegen, wenn er die Charta Heinrichs I. nicht erneuere und ihre Beschwerden abstelle. Trotzig trugen sie in London um Neujahr ihre Forderungen vor. Vergeblich suchte Johann die Geistlichkeit zu gewinnen, indem er die zwölfte der Constitutionen von Clarendon[1]) durch eine Urkunde ersetzte, nach welcher die Wahl zu Bisthümern und Abteien den Berechtigten freigegeben und die Bestätigung, wenn kein legales Hinderniss walte, zugesichert wurde.[2]) Am 5. Mai kündigte der Adel nach Langton's Rath den Gehorsam und constituierte sich als 'Miliz Gottes und der heiligen Kirche'. Ein Canonicus überbrachte dem Könige den Brief; am 17. zogen die Empörten in London ein. Formell blieben die vornehmsten Geistlichen, auch Langton, mit wenigen weltlichen Baronen bei Johann und Pandulf, dem wieder zum Legaten ernannten 'Hausgenossen des Papstes'.

Aber in den neunundvierzig Artikeln,[3]) welche auf Grund der Charta Heinrichs I. die Beschwerden und Forderungen des Adels und der Londoner Bürgerschaft enthalten — denn nur nebenher, Art. 32, erscheinen auch die anderen Bürgerschaften — wird an die Sachkunde Langton's ausdrücklich

---

[1]) Am 21. November 1214, erneuert am 15. Januar 1215. Stubbs, Sel. chart. 280.
[2]) Pauli III. 415, 419.
[3]) Stubbs, Sel. chart. 282—287.

appelliert in Bezug¹) auf das Rechtsverhältniss von Schottland und Wales: nisi aliter esse debeat per cartas, quas rex habet, per judicium archiepiscopi et aliorum quos secum vocare voluerit (sc. archiepiscopus).

Als erster unter den 64 Artikeln der Magna Charta vom 15. Juni 1215 erscheint dem entsprechend²) die Freiheit der englischen Kirche, ihrer Rechte und, mit Wiederholung des Wortes: ihren 'Freiheiten'; speciell wird die vor dem neuerlichen Streite mit den Baronen 'aus eigenem und freiem Willen' gegebene Freiheit der Wahlen gesichert. Aber dieser der königlichen Gewalt besonders widrige Zusatz über die Wahlfreiheit ist trotz ihrer Gutheissung durch den Papst Innocenz in den beiden Recensionen des Reichsverwesers mit Genehmigung des Legaten nach Johanns Tode weggelassen worden.³) Ebenso ist hier auch die Wiederholung der Zusicherung in dem recapitulierenden Artikel 63 ausgefallen: 'dass die englische Kirche frei sei'. Aber es ist mit Recht hervorgehoben worden,⁴) dass doch auch die freiheitlichen Bestimmungen der Magna Charta zu Gunsten der geringeren Freien den Bischöfen und Juristen, vornehmlich aber Langton zu danken seien: so wenn⁵) dem Villanen sein Pflugland (winnagium)

---

[1] Art. 45 und 46.
[2] Sel. chart. 288.
[3] Sel. chart. 331 und 336.
[4] Stubbs I. 531.
[5] Artikel 20 von 1215 = Art. 15 von 1216 = Art. 16 von 1217.

wie dem Kaufmanne seine Waare gegen des Königs Misericordia gesichert, und wenn[1]) Rechtswillkür der Amtleute untersagt, jedem Freien Sicherheit gegen Haft und gerichtliche Willkür, sowie Aburtheilung durch gesetzliches Urtheil seiner Standesgenossen oder nach Landesrecht garantiert wird.

Nun folgten die Verwickelungen, während deren, als Papst und König den Freiheitsbrief für nichtig erklärten, der Adel zur förmlichen Berufung des französischen Thronfolgers schritt, bis mit dem Abkommen von Lambeth vom 11. September 1217 Heinrichs III. Regierung gesichert ward. An diesem ganzen Conflicte nahmen die Bischöfe gar keinen Theil, der grösste Theil der Prälaten aber hielt es im Herzen mit den Baronen oder nahm für keine Seite Partei".[2]) Simon Langton ward des Prätendenten Kanzler; man weiss nicht, ob dies mit Vorwissen des Cardinals geschah, der in Rom von Innocenz III. eine Zeitlang suspendiert und von Honorius III., bis zum Ende der Unruhen in seiner Heimat, zurückgehalten wurde.

Bei der nächsten Erneuerung des grossen Freiheitsbriefes im Jahre 1217 wurden zwei Bestimmungen getroffen, die scheinbar nur die bestehenden Rechts-

---

[1]) Art. 38—40 von 1215 = Art. 31—33 von 1216; die beiden ersten sind in der Fassung von 1217, Art. 34 und 35, noch eingehender gefasst, der letzte beibehalten.
[2]) Pauli III. 466.

verhältnisse des Grundbesitzes fixieren und doch für die Verfassungsentwickelung höchst bedeutend geworden sind. Die eine (Artikel 39) untersagt, in Weiterbildung des vierten Artikels der Assise von Northampton, der die Vererbung des Freiengutes gegen Feudalwillkür schützt, jedem Freien Veräusserung von Grundbesitz, soweit derselbe für seine Leistungsfähigkeit im Lehnsverbande in Betracht kommt, d. h. die freie Verfügung über Grundbesitz wird beschränkt und in vielen Fällen aufgehoben. Die andere[1]) aber untersagt die Lehnsübergabe eines Laiengutes in geistliche Hand bei Strafe der Verwirkung an den Lehnsherrn. Es geschah gerade unter Mitwirkung des päpstlichen Legaten Guala, dass der Regent Graf von Pembroke die Freiheitsurkunde in dieser neuen Form publicierte, die den Interessen der englischen Geistlichkeit so wenig entsprach.

Mit Heinrich III., vollends als er zu Jahren kam, hatte die Curie, die ihm den Thron wesentlich erhalten, einen vollkommen ergebenen, aber auch gegen Geldvergeudung für Hofzwecke gleichgiltigen Fürsten gewonnen. Der Curie immer erneuerte Geldforderungen lasteten denn besonders schwer auf dem englischen Clerus. Die französischen Günstlinge, vollends seit Heinrichs Vermählung mit Eleonore von Provence

---

[1]) Art. 43, Sel. chart. 338.

(Januar 1236), der Schwester der französischen Königin, galten bei Clerus wie Laien für ebensoviele Gegner der unter den schwierigsten Verhältnissen gewonnenen und durch die Weisheit der beiden Staatsmänner in Heinrichs Jugend behaupteten Landesfreiheiten. Der zweite von diesen, Hubert de Burgh, war ohnehin nicht nur plötzlich am 29. Juli 1232 entlassen, und, gleich Becket zur Rechnungslegung angehalten, sondern auch — was kein König des vorigen Jahrhunderts hätte wagen dürfen — gewaltsam aus dem Kirchenasyle in das Gefängniss geführt worden: wie ein Regierungsmanifest besagte,[1] weil er sich an päpstlichen Boten und italienischen Clerikern vergriffen hatte. Seit dem Jahre 1237, da ein Legat eine grosse Synode hielt, erscheint aber der frühere Kanzler der Universität Oxford, der Freund der dort 1229 eingezogenen Minoriten, seit 1235 Bischof von Lincoln, Robert Grosseteste, thätig für die Rechte der anglikanischen Kirche. Im Parlamente von 1244 nannte er sich offen einen Vertheidiger des 'gemeinen Rathes', nach unserer Fassung: der Landesfreiheiten, 'da wir', sagte er, 'nach dem Bibelworte getrennt ganz zu Grunde gehen'. Eben hier tritt er denn auch zuerst auf in offener Verbindung mit den Führern der Barone, namentlich des Königs Schwager, Simon von Montfort, Grafen

---

[1] Stubbs II. 46.

von Leicester. Das Parlament verlangte von dem in schwere Geldnoth gerathenen Könige durch die vereinigten Ausschüsse seiner drei Kammern: Prälaten, Grafen und Barone die Einsetzung einer geordneten Regierung von Justitiar, Schatzmeister und Kanzler; ja ein Entwurf ward vorgelegt, wonach dem Könige vier von dem Parlamente erwählte richterliche Beiräthe zur Seite gesetzt werden sollten und die Gerichtsbesetzung dem Könige wesentlich entzogen bleibe. Aber Heinrich wusste den Sturm noch einmal zu beschwören und neue Geldhilfe zu erlangen.

Endlich brachte aber doch die Willfährigkeit des Königs gegen die päpstlichen Begehren den Conflict zum entscheidenden Ausbruche. Hatten doch nach dem Rathe des königlichen Agenten in Rom[1]) manche Prälaten Blankette über Geldverschreibungen ausstellen müssen, die der König nach Belieben ausfüllte, der Rathgeber aber, ein Provençale, war Bischof von Hereford. Schon im Jahre 1254 nahm Heinrich die sicilische Königskrone für seinen zweiten Sohn Edmund an. Unter der Form einer Entschädigung für den neapolitanischen Kriegszug zu Edmunds Gunsten verlangte der Papst 140.000 Mark: die Prälaten fanden mit einem Geschenke von 52.000 Mark — das sie hart bedrängt im Parlamente der geistlichen und weltlichen

---

[1]) Stubbs II. 63, 70.

Barone (März 1257) zu diesem Zwecke brachten — nur ungnädige Aufnahme. Aber neuer Krieg mit den Walisern und ihren Verbündeten, den schottischen Baronen, nöthigte zur Berufung eines neuen Parlamentes im April 1258 nach London. Hier legte der Clerus[1]) eine lange Liste seiner Beschwerden vor, und statt der Geldbewilligung ward die Einsetzung einer halb vom Könige und halb vom Parlamente zu bestellenden Untersuchungscommission von Vierundzwanzig beschlossen.

§. 6. *Parlamentarische Befreiung des Königthums.*

16. Vorlesung.

Die Commission der Vierundzwanzig, in offenem Gegensatze zu dem päpstlichen Anspruche, berichtete nicht nur dem Parlamente, sondern der König ertheilte den zu fassenden Beschlüssen im Voraus seine Genehmigung.[2]) Das Parlament war nach Oxford vertagt worden und trat hier am 11. Juni unter dem Vorwande des Walliserkrieges bewaffnet zusammen. Von der Annahme des sicilischen Königreiches konnte nicht länger die Rede sein, trotz der Heinrich III. angedrohten päpstlichen Censuren. Eine Liste von Rechtsverletzungen und Uebertretungen der Magna Charta ward aufgestellt. Der 1244 zuerst hervorgetretene

---

[1]) Stubbs I. 73.
[2]) Pauli III. 716.

Plan der Einsetzung einer Regierung, jetzt von Fünfzehn neben dem Könige Waltenden ward ausgeführt; auf die Zusammensetzung dieses Ausschusses übte Heinrich III. eine wenn auch beschränkte Einwirkung. In alljährlich drei Parlamenten hatte diese Baronenregierung, die mit Unterbrechungen bis zum Frühjahre 1263 dauerte, sich mit ihren Standesgenossen zu verständigen. Die Fremden wurden vertrieben. Die Oxforder Provisionen erhielten, vornehmlich auf das Andringen des Thronerben Edward an der Spitze der jungen Ritterschaft[1]) ihre legale Fassung in den Provisionen von Westminster im October 1259. Gleichsam auf die elementaren Kräfte des Reiches greifen diese, mindestens in der wahrscheinlich authentischen französischen,[2]) wenn auch nicht ganz der lateinischen Publication zurück, indem sie die alte Gau- oder Grafschaftsverfassung als Hilfe gegen die centralisierte Monarchie anrufen: vier erwählte Ritter in jeder Grafschaft werden den Sheriffs zur Aufsicht beigegeben, deren Ernennung und das Gericht geregelt. Die niedere Geistlichkeit[3]) ward in diesem Rahmen durch die Bestimmung gewonnen, dass Einkünfte der an römische Beneficiaten Verliehenen nicht ausser Landes gehen sollen.

---

[1]) Stubbs II. 81.
[2]) Schon die Provisionen von Oxford sind grossentheils in englischem Französisch abgefasst, die Proclamation des Königs über die Annahme der Provisionen aber auch angelsächsisch. Stubbs, Sel. chart. 379, 387.
[3]) Pauli III. 726.

Zwar befand sich der Erzbischof von Canterbury unter den fünfzehn Regenten, der Bischof von London unter den vierundzwanzig Commissären;[1] im Uebrigen aber wagten die Bischöfe, besorgt vor dem Papste, auch diesmal, wie Langton im Juni 1215, keine offene Verbindung mit den Baronen. Immerhin waren die Wirkungen der Lehnsabhängigkeit des Reiches vom päpstlichen Stuhle nunmehr paralysiert.

Nicht der Papst, sondern König Ludwig IX. von Frankreich ward bei dem neu ausbrechenden Streite als Vermittler von beiden Theilen angerufen; sein Spruch, die Misa von Amiens (23. Januar 1264), der ganz zu Gunsten des Königs lautete, ward freilich von dessen Gegnern nicht anerkannt. Bei dem Kriege den hierauf die Barone unter Simon von Montfort eröffneten, war die niedere Geistlichkeit, vornehmlich der Orden der Minoriten, ganz auf dessen Seite, wie er denn die Unterstützung der Gesammtheit der freien Bewohner auf dem Parlamente vom 20. Januar 1265 in Anspruch nahm, das uns noch beschäftigen wird. Das 'Dictum de Kenilworth' vom 31. October 1265, welches nach Simons Fall die grossen Freiheitsbriefe bestätigte, sicherte auch speciell die Freiheit der englischen Kirche. Das Parlament von Marlborough schloss im November 1267 die ganze Bewegung ab, indem

---

[1] Die Tafel bei Stubbs II. 82.

es auch die Statuten von 1259 bestätigte. Zu beiden Acten aber wirkte der Legat Ottoboni mit, der auch den geistlichen Zehenten dem Könige zur Verfügung zu stellen von dem Papste Clemens IV. bevollmächtigt war.

Das ist die Lage, in welcher Edward I. die englische Kirche als König vorfand. Zunächst um der Verminderung der kriegsdienstpflichtigen Güter zu steuern, liess er auf dem Parlamente von Michaelis 1279 das Statut 'de religiosis' beschliessen, nach welchem der Geistlichkeit die Erwerbung von Land zur todten Hand untersagt wird. Zu rein weltlichen Zwecken zog er die Einkünfte des Clerus in diesem und dem folgenden Jahre herbei; im September 1294 nöthigte er die geistliche Versammlung[1]) für seine Kriegszwecke ihr halbes Einkommen beizusteuern: aus Schrecken über die Folgen seiner drohenden Ungnade ist der Dechant von London in des Königs Gegenwart gestorben.[2])

Da erschien Bonifacius VIII. Bulle 'clericis laicos' vom 24. Februar 1296, durch welche Steuer aller Art von geistlichem Gute zu nehmen oder zu zahlen gänzlich untersagt ward. Die Bulle war von dem Papste keineswegs gegen England gerichtet; aber bei dem nächsten Novemberparlamente erklärte doch der Erz-

---

[1]) S. unten S. 189.
[2]) Stubbs II. 96, 126.

bischof von Canterbury, Winchelsey, dass er auch nur ein vor Jahresfrist dem Könige gegebenes Geldversprechen zu halten sich nicht mehr für befugt erachte; da die Convocation oder geistliche Versammlung seiner Provinz diese Ansicht in aller Form theilte, so entzog der König dem Clerus seinen königlichen Schutz, d. h. seine Gnade.¹) Hierauf pactierten die Einzelnen, endlich die Gesammtheit des Clerus des Erzbisthums York; die Lehen des ganzen Erzbisthums Canterbury nahm der König zu eigenen Handen, worauf der Erzbischof auch hier den Einzelnen ihren Frieden mit dem Könige zu machen gestattete. Nach etwa drei Monaten, am 14. Juli 1297, entschloss sich dann Edward I. grossherzig, öffentlich vor der Westminsterhalle sich wegen seines Verfahrens zu entschuldigen und den Erzbischof, der das mit Thränen zusagte, um weitere Treue für sich und seinen Sohn zu bitten. Der Papst erliess freilich auf französisches Andringen am 28. Februar 1297 eine weitere Bulle, wonach von seinem Verbote alle freiwilligen Geldgeschenke und die zur nationalen Vertheidigung erforderlichen Steuern ausgenommen sein sollten; diese ist, wie es scheint, zwar ohne Giltigkeit für England geblieben; aber Edward hielt sich (20. August) doch berechtigt, die Lehen der Geistlichen wie die der Weltlichen zu besteuern und ein Fünftel

---

¹) S. oben S. 120.

des Gesammteinkommens jedes Geistlichen für den Krieg zu verlangen, den er in wahrhaftem Reichsinteresse in Flandern führte; am Ende hat im November desselben Jahres durch freiwilligen Entschluss der nördliche Clerus sich zu dieser Leistung verstanden, der südliche nur zu einem Zehntel.

Aber weitere Eingriffe des Papstthumes in die Action der Monarchie wollte doch der englische Staat — wie wir nun sagen dürfen — nicht ertragen. Und so begann im Jahre 1300 die Tendenz nach kirchlicher Abschliessung wieder hervorzutreten, welche, angelsächsischer Vergangenheit entsprechend, die nächste Periode der Entwickelung königlicher Gewalt kennzeichnet. Bonifacius VIII. erhob mit einer Bulle vom 27. Juni 1199, die erst nach vierzehn Monaten Edward zukam,[1] den Anspruch auf Lehnsherrlichkeit über Schottland mit Beiseitesetzung der allseitig anerkannten englischen. Hatte doch Edward nach dem Aussterben der dortigen Dynastie (im October 1290) als Oberherr einen förmlichen Process über die Ansprüche der Nächstberechtigten anstellen lassen und demgemäss (17. November 1292) sich für Johann Balliol entschieden und diesen (26. December 1292) mit dem Königreiche belehnt. Dann hatte er ihn wegen Rebellion und wegen seiner Verbindung mit Frankreich

---

[1] Stubbs II. 131, 134, 139, 152.

am 10. Juli 1296 nach glücklichem Kriege abgesetzt und als Gefangenen nach London geführt; eben dahin hatte den Schicksalstein von Scone gebracht,[1] an welchen die Herrschaft über Schottland gebunden schien. Aber obwohl auch Wallace's Empörung (1298, 22. Juli) bei Falkirk in blutiger Niederlage bewältigt schien: das Land war noch keineswegs unterworfen. Eben im Jahre 1300 rang Edward, schlecht von dem Adel unterstützt, wieder gegen den Aufstand. Da erklärten auf dem Parlamente von Lincoln, 12. Februar 1301, sieben Grafen und siebenundneunzig Barone Namens der 'Communitas' des Reiches dem Papste in ausführlichem Proteste, dass sie keine Einmischung desselben in das unzweifelhafte Rechtsverhältniss der Lehnsrührigkeit Schottlands von der englischen Krone 'oder in irgend welche sonstige weltliche Rechte derselben' dulden werden; selbst wenn der König es wolle, verbiete ihnen ihr der Krone geleisteter Eid, es zuzugeben.

Der Clerus nahm freilich, wohl von Winchelsey veranlasst, nicht ausdrücklich Theil an dem Proteste. Dafür ruhte denn auch der König nicht, bis er bei Bonifacius' zweitem Nachfolger, Clemens V., die Berufung desselben an die Curie und seine Suspension durchgesetzt hatte (1306).

---

[1] Pauli IV. 109.

Auf dem nächsten Parlamente zu Carlisle (1307) liess er dann beschliessen, dass Abgaben von Klostergut, wie andere Auflagen, die 'ausser Landes', d. h. an den päpstlichen Hof geführt werden sollten, verboten seien; zugleich drangen die Laienstände auf Abstellung anderer Eingriffe der Curie und selbst des Peterspfennigs. Edward I. seinerseits beschränkte sich, kurz vor seinem am 7. Juli 1307 erfolgten Tode, das Statut von Carlisle zu publicieren, ohne Anstalten zu seiner Ausführung zu machen. Aber wie in weltlichen, so hat Edward I., als der wahre Fortbildner der Ideen seines Urgrossvaters Heinrichs II., auch in geistlichen Dingen die Entwickelung der Folgezeit vorbereitet.

Provincialsynoden oder Concile sind im Laufe des dreizehnten Jahrhunderts ganz von ihrer früheren Bedeutung zurückgekommen: Legaten haben solche z. B. 1237 und 1268 gehalten, um ihre Verfügungen bestätigen zu lassen. Aber der Erwecker alter Volksfreiheit, Cardinal Stephan Langton, gab im Jahre 1225 auch der geistlichen Organisation einen freiheitlichen Ausdruck, der der Staatsgewalt ermöglicht hat, mit dem Clerus als Ganzem wie mit der Grafschaftsversammlung zu verhandeln, indem er zu einer Berathung neben Bischöfen, Aebten, Prioren, Dekanen und Archidiakonen auch Vertreter oder eigentlich Anwälte (proctors) des Kathedral-, Collegiat- und

Conventual-Clerus berief. Sein Nachfolger, Erzbischof Johannes Peckham, vollendete dann, in Edwards I. Zeit und nach dessen Wunsche, im Jahre 1283 die Ordnung dieser 'Convocation', indem er zwei Vertreter für den Clerus jeder Diöcese, je einen für Kathedral- und Collegiatcapitel bestimmte, welche 'für die Ehre der Kirche, den Nutzen des Königs und den Frieden des Reiches' mitzuwirken haben. Etwa gleichzeitig (vielleicht 1279), wurde eine ähnliche Einrichtung für das Erzbisthum York mit der Modification getroffen, dass hier je zwei Vertreter für jedes Archidiakonat erschienen.

Die Convocation bot der Geistlichkeit hinlängliche Gelegenheit, ihre Meinung der königlichen Gewalt gegenüber geltend zu machen, wie denn diese Versammlungen des Clerus beider Erzbisthümer von Edward I. im Jahre 1294 getrennt von den beiden anderen Ständen und zu anderer Zeit nach Westminster zu einer politischen Berathung berufen wurden. Zahlreiche Aebte und Prioren fanden es von da ab klug, auf die mit so grosser militärischer und finanzieller Verantwortung verbundene Ehre zu verzichten, gleich den Bischöfen zu den Baronen des Reiches im Parlamente gezählt zu werden. Ueber 100 berief Simon von Montfort als solche noch 1265, etwa 70 Edward I. 1295, unter seinem Enkel erscheinen nur noch 27.[1])

---

[1]) Stubbs II. 153, 198, 201.

17. Vorlesung. **§. 7. Der Geheime Rath und das Magnum Concilium.**

Unmittelbar sind wir nunmehr zu der legalen Einschränkung der königlichen Gewalt durch einen Beirath theils ständiger, theils regelmässig wiederkehrender Art gelangt. Dieser tritt aber neben den König in wesentlich verändertem Sinne; denn seit dem Eroberer ist das Königthum wahrer Eigenthümer Englands geworden, wenn auch König Johann sich zuerst 'rex Angliae', nicht 'Anglorum' auf seinem Siegel nennt.

Zunächst betrachten wir den ständigen Beirath, der technisch freilich erst unter der Regierung Richards II. gegen Ende des 14. Jahrhunderts, also in der folgenden Periode, seine Gestaltung erhalten hat. Aber an sich ergab sich die Nothwendigkeit eines constituierten engeren Berathungskörpers während der einzigen Zeit der Minderjährigkeit eines Königs in diesem Zeitraume, der Heinrichs III. Noch hatten bis dahin des Königs persönliche Rathgeber keine anerkannte Position. Mit der Einsetzung von fünfundzwanzig Baronen, den Mayor von London eingeschlossen, und ihres kleineren Ausschusses von vier berechtigten Rathgebern der Krone (durch die Magna Charta vom 15. Juni 1215) als Aufsichtsbehörde erhielt der Gedanke eines ständigen Beirathes der Krone zu Johanns Zeit zuerst Ausdruck. Der gleichen Einschränkung musste sich, wie bemerkt, Heinrich III. (11. Juni 1258) unterwerfen, indem er zur Erwählung von vierundzwanzig Räthen mitwirken musste, deren vier theils persönlich die Regierung überwachten, theils durch Ernennung eines Ausschusses von Fünfzehn — der die eigentliche Administration führte, auch die obersten Beamten mit ernannte — das Königthum durch eine Oligarchie fast ersetzten.[1]) In der That waren es schon die anwesenden geistlichen und weltlichen Barone, welche nach Johanns Tode Wilhelm von Pembroke zum Regenten bestellten, Justitiar, Kanzler und Schatzmeister ernannten. Nach dessen Tode scheint auch Hubert de Burgh von derselben Autorität das Amt des Justitiars bestätigt erhalten zu haben; ein im Jahre 1226 von dem 'gemeinen Rathe' bestellter Kanzler weigerte sich im Jahre 1236 ohne dessen Genehmigung zu resignieren.

Unter des Grafen von Pembroke Verwaltung treten nun die vornehmsten Rathgeber zuerst als 'oberster, edler und kluger Rath' auf, an welchem gemeinsam mit dem Könige Petitionen und Briefe gerichtet werden. Neben den drei genannten Würdenträgern haben hier auch der Legat-Vicekanzler und ein Bischof Sitz als Räthe, auch 'Grössere' 'Magnaten vom Rathe'. Selbst der Prätendent Ludwig hatte

---
[1]) Sel. chart. 371 ff.

einen solchen Rath. Hieraus hat sich unter Heinrich III. ein 'continuel conseil', 'familiare' oder 'secretum consilium' entwickelt, bestehend aus den obersten Staats- und Hofbeamten, den Richtern der drei Collegien, einer Anzahl Barone und von dem Papste zugestandener Bischöfe, sowie persönlichen Günstlingen des Königs. Die Mitglieder werden förmlich ernannt, vereidigt und entlassen.

Dieser Geheime Rath übernahm nach Heinrichs Tode die Regierung für den abwesenden Edward I., der dann auch geschworene Secretäre in denselben einführte. Der Geheime Rath unterstützt den König in seiner richterlichen wie administrativen Thätigkeit in regelmässigen Sitzungen. Seine Mitglieder, soweit sie nicht ohnehin ein Recht auf Theilnahme als Reichsbarone haben, werden vom Jahre 1295 an vom Könige durch besondere Ladung eingeladen, als seine Rathgeber an den Sitzungen des Parlamentes Theil zu nehmen.

Die juristischen Beiräthe, die auch zuweilen als besonderer Stand bezeichnet werden, waren dort sehr unbeliebt, und die Theilnahme des Geheimen Rathes erschien wesentlich wegen der nichtjuristischen Mitglieder erträglich. Wenn die ausländischen Günstlinge als Mitglieder des Rathes unter Johann durch die Magna Charta, unter Heinrich III. durch die Oxforder Provisionen vertrieben wurden, so ist gar Edwards II.

verhasster Günstling, Peter von Gaveston, am 19. Juni 1312 von seinen persönlichen Feinden unter den Baronen hingerichtet und damit eine Verletzung der königlichen Autorität geübt worden, deren Nachahmungen erst mit dem Ausgange der Plantagenets selbst (1485) endeten. Zuweilen bilden aber die Mitglieder des Geheimen Rathes mit den weltlichen Baronen und Prälaten und mit Ausschluss der übrigen Stände das Magnum Concilium, ein Name, der auch gelegentlich einer Conferenz der drei Stände mit dem Geheimen Rathe gegeben wird.[1]) Zu einer Scheidung der Befugnisse des letztern ist es in dieser Periode nicht gekommen.

Sehr wesentlich unterscheidet sich aber dieser neue königliche Rath von demjenigen, welchen der Eroberer als nationale Vertretung in den Witan vorfand und ehrte. Durchaus ist hiebei festzuhalten, dass die Vorstellung eines geschlossenen Adelsstandes, wie ein solcher in angelsächsischer Zeit und vielleicht noch in der normännischen Generation nach der Eroberung bestand, bereits im dreizehnten Jahrhundert in England verschwunden oder im Verschwinden ist. Ausdrücklich gestattete König Edward I. die Vermählung seiner Tochter mit einem einfachen Ritter, indem er erklärte, bei rechter Ehe komme kein Standesunter-

---

[1]) Für das Bisherige: Stubbs I. 553, II. 40 f., 255, 191, 266.

Büdinger, Englische Verfassungsgeschichte. 13

schied in Betracht. Als dem englischen hohen Adel angehörig kann daher schon in dieser Zeit nur eine Person angesehen werden, in deren Titel ein erbliches Amt bezeichnet oder verstanden ist.¹) Die so Ausgestatteten haben auch den Anspruch, von dem Könige zu Rathe gezogen zu werden.

Die Berathung heisst im 12. Jahrhundert im Allgemeinen 'colloquium'; aber schon 1175 wird bei einem Schriftsteller das Wort Parlament gebraucht und in einem Act von 1244 wird die Versammlung, der die Magna Charta bewilligt ward, genannt: 'Parliamentum Runimedae'. In den Urkunden führen aber die Vereinigungen der geistlichen und weltlichen Grossen, deren Beistimmung erwähnt wird, noch keinen technischen Gesammtnamen. Zum Unterschiede von den grossen Hoftagen, bei denen, wie 1086 in Salisbury, zuweilen alle Ritter oder doch höheren Lehnsleute zu erscheinen verpflichtet wurden, wird schon die Versammlung, welche die Statuten von Clarendon im Januar 1164 genehmigte, mindestens bei einem Geschichtschreiber als 'generale concilium' bezeichnet.²) In den Statuten selbst ist nur die Rede von Erzbischöfen, Bischöfen, Clerus, Grafen, Baronen und Vornehmen oder Edleren, und Aelteren oder

---

¹) Stubbs II. 176 flg.
²) Stubbs I. 464, 570, 575.

Weiseren des Reiches.¹) In der Clarendoner Assise von 1166 liest man überhaupt nur 'nach dem Rathe aller seiner Barone'; die von Northampton lässt selbst diesen Beisatz weg. Namentlich in den Jahren 1176 und 1177 sind solche Versammlungen wiederholt gehalten worden, um, wie zu Richards Zeit durch den Justitiar im Jahre 1197, über schwierige Rechtsfälle, Sheriffverfahren, Vertheilung irischer Ländereien — schon 1155 über die Rathsamkeit einer Expedition nach Ireland — auch wohl überhaupt über Frieden und Sicherheit des Reiches, ja über ein dem Könige überwiesenes spanisches Schiedsgericht zu berathen. Dass ein königliches Begehren jemals zu Heinrichs II. Zeit abgeschlagen worden wäre, wird aber nicht überliefert.

Diese Gesammtheit der Barone erhob im Jahre 1191 Johann zum 'summus rector totius regni'²) wie auch 1216 der Graf von Pembroke den Titel 'regis rector et regni' empfing. Die persönliche Ladung der directen Lehnsträger zu solchen Versammlungen wird wie ein mythischer Anspruch schon zu König Stephans Zeiten erwähnt, da einmal von solchen die Rede ist, 'welche bei berufenem Rathe angeblich (ut dicitur) mit eigenen Namen gerufen zu werden gewohnt waren'. Aber wahrscheinlich dürfte die persön-

---
¹) Stubbs I. 485 und Sel. chart. 131.
²) Stubbs I. 563. Vgl. oben S. 139.

liche Ladung als Rechtsanspruch erst 1175 anerkannt worden sein; damals hat Heinrich II. verfügt, die neuerlich in Waffen gegen ihn Gestandenen sollten nicht ohne solche bei Hofe erscheinen.¹) Die älteste erhaltene Einladung datiert von König Johann aus dem Jahre 1205 und ist an den Bischof von Salisbury gerichtet 'mit uns zu verhandeln über unsere grossen und schwierigen Geschäfte und den gemeinen Nutzen des Reiches'; speciell über eine Botschaft des Königs von Frankreich 'entspricht es, Euren Rath und den der übrigen Magnaten unseres Landes zu haben'.²) Im Uebrigen bestand seit Einrichtung des Schatzamtes auch die der Ladung der Grafschaftseingesessenen durch die Sheriffs; in der ersten Magna Charta (Art. 14) heisst diese Allen gemeine Ladung: 'summonitio'.

In einer politischen Berathung sind aber Grafschaftsvertreter in dieser Weise doch erst und auch diesmal nur ausnahmsweise am 7. November 1213 und zwar 'vier verständige Männer' aus jeder Grafschaft, welche die Sheriffs bezeichnen sollen, zu erscheinen aufgefordert worden.³) Entscheidend für Berechtigung, ja legale Existenz dieser Versammlung wurde, dass nach den früher erwähnten beiden Steuerverweigerungen des Clerus in der ersten Magna Charta

---

¹) Stubbs I. 567.
²) Stubbs, Sel. chart. 274.
³) Vgl. oben S. 173.

durch den 12., 13. und 14. Artikel die Befugniss ertheilt wird, Steuerbewilligungen zu berathen. Diese Bestimmung, die sich jedoch in den Redactionen des Regenten von 1216 und 1217 nicht findet, verfügt Folgendes: Die drei Fälle der Lösung des Königs aus Kriegsgefangenschaft, der Schwertleite seines ältesten Sohnes und der Vermählung seiner ältesten Tochter ausgenommen, sollen Schildgeld und Kriegssteuer, 'auxilium', fortan nur durch den gemeinen Rath, 'commune consilium', 'unseres Reiches' mit Beiziehung der Bürgerschaft Londons beschlossen werden. Das 'commune consilium' aber soll geladen werden durch königliche Einzelschreiben an Erzbischöfe, Bischöfe, Grafen und grössere Barone, die übrigen persönlich Belehnten sollen durch Sheriffs und Baillifs 'insgesammt' geladen werden. Die Ladung soll mindestens vierzig Tage vor dem Termine mit Angabe des Ortes und Gegenstandes der Berathung erfolgen.

Die Grafschaftsversammlung ist freilich beibehalten worden,[1]) doch nur zu gerichtlichem Zwecke und mit Ermässigung der Pflicht ihrer Abhaltung in jedem Monat einmal oder noch seltner, wenn so das Herkommen; die königlichen Beamten brachten aber bei den zunehmenden Befreiungen der Eingesessenen von der Präsenzpflicht schon im 13. Jahrhundert, wie Klagen

---

[1]) Art. 42 der Recension von 1217. Sel. chart. 337.

von 1224 und 1258 beweisen, nur mühsam die nöthige Zahl zusammen, um die Assisen zu halten, d. h. ausser den gerichtlichen Parteien nur die Vertreter der Landgemeinden.[1]) Einer besondern Ladung zu einer ausserordentlichen Vollversammlung waren freilich Alle nachzukommen verpflichtet. Diese sorgfältige Festhaltung der Provincialfreiheit und -Repräsentation ist aber, wie wir sogleich sehen werden, die Grundlage geworden, auf der es dem Königthume gelang, die Mitwirkung auch der mittleren und selbst niederen Classen zu der politischen Action des Reiches zu gewinnen.

Zunächst aber blieb, trotz des in den späteren Recensionen der Magna Charta nicht wiederholten gesetzlichen Anspruches, zwar nicht ein Reichstag oder 'commune consilium' — wie es unter Heinrich II., Richard und nachweislich in jenen beiden Fällen unter Johann berufen wurde — aber doch eine sie ersetzende Versammlung der geistlichen und weltlichen Grossen für die Berathung wichtigerer Angelegenheiten. Diese scheint mindestens seit dem Jahre 1254 technisch als Magnum Concilium bezeichnet worden zu sein; das Wort Parliamentum wird dagegen noch unterschiedslos für Geheime Rath, Versammlung der Grossen und Reichstag gebraucht, bis es seit dem Jahre

---

[1]) Stubbs II. 206.

1295 regelmässig auf den letztern allein angewendet wird.¹)

Das Magnum Concilium hat auf wirkliche königliche Berufung — von der nur formellen noch näher zu besprechenden durch Simon von Montfort im Jahre 1265 abgesehen — bis zu diesem Jahre die Rechte eines wahren Reichstages factisch und bis zu dem Statute von Mai 1322 auch rechtlich geübt. Das ist die Form des Parlaments, welche im Jahre 1258 die Provisionen von Oxford bestimmte und vier politische Ausschüsse bestellte. Neben den Vierundzwanzig, welche die vier ständigen Beiräthe, die Erwähler der Fünfzehn, ernennen, sind noch andere Vierundzwanzig als finanzielle Vertretung aufgestellt worden: so suchten sie die königliche Regierung zu ersetzen. Auch nach der noch zu erörternden Veränderung der Zusammensetzung des Parlamentes im Jahre 1295 blieb das Magnum Concilium als Beirath, dessen gerichtliche Befugnisse später auf das Haus der Lords übergingen.

Zum letzten Male hat aber dasselbe im Jahre 1311 die Rechte des Reichstages zur Einsetzung einer dem Königthume derogierenden Regierung, der einundzwanzig Ordner (Ordainers), verwendet. Schon bald nach Edwards II. Regierungsbeginn war bei seinem drücken-

---

¹) Doch vielleicht die neunte unter den 35 Ordonnanzen des Jahres 1311 ausgenommen, in welcher noch einmal von den 'Baronen im Parlamente' die Rede ist. Stubbs II. 331 bezweifelt es; vgl. II. 224.

den Geldmangel von der Einsetzung eines solchen die Rede gewesen; auf einem Reichstage vom April 1309 hatten dann namentlich die Gemeinen eine Zusammenstellung von Beschwerden bewirkt, welchen der König abhelfen zu wollen gelobte. Missregierung, Geldnoth und unwürdiges Verfahren gegenüber der Erhebung Schottlands veranlassten, dass Edward II. am 16. März ein verderbliches Zugeständniss, zunächst um seinen Günstling Gaveston zu retten, abgerungen ward. Hienach überliess er die Regierung einem Baronenausschusse, der in jenen Einundzwanzig an ihrer Spitze des hingeschiedenen edlen Königs Edward I. Widersacher, der Erzbischof Winchelsea am 20. Mai gewählt wurde.

Wie die Bischöfe die ersten Wähler waren, so bestimmte auch der Eid der Ordner zuerst, dass ihre Verordnungen zu Ehre und Vortheil der Kirche dienen, demnächst aber 'zur Ehre des Königs, zu seinem und des Volkes Vortheil gemäss dem von ihm geleisteten Krönungseide'.[1]) Unter den zunächst von ihnen erlassenen sechs Verordnungen sind die für uns bedeutendsten: die dritte, nach welcher ohne Genehmigung der Ordner der König keine Vergabungen vornehmen darf, und die vierte, nach welcher die Steuern von den einheimischen Beamten unverkürzt in die Schatzkammer abgeliefert werden sollen. Der Reichs-

---

[1]) Vgl. oben S. 32.

tag, welcher sechs Tage später (am 8. August 1311) zusammentrat, fügte noch fünfunddreissig weitere hinzu. Unter diesen erscheinen wohl einige zur Sicherung der Wirksamkeit dieser grossen Körperschaft bestimmte, darunter die alljährlichen Zusammentrittes,[1]) welche 1330 und 1362 gar als Minimaltermin gefasst worden ist; auch die urkundlich verbrieften Rechte der Nation erscheinen hier wieder. Aber wie das Magnum Concilium die neue Regierung aufgestellt, und diese in jenen sechs Verordnungen schon die königliche Gewalt möglichst herabgedrückt hatte, so wurden nunmehr das Ernennungsrecht zu allen Aemtern, selbst in Ireland und Gascogne, Truppenaushebung und Kriegserklärung von der Beistimmung der Barone abhängig gemacht. Nach der entscheidenden Niederlage Edwards II. am Bannockburn-Bache bei Stirling (24. Juni 1314) durch die Schotten, durch welche alle Anstrengungen Edwards I. zur Gewinnung Schottlands vereitelt wurden, gingen die Ordner so weit, Edward II. auf ein Tagegeld von zehn Pfund zu beschränken. Als es dem Könige endlich gelang, nach Verbannung seiner neuen Günstlinge, der Despenser Vater und Sohn, durch die Barone bei Gelegenheit einer seiner Gemahlin widerfahrenen Beleidigung sich wieder zu erheben und den unbotmässigen Adel schwer zu züchtigen, da liess er auch

---

[1]) Stubbs II. 330, 336, 612.

dem Reichstage von York vom 2. bis 19. Mai 1322 die das Königthum wie die Gemeinen gleich sichernde Bestimmung treffen, von der zu Eingang dieses Kapitels die Rede war. Selbst achtundvierzig Abgeordnete aus Wales,[1]) je vierundzwanzig für jede Hälfte des Fürstenthumes,[2]) nahmen an diesem Grundgesetze Theil, welches eine Wiederkehr oligarchischer Herrschaft unmöglich machte. Nur Karl I. hat, wiederum in der Noth eines schottischen Krieges, das Magnum Concilium im September 1640 wieder zu beleben gesucht.

Aber in der Zeit seines anerkannten Bestandes hat es mindestens für die Berechtigung der weltlichen Mitglieder des Oberhauses die legale Gestaltung gebracht. Es wurde schon früher bemerkt, dass die persönliche Ladung eines Directbelehnten zum Heere mit der zum Rathe sich keineswegs deckt. Aus einer Zusammenstellung[3]) ergibt sich, dass zwischen den Jahren 1263 und 1297 zwischen 118 und 165 zum Heere, zu dem Parlamente von 1265 durch Simon von Montfort aber nur 23, beziehungsweise 33, zu dem von 1295 aber 41, zu dem des folgenden Jahres 37 geladen wurden, zu dem von 1300 dagegen 98 Lords und 38 Räthe. Von da an scheint sich festgestellt zu

---

[1]) Sie erscheinen auch bei Edwards II. Entsetzung 1327, dann aber erst wieder unter Heinrich VIII. 1541.
[2]) Pauli IV. 276.
[3]) Stubbs II. 202 ff. Dodd, Manual 526 erweist sich hier nicht gut unterrichtet. Für 1265 findet sich die Begründung der Zahlen unten S. 205.

haben, wenn es nicht schon seit Heinrich II. Uebung war, dass der König zum Reichstage nicht alle grossen Besitzer von Kronlehen lud. Solche befahl er freilich zum Kriege speciell, und diese sind sowohl hier an der Spitze ihrer Vasallen erschienen, als sie mit dem Schatzamte direct verhandelten, und als sie nur von ihres Gleichen bei Amerciment beurtheilt werden konnten. Anderseits ist aber auch nachweislich, dass unter den Geladenen sich solche, wenn auch wohl Wenige befanden, deren Besitz nicht auf directe Kronbelehnung ging. Erst von Edward I. datiert sonach wahrscheinlich die eigentliche 'Peerage' oder erbliche Zugehörigkeit zum Oberhause.

§. 8. *Die Gemeinen im Parlamente.*

18. Vorlesung.

Die Herbeiziehung von Vertretern anderer Bevölkerungsclassen zu den Berathungen am Hofe des Königs hat, wie aus den früher bemerkten urkundlichen Erwähnungen von 'Aelteren' und 'Klügeren' erhellt, zu Heinrichs II. Zeit zuerst stattgefunden, unter Johann sind jene vier verständigen Männer aus der Grafschaft neben den Körperschaften der Barone und den Rittern am 7. November 1213 geladen worden.[1] Auch das ist erwähnt, wie durch die erste Recension der Magna Charta der Allen gemeine Rath mit Theilnahme der Londoner gesichert, in den spätern Recensionen aber

---

[1] S. oben S. 173.

wieder aufgegeben ward. Während einer Abwesenheit Heinrichs III. haben die Regenten, seine Gemahlin und sein Bruder Richard, auf den 26. April 1254 nach Westminster zu einem Magnum Concilium auch Vertreter des Clerus jeder Diöcese und je vier erwählte Ritter jeder Grafschaft geladen; aber diese hatten nur anzugeben, wie viel Geld ihre Wähler dem Könige steuern wollten.¹) Das Entscheidende geschah doch erst in den Kämpfen, welche auf Grund der Oxforder Provisionen von 1258 im Interesse der englischen Volksfreiheit und in Verbindung mit den edlen Franziskanern jener Zeit Simon von Montfort führte. Er stritt gegen die Ausbeutung des Landes durch die ausländischen Günstlinge Heinrichs III. und gegen dessen Willfährigkeit, päpstlichen Anmuthungen gegenüber. Da erst ist es zu einer wahren Vertretung der Nation gekommen.

Schon im Sommer des Jahres 1261²) haben die Provisoren in Nachahmung des Vorganges von 1254 je drei Ritter aus jeder Grafschaft zu einem Parlamente der Barone nach S. Albans geladen; der König hat aber die Berufung gekreuzt. Nach seiner Besiegung bei Lewes im Mai 1264 musste er in ein Parlament willigen, das in London am 23. Juni zusammentrat und in welchem auch, wie das Ladungs-

---

¹) Stubbs II. 68.
²) Pauli, Simon von Montfort 115, 145, 163.

formular an die Sheriffs sagt, 'aus den gesetzeskundigeren und einsichtigeren Rittern genannter Grafschaft durch derselben Grafschaft Genehmigung Erwählte' erschienen, d. h. Vasallen durch Wahl. Hier ward der Compromiss beider Theile, die Misa von Lewes, im Einzelnen vorläufig ausgeführt.

Freilich wurden nun alle Gegner des Königs, vor Allem Simon der Protector oder Graf-Justitiar, von Papst Urban IV. in Bann gethan; um so mehr schloss sich aber das Volk und der niedere, sowie ein Theil des höheren Clerus mit den Minoriten ihm an. Da liess er (24. December 1264) von Woodstock die Ausschreiben zu einem neuen Parlamente ergehen. Zu demselben wurden mit dem höhern Clerus fünf Grafen und achtzehn Barone, denen später noch zehn hinzugefügt wurden, durch die Sheriffs aber auch wie 1254 eigentliche Volksvertreter berufen: je zwei Ritter von jeder Grafschaft. Dazu sendeten zum ersten Male die Städte York, Lincoln und 'die übrigen Flecken' je zwei Bürger, die fünf Hafenstädte je vier Männer; die Zahl der Vertreter Londons ist unbekannt. Am 23. Januar 1265 trat dies Parlament zusammen, in welchem, wie nirgends im damaligen Europa, die Gesammtheit der Freien, hier nach der uralten Grafschaftsordnung, vertreten war. Wegen der Kosten wurden diesen Volksvertretern freilich die Verhandlungen bald genug lästig, die desshalb auch beschleunigt wurden. Hier wurden unter Anderem die Misa von Lewes und die Magna Charta bestätigt, auch neue Sicherheit gegen Fremdenherrschaft gewonnen.

Der Thronfolger Edward I., der in ehrenvoller Haft bei Graf Simon seinem Oheim das Weihnachtsfest in Kenilworth beging, hatte reichliche Gelegenheit, sich von den Ideen des Protectors zu dieser Zeit zu unterrichten und die Stärkung kennen zu lernen, welche der Regierungsgewalt durch die angerufene legale Mitwirkung des Volkes erwachsen musste. Immerhin entschloss er sich, nach Simons Fall (in demselben Jahre 1265 bei Evesham) und seinem eigenen Gelangen zur Herrschaft (1272), doch erst nach einer glorreichen Glückswendung das grosse Beispiel nachzuahmen und es in einem Momente grosser Bedrängniss zu einer bleibenden Reichsinstitution zu machen. Es geschah in den Jahren 1283 und 1295. Vergegenwärtigen wir uns hier noch einmal die Bedeutung des Ereignisses.

Die vierundsiebzig Ritter, welche, von allen ländlichen Grundbesitzern erwählt, in dem Parlamente von 1265 für die siebenunddreissig Grafschaften, ausser Chester und Durham, erschienen waren, bildeten nicht nur ein in keiner festländischen Vertretung[1] wiederkehrendes Element — daher alle vermutheten Nachahmungen ausländischer Einrichtungen unhaltbar

---

[1] Stubbs II. 189.

sind — sondern im Parlament auch ein natürliches Band zwischen den ihnen nach Lebensstellung und Gewohnheiten nächststehenden Städten und dem Adel. Freilich war die doppelte Zahl schon 1254, aber nur zur Nennung der die Steuerwilligkeit ihrer Committenten bezeichnenden Summe, nicht zu einer Berathung berufen worden.

Nun kamen sie als wahre Repräsentanten und ihrerseits aus einer Repräsentativbehörde, dem ´Grafschaftshofe`, der in monatlichen Sitzungen gerichtliche, administrativ-finanzielle, polizeiliche und militärische Angelegenheiten des Bezirkes unter Leitung der königlichen Beamten, besonders des Sheriff, ordnete. Schon hier waren principiell und bei ausserordentlichen Berufungen auch factisch alle Stände vertreten. Die Grafschaftsabgeordneten brachten also, einmal legal berufen — nicht wie in der ausserordentlichen Lage der Regentschaft von 1254 oder Simons von Montfort 1265 — ein Element in das Consilium Commune, das sich nicht wieder ausscheiden liess. In der That war aber die Genehmigung auch der kleinen Grundbesitzer und selbst der freien Villanen nicht neu. Sie wird bei Geldverwilligungen der übrigen zum Reichstage vereinigten Stände in den Jahren 1232 und 1237 in Einhebungsbefehlen[1]) erwähnt, und das kann, da diese

---

[1]) Sel. chart. 351, 357.

notorisch nicht im Reichstage vertreten waren, nur von einer im Grafschaftshofe erlangten Genehmigung verstanden werden.¹) Auf alle Fälle konnte die Berufung der neuen Repräsentanten nur durch die Sheriffs stattfinden.

Etwas anders stand es mit den Städten, von denen einige, wie namentlich London, doch wahres Baronialrecht und daher auch einigen Anspruch auf directe Ladung hatten. Simon von Leicester hatte sie jedoch — von London selbst ist freilich keine Nachricht erhalten — wie die Grafschaftsvertreter durch die Sheriffs geladen.

So liess Edward I., als er Ende 1282 während des Waliserkrieges Geld bedurfte und mit dem Clerus der beiden Erzdiöcesen auch die Laien beider Landestheile getrennt, in Northampton und York, verhandeln lassen wollte, je vier Vertreter von Städten und Flecken, aber wieder, wie 1254, auch je vier Ritter von den Grafschaften durch den Sheriff berufen, die auch wirklich im Januar 1283 so getrennt verhandelt haben. Die Verdoppelung der Grafschaftsvertreter, die auch 1294 noch einmal stattfand, war nicht ohne Verletzung der übrigen Stände festzuhalten.

In demselben Jahre noch (September 1283) berief er einen grossen Laientag nach Shrewsbury, insofern

---

¹) Da die Worte schwerlich, wie Stubbs II. 242, alternativ annimmt, als legale Fiction aufgefasst werden dürfen.

genauer nach seines Oheims Modell, als er nur zwei Grafschaftsritter durch die Sheriffs laden liess, aber diesmal mit directer Ladung an die Stadtobrigkeiten je zwei Vertreter von zwanzig Städten. Sie sollten Zeugen seines Triumphes sein, indem die weltlichen Barone David, den gefangenen Bruder des letzten Waliserfürsten, unter Mitwirkung der Richter und Geheimräthe zum Verräthertode zu verurtheilen hatten. Der Clerus konnte, als in einer Blutsache, nicht geladen werden.

Zu einem Reichstage am 15. Juli 1290 wurden die Sheriffs, zwei 'oder drei' Ritter aus der Grafschaft wählen zu lassen angewiesen. Hier ward mit dem Statute 'quia emptores terrarum' die Zahl der kleinen Grundbesitzer vermehrt und ein neuer Riss in die Macht der grossen durch die Bestimmung bewirkt, dass bei Landkäufen der Käufer zugleich in das lehnrechtliche Verhältniss des bisherigen Besitzers trete. Formell ist dasselbe mit Genehmigung der Magnaten freilich vom 8. Juli datiert worden; aber man kann kaum[1]) annehmen, dass die Grafschaftsvertreter, in deren Interesse es doch erlassen zu sein scheint, wirklich nicht bei demselben zugezogen worden seien.

Die zunehmenden Schwierigkeiten der Empörungen in Wales und Schottland, neben dem Kriege gegen Frankreich, veranlassten den grossherzigen König am

---

[1]) Wie Stubbs II. 122.

letzten September und 1. October, mit Einhaltung der vierzigtägigen Frist, auf den 13. November 1295 das erste volle Parlament im spätern Sinne zu berufen. Mit den zwei Grafschaftsrittern werden von nun an auch die städtischen Vertreter in dem Grafschaftshofe gewählt; für beide gleichmässig ergeht daher die Ladung durch die Sheriffs.

In dem Drange seiner Kriege für die Ehre und Macht des Reiches erlaubte sich nun wohl Edward in den nächsten beiden Jahren, auch unbewilligte Steuern in Geld zu erheben und Confiscationen von Wolle, Leder, Korn und anderen Waaren vorzunehmen, Beides von Geistlichen und Laien. Nach langen vergeblichen und beiderseits drohenden Verhandlungen erschienen an demselben 22. August 1297, an welchem der König nach Flandern abgegangen war, Marschall Bohun und Constable Bigod, im Namen der Barone und von der Londoner Bürgerschaft unterstützt, im Schatzamte mit einem Proteste gegen die Wollconfiscationen und Auxilienerhebung vor neuer Bestätigung der Freiheitsbriefe und vor Anerkennung des Steuerbewilligungsrechtes.

Mit den nach London von der Regierung entbotenen je zwei Vertretern der Grafschaften (die Städte wurden nicht berufen) setzten sie am 12. October ihre Forderungen durch. Dazu wirkte wohl mit, dass der König durch seinen Streit gegen Papst Bonifacius über die Bulle 'clericis laicos' erst im Juli 1297 doch nur formell, wenn auch herzlich, den Kampf mit dem Clerus beigelegt hatte. Der Regent Prinz Edward, der erst im Jahre 1301 den Titel eines Prinzen von Wales erhielt, genehmigte sie an diesem Tage. Am 5. November 1297 ertheilte auch der König von Gent aus seine Genehmigung.

Denn wie die englischen Politiker, namentlich des 17. Jahrhunderts, stets angenommen haben, sind die Acte des Regenten das Entscheidende. Diese sind in zwei Ausfertigungen erhalten, welche sich wie die neunundvierzig Artikel der Barone zu der Magna Charta von 1215 verhalten. Die lateinische, besonders gern angerufene, von sechs Artikeln, nur in Geschichtschreibern überliefert, handelt 'de tallagio non concedendo' und reserviert nicht die Rechte des Königs. Die französische, von dem Regenten bezeugt und mit dem grossen Siegel versehen, meidet das Wort Steuerrepartierung (Tallage). In sieben Artikeln führt sie auf: die Bestätigung der Freibriefe; die Nichtigkeit aller denselben widersprechenden Maassregeln; die Vorschrift ihrer Publication in den Kathedralen und alljährlicher Verlesung; die Excommunication aller Verletzer derselben; die Sicherheit, dass die letzten Erhebungen unbewilligter Steuern kein Präcedens bilden; die Versicherung, dass sie in Zukunft nur nach ordentlicher Verwilligung des Königreiches und zu dessen Besten erhoben werden sollen; endlich beseitigt sie die

Malatolta (ungerechte Abgabe) auf Wolle, wenn nicht ordentlich verwilligt. Immerhin werden in beiden letzteren Sätzen, worauf die beiden ersten Stuarts im siebzehnten Jahrhundert mit Recht Gewicht legten, die herkömmlichen Einnahmen des Königs in Geldhilfen (aids), Erhebungen (prises) und Zöllen gesichert.

Nach seiner Rückkehr aus Flandern und Abschluss des Krieges mit Frankreich (März 1298), wurde Edward vor einem neuen Kriegszuge gegen Schottland um eine weitere freie Bestätigung seiner Zugeständnisse von dem im Mai in York ohne den Clerus versammelten Parlamente gebeten. Er liess hierauf durch den Bischof von Durham, der ja [1]) zugleich das alte Grafschaftsrecht besass, und drei weltliche Grafen die Bestätigung versprechen, wenn er siegreich gegen Schottland sein werde. In der That gewährte er sie echt königlich hierauf am 8. März 1299 mit einer Clausel, und da diese Unwillen erregte: ohne solche, am 3. Mai, wie er denn jetzt erst auf das Forstrecht seiner normännischen Vorfahren verzichtete, das er nachträglich, auf eine Absolution Papst Clemens V. von 1305 gestützt, doch wieder in Anspruch nahm. So konnte denn das nächste volle Parlament (März 1300) in einer Reihe von 'articuli super cartas' alle etwa übersehenen Mängel beseitigen, Geschworenenordnung,

---

[1]) Vgl. oben S. 117.

Verpflichtungen und Berechtigungen der königlichen Gerichte definitiv regeln. Wie gewaltig es dem Könige im Jahre 1301 und 1307 in seinem Kampfe gegen die päpstlichen Ansprüche auf Schottland um die päpstlichen Gelderhebungen zur Seite stand, wurde früher erörtert.

Ein Abschluss dieser legalen Einschränkungen des Königthumes war durch die Berechtigung der Vertreter von Grafschaften und Städten, zu den Verhandlungen zugezogen zu werden, gewonnen. Auch sie bildeten nun, wie Clerus und Barone, eine Corporation im Parlamente, die auch gesondert tagen mochte. Sicher ist das jedoch erst im Jahre 1332 nachweislich, während auch die beiden anderen Stände getrennt beriethen; erst im Jahre 1341 scheinen die Gemeinen definitiv den Capitelsaal oder das Refectorium von Westminster bezogen zu haben, während die 'Grantz' damals vielleicht auch zuerst zusammen tagten,[1]) obwohl sich die Geistlichkeit das Recht vorbehielt, ihre Verhältnisse zum Staate mit Einschluss der Geldbewilligung in der Convocation zu regeln.

In dieser Zeit, zwischen 1295 und 1341, hat sich denn auch das Wort 'communitas', das noch in den Provisionen von Oxford von 1258 und in Edwards II. Kroneid von 1307 die Gesammtheit der Nation und ihre Vertreter bezeichnet, allmählich — wie in den all-

---

[1]) Stubbs III. 431.

gemeinen Ständen Frankreichs (seit 1301) und vielleicht bei dem herrschenden französischen Sprachgebrauche nach dortigem Muster — für die Vertreter der Grafschaften und Städte festgestellt.[1]) Pecuniär gesichert wurden die Letzteren im Jahre 1313, vielleicht nur durch Ordonnanz der Ordainers. Hienach erhielten die Ritter vier und die Bürger zwei, die von London aber seit 1296, gemäss dortigen Amtsbeschlusses, zehn Shilling täglich mit Berechnung der Zeit 'in eundo, morando et redeundo'. Die Sheriffs hatten von den betreffenden Communitäten, Grafschaften und Städten, die sich der Einhebung nach Möglichkeit entzogen, das Geld aufzubringen. Noch unter Heinrich VIII. wurde für die damals neu berufenen Abgeordneten von Wales, Chester und Monmouth in ähnlicher Weise gesorgt.

19. Vorlesung.

Viertes Kapitel.

Erwerbung der kirchlichen Hoheit.

19. Mai 1323 — 11. Februar 1531.

Es ist das nächste bedeutende Ziel dieser unserer Betrachtung, zu erkennen, wie nach wesentlicher Vollendung der legalen Einschränkungen durch die Miliz-, Gerichts-, Convocations-, Geheimraths- und Parlaments-

---

[1]) Stubbs II. 167, III. 483.

ordnung das Königthum stark genug blieb, die Kirche sich zu unterwerfen. Formell geschah es wohl durch eine ähnliche Bedrohung wie diejenige Edwards I. vom November 1296 gewesen war, als er durch seine Ungnade dem Clerus das Besteuerungsrecht abrang. So hat Heinrich VIII. nur die legal zu Stande gekommenen Gesetze gegen den Missbrauch päpstlicher Gewalt durch Legaten und Provisoren, die der Clerus nach des Königs eigenem Willen gebrochen hatte, unter Beistimmung der drei Richtercollegien zu bezeichnen brauchen, um die Convocation am 11. Februar 1531 zu der Erklärung zu nöthigen: dass sie ihn, soweit es Christi Gesetz gestatte, als das Haupt der Kirche Englands zunächst unter Gott, aber unbedingt als Souverän der Kirche und des Clerus von England anerkenne.

Diesen Process zu verstehen, betrachten wir zunächst in der bisher eingehaltenen Ordnung die nicht eben bedeutende, rein politische Entwickelung. Es kommt uns bei derselben zu Statten, dass wir es nun mit fest constituierten, gerichtlichen wie parlamentarischen Gewalten zu thun haben. Das Wichtigste aber ist, dass in dieser Periode fast unmerklicher Loslösung vom Papstthume sich die charakteristischen Forderungen formulierten, welche die englische Nation an ihr Königthum stellt, von dem sie Stärke und zarte Rücksicht auf die legalen Traditionen ihrer Eigenart verlangt, eine Erschütterung der Grundlagen ihres staatlichen Lebens aber nicht duldet. Gerade an den Thronwechseln lässt sich dies zunächst beobachten.

§. *1. Absetzungen.*

Absetzungen von Königen haben in dieser Periode wieder fast so häufig wie in angelsächsischer Zeit stattgefunden. Edward IV. ist 1470 durch Heinrichs VI. Wiederanerkennung, wie Ethelred 1013 durch Svein's Anerkennung der Witan, der Krone verlustig erklärt und gleich diesem nach Jahresfrist wieder in ihren Besitz hergestellt worden. Förmlich abgesetzt wurden aber Edward II. 1327, Richard II. 1399 und irgendwie Heinrich VI. 1461 und 1471, sodann Edward V. am 25. Juni 1483. Diese Absetzungen unterscheiden sich von den früheren nur durch den inzwischen entstandenen oder im Einzelnen formulierten judiciellen und parlamentarischen Apparat.

Edward II. fiel seiner Unfähigkeit und Unzuverlässigkeit halber, nachdem er unkönigliche Rache an seinen Gegnern genommen, Adel, Clerus und Londoner Bürger gegen sich aufgebracht, dem jüngeren Despenser wieder die Günstlingsstellung eingeräumt, eine willkürliche Königsgewalt mit ihm seit 1322 geübt hatte. Bei dem ersten ernstlichen Widerstande im Jahre 1326 wurde er von fast Allen verlassen. Vor der Anführerin seiner Feinde, seiner eigenen Gemahlin, Philipps IV.

Tochter Isabella, die am 16. September gelandet war, flüchtete er über Wales auf die See, deren Stürme ihn nach wenigen Tagen, am 29. October, wieder zurücktrieben. In einer Waliser Burg ist er am 16. November seinen Feinden in die Hand gefallen. In Bristol ward inzwischen der neunzigjährige Vater Despenser's, obwohl er die Stadt der Königin sofort übergeben hatte, als Verräther, ebenso sein Sohn am 24. November in Hereford hingerichtet.

An demselben 26. October, an dem der alte Despenser, der Schöpfer des Grundgesetzes von 1322, endete, wurde mit Zustimmung der Grossen für die gesammte berechtigte Bevölkerung, die 'communitas', des Reiches, die Erklärung abgegeben — die im Jahre 1689 nach Jacobs II. Flucht ähnlich gefasst von dem Conventionsparlamente Wilhelms von Oranien wiederholt wurde — dass das Reich von dem Könige verlassen sei; an Stelle desselben ward sein vierzehnjähriger Sohn Edward III. zum 'Custos' in des Abwesenden Namen ernannt. Das Parlament ward von dem neuen Regenten und der Königin unter dem grossen Siegel, das man Edward II. entriss, voll wie im Jahre 1322, auf den nächsten 7. Januar 1327 berufen. Prälaten und Magnaten schwuren, die Sache der neuen Regierung zu vertheidigen. Der Bischof Adam Orleton von Hereford leitete die Verhandlungen der Wahl Edwards III., gegen die doch vier andere Bischöfe protestierten. Ein Protokoll setzte in sechs Artikeln die Unwürdigkeit und Unfähigkeit des Königs zu weiterer Regierung, namentlich wegen Bruches des Krönungseides, auseinander.

Aber zu tief war die Legalität den Gemüthern eingepflanzt, um Gewaltacte für verbindlich halten zu können. Der unglückliche Fürst musste in rechtsgiltiger Form dem Geschehenen beizupflichten vermocht werden. Das geschah durch Deputationen; zwei bestürmten ihn ohne Erfolg, die dritte, bestehend aus drei Bischöfen, zwei Grafen, zwei Baronen und zwei Richtern, hat ihn bewogen, die Wahl und Krönung seines Sohnes zu genehmigen. Nun hatte ja solche Krönung bei seinen Lebzeiten auch Heinrich II. im Jahre 1170 an seinem Sohne vornehmen lassen, ohne an einen Verzicht zu denken; aber Edward II. sprach doch durch die Genehmigung des Protokolles seine eigene Absetzung aus mit Rücksicht auf die sechs Artikel des Actes, welche des Sohnes Erhebung aus der Unwürdigkeit des Vaters rechtfertigten. Hierauf erschien eine Abordnung von vierundzwanzig Repräsentanten des Parlamentes vor ihm am 20. Januar 1327;[1]) in derselben befanden sich auch 4 Grafschaftsritter und 4 Städtevertreter, darunter 2 von London; in ihrem Namen sprach Sir William Trussel, der erste

---

[1]) Stubbs II. 362.

bekannte Vorsitzende der Gemeinen.¹) Unterthanenpflicht und Gehorsam und alle geleisteten Lehnseide kündete er und erklärte, dass man in Edward fortan nur eine Privatperson erkenne. Der Oberstofmeister zerbrach dann noch seinen Stab. Am 24. Januar verkündete Edward III. seinen Frieden als neuer König; da sein Vater 'auf den Rath der versammelten Stände und freiwillig die Regierung niedergelegt habe', trete er sie auf denselben Rath an.²) Der Mord des entthronten Fürsten am 21. September desselben Jahres konnte sonach eigentlich nur wie jeder andere geahndet werden; doch hat Edward III., als er (19. October 1330) die Herrschaft seiner Mutter und ihres Günstlings Roger Mortimer, des Grafen von March, stürzte, bei dem Processe gegen den Letzteren und seine Helfer von der Entsagung Edwards II. ganz abgesehen, Absetzung und Ermordung desselben gleichmässig von den Peers untersuchen und bestrafen lassen.³)

Die Absetzung des überaus thatendurstigen, scharfsinnigen und höchst eigenwilligen Richard II., des wahren Gegenbildes seines unglücklichen Urgrossvaters Edward II., ist dagegen recht eigentliche Wirkung eines Verfassungsconflictes. Richard war eine Vormundschaft eines Geheimen Rathes⁴) von eilf Peers

---

¹) 'Vant-parlour' im französischen Texte. Vgl. oben S. 55.
²) Pauli IV. 301.
³) Pauli IV. 321.
⁴) En notre grand conseil et continuel.

mit Kanzler, Schatzmeister und Siegelbewahrer, am 19. November 1386, nach dem Muster der Ordainers, doch durch legales Statut, auferlegt worden. Am 3. Mai 1389 entzog er sich dieser Vormundschaft durch die einfache Erinnerung, dass er nun dreiundzwanzig Jahre alt, folglich mündig und entschlossen sei, sich seine Rathgeber selbst zu wählen. Aber durch acht Jahre führte er dann doch ein versöhnliches und für das Reich segensreiches Regiment, wie es die seit 1389 immer erneuerten Stillstände mit Frankreich ermöglichten und eine mässige Besteuerung ausdrückte. Des Königs Rathgeber machten auf dem Parlamente von 1390 ihr Verbleiben im Amte von dessen Genehmigung abhängig. Seinerseits erklärte dieses und wiederholte das im folgenden Jahre, dass des Königs Prärogative durch die Gesetzgebung seit Edward II. — doch wohl seit 1322 — unberührt sein solle.¹) Nach seiner zweiten Vermählung mit der achtjährigen Isabella von Frankreich (4. November 1396) trat, vielleicht durch den Anblick französischer Königsgewalt gereizt, Richards herrische Natur in Gewaltacten und Geldbegehren selbst von Privaten hervor. Die Gemeinen formulierten schon im nächsten Januar 1397 eine Beschwerde wegen der Regierung des letzten Jahres und den Hofaufwand, eine Beschwerde, die

---

¹) Stubbs II. 386, 508.

dem Antragsteller Haxey auf Richards Verlangen Verurtheilung als Verräther durch das Parlament zuzog: nur durch seinen geistlichen Charakter wurde er vom Tode gerettet und dann begnadigt.[1])

Richard kam nun auf die Ideen zurück, die er bald nach der Einsetzung der Elferregierung auszuführen gesucht hatte, die damals verhängnissvoll geendet hatten, zum Verständnisse seines Sturzes aber hier erörtert werden müssen.

Am 25. August 1387 hatte er sich von fünf Richtern zu Nottingham eine seiner Anschauung von uneingeschränkter Königsgewalt entsprechende Erklärung ausstellen lassen. Nach dieser Declaration der Richter war die Einsetzung jenes Ausschusses der Kronprärogative zuwiderlaufend und ein todeswürdiges Verbrechen, die Geschäftsleitung des Parlaments ein Vorrecht des Königs, ein Verfahren von Lords und Gemeinen gegen königliche Diener ungesetzlich, das neuerlich geschehene Verlangen der Vorlage des Absetzungsdecretes Edwards II. schlechterdings Verrath. Fünf Bischöfe und die beiden vornehmsten weltlichen Günstlinge hatten die Erklärung mit unterzeichnet. Aber sobald von ihr verlautete, ist es ganz vergeblich gewesen, dass Richard zu den Waffen griff: geschlagen, hatte der eine jener Günstlinge, des Grafen von Oxford

---

[1]) Stubbs II. 493.

Sohn Robert de Vere, von Richard zum Herzog von Ireland ernannt, nach den Niederlanden entkommen können, wo er starb; Anderen hatte Richard selbst zum Entkommen geholfen; aber das 'erbarmungslose Parlament', das vom 3. Februar 1388 durch 122 Tage sass,¹) verhängte zahlreiche Todesurtheile, auch des Oberrichters Tressilian. Nur durch die Intervention der Königin und des Clerus wurden die übrigen Juristen, der Oberrichter und drei Richter der Allen gemeinen Verhandlungen, der erste Baron des Rechnungshofes und der Rechtsconsulent der Krone zu Verbannung und Dürftigkeit in Ireland verurtheilt. Einzelne mussten gerade desshalb sterben, weil sie erklärten, auf ausdrücklichen Befehl des Königs gehandelt zu haben: denn sie hätten ja gewusst, dass dieser nach der Eingebung von Hochverräthern handle.²)

Allerdings hatte Richard den vornehmen Anklägern seiner Freunde feierlich verziehen. Aber jetzt, nach neun Jahren, da er den ersten Widerstand so leicht bewältigt hatte, brach die alte Erbitterung um so rücksichtsloser hervor. Unter seiner Einwirkung — nach Artikel 19 seiner Absetzungsurkunde bezeichnete er den Sheriffs die zu wählenden Grafschaftsvertreter — ward ein neues Parlament erwählt, das am 17. September 1397 in Westminster zusammentrat. Die Ver-

---
¹) Stubbs II. 482.
²) Pauli IV. 581.

zeihung der Appellanten von 1388 ward hier annulliert. Nach des Königs Wunsch wurden Strafsentenzen ausgesprochen, darunter die Verbannung des Erzbischofs von Canterbury, die Papst Bonifacius IX., der alle Acte dieses Parlamentes feierlich guthiess, unter Form einer Versetzung auf ein seine Obedienz nicht anerkennendes Bisthum in Schottland bestätigte. Sein Bruder, der Graf von Arundel, ward zu einfacher Enthauptung begnadigt. Am furchtbarsten erschien, dass des Königs Oheim Thomas von Gloucester in Calais, vielleicht auf königlichen Befehl, ermordet ward, noch ehe seine Schuld erwiesen war: noch nach seinem Tode ward die Verräthersentenz gegen ihn ausgesprochen. Nach Shrewsbury auf den 28. Januar 1398 vertagt, sass das Parlament dort nur drei Tage; aber während derselben bewilligte es dem Könige nicht nur erhebliche sonstige Subsidien für anderthalb Jahre, sondern auch einzelne, was seit Johanns Zeiten unerhört war, für sein ganzes Leben, wie die von Wolle, Häuten und Leder.

Das Stärkste aber war, dass dies Parlament, des Königs früheren Ideen nachkommend, seine ganze Gewalt einem Ausschusse von achtzehn, dem Könige durchaus ergebenen Männern delegierte, darunter zehn Lords als Vertretern ihrer Standesgenossen und zwei anderen als Anwälten des Clerus; sechs Lords und drei oder vier Gemeine sollten schon beschlussfähig sein.

Die ganze parlamentarische Ordnung war damit in formell legaler Weise aufgelöst. Die Artikel 8 und 17 der Absetzungsurkunde erklären das daher übertreibend und unrichtig für Verfassungsbruch; wie wenig es das war, zeigt die Thatsache, dass die Einsetzung eines solchen Ausschusses im ersten Parlamente nach Richards Sturz durch Statut untersagt werden musste.[1]) Gerade die formelle Legalität des Ausschusses bildete seine Gefährlichkeit. Richard soll gesagt haben: Englands Gesetz ist in meinem Munde oder meiner Brust. Auf das Tiefste war er von der reinen Erblichkeit und Grösse seines königlichen Anspruches durchdrungen und entschlossen, diesen bis auf das äusserste geltend zu machen. Er unterschätzte aber, wie später König Karl I., die noch zu besprechende Unzufriedenheit der Nation mit seiner kirchlichen Haltung und die Durchdringung des Volkes mit parlamentarischen Lebensformen.

So brach sein künstliches Gebäude auf leichten Anlass zusammen. Die beiden einzigen überlebenden Appellanten von 1388, denen er verziehen, ja für ihre Unterstützung in den letzten Jahren höhere Titel verliehen hatte, waren seine nahen Verwandten. Es sind sein eigener Vetter Herzog Heinrich von Hereford und Herzog Thomas von Norfolk gewesen, der Enkel

---

[1]) Stubbs III. 23.

eines jüngeren Bruders Edwards II. beschuldigten sich
gegenseitig des Hochverrathes und der letztere machte
sogar ein halbes Geständniss; normännischem Herkommen entsprechend wurde ihnen nach vorgängigem Beschlusse eines parlamentarischen Ausschusses von einem
Ritterhofe der Zweikampf auferlegt. Vor Beginn desselben verbot ihn der König;[1] er nöthigte mit Beistimmung des Parlamentsausschusses beide Prinzen
zum Versprechen der Auswanderung, den Vetter Heinrich zu zehnjähriger, Norfolk zu ewiger. Der Spruch
scheint völlig im Rechte begründet gewesen zu sein.

Auch das war formell in der Ordnung, dass sich
Richard hierauf nach Ireland begab, um die dortigen
Kelten zu strafen, die den muthmaasslichen Thronerben,
ihren Statthalter Roger Mortimer Grafen von March,
den Sohn Philippas (einer Tochter Herzog Lionels von
Clarence) und Edmunds von March, in einer Fehde
erschlagen hatten (20. Juli 1398). Selbst das ist begreiflich, dass Richard (18. März 1399) wieder mit
Zustimmung seines Parlamentscomités, nach dem Ableben seines Oheims, des Herzogs von Lancaster
(3. Februar 1399), die seinem gefährlichen verbannten Vetter Hereford gegebene Erlaubniss zurückzog,
einen Anwalt für die Verwaltung der Güter seines
Vaters zu ernennen und ihn des väterlichen Erbes

---

[1] Prist la bataille sur sa main, Pauli IV. 619.

Büdinger. Englische Verfassungsgeschichte.

beraubte; dessen ältesten Sohn Heinrich, als König der Fünfte, damals von Monmouth genannt, hat er als Geisel mit nach Ireland genommen. Denn er war in der That als eventueller Thronerbe doppelt gefährlich geworden, da des erschlagenen Roger beide Söhne noch Knaben waren. Aber gerade diese Enterbung wurde ihm verhängnissvoll.

Denn der verbannte Vetter setzte sich nun mit dem ebenfalls verbannten und von dem Papste schon begnadigten Erzbischof in Verbindung. Er erweckte die Erinnerungen an seinen mütterlichen Ahn Herzog Thomas von Lancaster, den durch Edward II. im März 1322 hingerichteten königlichen Vetter, dessen Heiligsprechung schon von Edward III. beantragt, dessen Grab als das eines Kämpfers gegen Tyrannei zu einer Wallfahrtstätte geworden war. Im Uebrigen vollzog sich der Umschwung wie im Jahre 1326. Auch Heinrich landete wie Isabella an der Ostküste, er am 4. Juli 1399, und setzte sich wie Jene mit dem unzufriedenen nördlichen Adel in Verbindung. Wieder ist der König in den entscheidenden Momenten nicht gegenwärtig; er langte erst in der ersten Augustwoche aus Ireland an.[1]) Wieder war bei des Königs Rückkehr Bristol (28. Juli) schon gefallen und über einige der vornehmsten Anhänger Richards dort die

---

[1]) Pauli IV. 629.

Todesstrafe verhängt worden. Schon am 17. August[1]) erklärte er sich gegen den zurückgekehrten Erzbischof Arundel und den Grafen von Northumberland zur Resignation bereit. Er ward von Heinrich nach Chester gelockt; 'gegen seines Vaters Rath habe ich ihm dreimal verziehen', sagte er schon in Dublin, als er die Nachricht von der Rebellion erhielt. Unter Vorwürfen wegen der Fehler seiner zweiundzwanzigjährigen Regierung ward er von dem gefährlichen Vetter genöthigt, ein Parlament auf den 30. September zu berufen. Am Nachmittage vorher (29. September) erschien eine Parlamentsdeputation von sechzehn Personen bei ihm, darunter auch Ritter, d. h. Gemeine, und Richter, in deren Namen Northumberland das Begehren der Kronentsagung aussprach.

Wenn nun[2]) der parlamentarische Bericht die Wahrheit meldet, so habe der König des Herzogs Heinrich und des Erzbischofs Gegenwart zunächst verlangt, nach deren Erscheinen aber den Act verlesen, der noch erhalten ist. Er entbindet durch denselben sein ganzes Volk von Lehnsband, Diensteid, Unterthanenpflicht und Gehorsam, verzichtet auf jeden Anspruch an das Königthum, jedoch mit bezeichnendem

---

[1]) Die Daten werden von Pauli IV. 630, vgl. 635, etwas anders als von Stubbs II. 502 ff., 631 gegeben, dem ich als dem späteren und von reichlicherem Urkundenmaterial unterstützten Forscher wesentlich folge.

[2]) Wie Stubbs II. 503 fortwährend annimmt, Pauli und einigermaassen auch Ranke bestreiten.

Vorbehalte der Rechte seiner Nachfolger, d. h. der Nächstberechtigten. Er gesteht¹) 'gewesen zu sein und geworden zu sein durchaus ungenügend und unnütz' und wegen seiner Handlungen die Absetzung verdient zu haben. Er gelobt eidlich, Nichts von dem Gesagten zurücknehmen zu wollen. Hierauf unterzeichnete er den Act, erklärte, wenn er ein Recht hätte — das er doch nur wegen des notorischen Erbfolgerechtes der jungen Mortimer ablehnen konnte — über die Nachfolge zu bestimmen, so würde er Herzog Heinrich bezeichnen; diesem steckte er den Königsring von seinem Finger an; zu seinen Anwälten für die Uebergabe der Absetzungserklärung ernannte er zwei Bischöfe.

Nach geschehener Uebergabe ward in dem im Thronsaale vereinigten Parlamente zuerst verhandelt, ob die Entsagung angenommen werden solle. Wieder wie im Jahre 1199 bei Johanns Erhebung hatte der Erzbischof von Canterbury das entscheidende Votum, indem er, von allen Anwesenden unterstützt, seine Zustimmung erklärte. Dann wurden die dreiunddreissig Artikel verlesen, durch welche die von Richard selbst erklärte Unwürdigkeit zur Krone gerechtfertigt wurde. Sieben Commissäre, darunter drei Ritter, erhielten nun den Auftrag, die Absetzung Richards zu verkünden.

---

¹) Pauli IV. 635.

Ueber die Absetzungen Heinrichs VI. und Edwards IV. sind wir weit weniger gut unterrichtet. Eine solche musste schon irgendwie bei der noch zu besprechenden eigentlichen Wahl oder Anerkennung Edwards IV. als des rechten Erben Richards II. durch die Ansprüche seiner Grossmutter Anna Mortimer, der Tochter jenes Statthalters Roger, am 4. März 1461 in Westminster stattgefunden haben. Auf dem nächsten Novemberparlamente wurde König Heinrich VI. wegen Bruchs des mit Edwards Vater über die Thronfolge geschlossenen Vertrages vom 25. October 1460 der Krone verlustig erklärt. Zugleich wurde er mit Annullierung aller im Herbste 1399 geschehenen Verurtheilungen und Absetzungen als Herzog von Lancaster[1]) mit seinem Anhange des Hochverrathes und der Verwirkung seiner Güter schuldig erkannt. Das Herzogthum Lancaster ist seitdem Eigenthum der Krone, formell des Thronerben geblieben.

Noch weniger ist über die nächste, auf dem Novemberparlamente von 1470 geschehene Wiedereinsetzung Heinrichs VI. und Absetzung Edwards IV. bekannt, da, mit Ausnahme der Einberufungsschreiben, alle Aufzeichnungen desselben verloren sind.[2]) Bei Edwards IV. Herstellung im nächsten Frühjahre

---

¹) Selbst das wäre er nach Richards Verfügung vom März 1399 nicht einmal gewesen.
²) Stubbs III. 208, 213.

(am 11. April zog er in London ein) fand eine neue förmliche Absetzung Heinrichs VI. nicht statt: am 21. Mai 1471 wurde er in der Stille ermordet, und ein Parlament überhaupt erst im nächsten October 1472 berufen.

Völlig formlos ist die nächste Absetzung, die Edwards V., erfolgt. Durch eine Ordonnanz des Geheimen Rathes wurde dem jungen Könige, der mit seines Vaters Tode (9. April 1483) als solcher anerkannt war, sein Oheim Richard von Gloucester mit dem Titel, der einst Simon von Montfort im Jahre 1264, dann den Herzogen von Bedford und Gloucester im Jahre 1422 gegeben war — einem ähnlichen wie dem eines 'regis tutor et regni' des Grafen von Pembroke im Jahre 1216 — als Protector beigeordnet (9. Mai); als solcher erliess dieser am 13. die Ausschreiben zu einem Parlamente auf den 25. Juni, also mit Einhaltung der uralten vierzigtägigen Frist. Dies Parlament scheint auch zusammengekommen zu sein, wenn es gleich nicht förmlich eröffnet ward.

Man erfährt nur, dass an eben diesem 25. Juni 'viele und verschiedene geistliche und weltliche Lords und andere und hervorragende Personen von den Gemeinen' vor dem Protector mit einer Schrift erschienen, in der sie ihn um Uebernahme der Krone baten. In dieser war ausgeführt, dass Edwards IV. allerdings Anfangs geheim gehaltene Ehe auch durch ein früheres Eheversprechen des Königs ungiltig, die ihr entsprossenen Kinder also illegitim seien und damit Edward V. für abgesetzt erklärt. Von diesem Tage an verschwindet er aus sicher bezeugter Geschichte. Ein eigentliches Parlament ward erst im nächsten Januar gehalten.

Aber auch Richards Königthum ward nach seinem Falle in der Schlacht von Bosworth (22. August 1485) von dem ersten Parlamente, das Heinrich VII. berief, für usurpatorisch und er, 'der Herzog Richard von Gloucester', als Rebell[1]) mit dreissig Anhängern für ausser dem Gesetze stehend erklärt.

§. 2. *Thronbesteigungen.*

20. Vorlesung.

Die Einsetzung der Könige erfolgt in dieser Periode durchaus nach dem Rechte der Erbfolge und selbst mit Anerkennung des weiblichen Linearanspruches. Wenn schon in der vorigen Periode der minderjährige Heinrich III. durch Mitglieder des Magnum Concilium anerkannt worden war, so fand am Tage nach dessen Tode (16. November 1272) eine ähnliche, doch zahlreichere Versammlung statt, welche sofort[2]) den Frieden des neuen, auf einer Kreuzfahrt abwesenden Königs Edward I. als Erstgeborenen ver-

---
[1]) Pauli V. 527.
[2]) Pauli IV. 2.

kündete, dem die Anwesenden am 20. November Treue gelobten; als seine Ansprüche an die Krone machte eine Proclamation an die Sheriffs geltend: Erbrecht, Willen und Eidesleistung der Grossen. Nach seinem Tode (7. Juli 1307) bei Edwards II. Thronbesteigung ward schon der Königsfriede verkündet, da er das Reich 'durch angestammtes Erbrecht'[1]) erhalten habe. Edward III. ist dagegen am 8. Januar 1327 gegen den Protest von vier Bischöfen von dem Parlamente noch vor der Abdankung seines Vaters, wenn auch nicht in geschäftsordnungsmässigen Formen[2]) zum Könige gewählt worden; notorisch war er freilich der berechtigte Erbe. Am 21. Juni 1377, seinem Sterbetage, bereits ward der Thronerbe, sein Enkel Richard II., von der City von London als neuer König in die Stadt geladen.[3]) Auch der Schein einer Wahl ward vermieden. Der elfjährige[4]) König blieb im Uebrigen unter Obhut seiner Mutter, der edlen Johanna von Kent, Prinzessin von Wales, Witwe des schwarzen Prinzen, die auch als Haupt des Hofes handelte; er erhielt aber einen Rath von zwölf Mit-

---

[1]) Par descente de heritage. Stubbs II. 315.
[2]) Pauli IV. 299. Stubbs II. 361.
[3]) Pauli IV. 505.
[4]) Also nach angelsächsischer Anschauung (vgl. ob. S. 78) volljährig; doch galt Heinrich VI. erst mit zurückgelegtem einundzwanzigstem Jahre (6. December 1442) als solcher; dass englisches Recht von Minorität eines Königs nichts weiss, wurde S. 33 bemerkt.

gliedern, darunter zwei Bannerherren und vier Rittern, welche neben Kanzler und Schatzmeister die Geschäfte zu leiten hatten. Der Erzbischof von Canterbury betonte in dem ersten Parlamente Richards, dass dieser geborener Herr und Kronerbe sei.[1]) Bei jedem Anlasse hat er, wie wir sahen, dies sein Erbrecht hervorgekehrt.

Aber im Parlamente von 1394 soll des Königs Oheim Johann von Lancaster bereits verlangt haben, dass sein Sohn Heinrich mit Hintansetzung der durch den Grafen von March repräsentierten Linie Clarence, als nächster Thronerbe erklärt werde;[2]) denn dessen Mutter Blanca von Lancaster (gestorben 1369) sei eine Enkelin des angeblichen Freiheitsmärtyrers, des Herzogs Thomas von Lancaster (gestorben 1322) gewesen, und dieser der Sohn Edmunds, der als König Edwards I. älterer Bruder zur Thronfolge berufen gewesen sei. Das letztere war freilich notorisch unrichtig; aber der Irrthum könnte aus gewissen Rechten in Bezug auf die Provence entstanden sein, die auf Thomas und nicht auf Edward II. aus den Ansprüchen ihrer Grossmutter Eleonore[3]) übergingen. Zunächst ward des Herzogs Johann Begehren nicht

---

[1]) 'Vous est naturel et droiturel seigneur lige, come dit est (s. o.) nemye par election ne par autre tielle collaterale voie, einz par droite succession de heritage.' Stubbs II. 443.
[2]) Stubbs II. 489.
[3]) Pauli IV. 222.

erfüllt. Aber als sein Sohn Heinrich im Jahre 1399 in Nordengland erschien, wo das Andenken an Herzog Thomas und dessen Widerstand gegen königliche Willkür so hoch gehalten ward, da hat er bald das anfänglich den Percys gegebene Versprechen vergessen, nicht nach der Krone streben zu wollen. Gerade auf den angeblichen Anspruch seiner Mutter begründete er den seinigen, als die Abdankung Richards II. am 30. September 1399 vollzogen war: 'da ich in gerader Linie von dem guten Herrn und Könige Heinrich III. abstamme'. Aber zwei weitere Argumente fügt er doch hinzu: 'mit Hilfe von Verwandten und Freunden hat Gott mich gesandt, mein Recht geltend zu machen', und: 'das Reich stand in Folge schlechter Regierung und Umstossung des Rechtes in Gefahr, unterzugehen'. Hierauf erklärten ihn alle Stände einstimmig zum Könige; Erzbischof Thomas Arundel hob seine Manneskraft im Gegensatze zu dem angeblichen Knaben Richard hervor. Der neue König Heinrich IV. aber erklärte hierauf, 'ausser den Schuldigen auf Grund der Eroberung Niemanden seines Erbes, seiner Freiheit oder seines Rechtes berauben' zu wollen.[1])

Auf die Sicherheit der Vererbung des Königthumes hatten diese zweifelhaften Begründungen des-

---

[1]) Pauli IV. 638 f.

selben keine Einwirkung: Heinrich IV. ist aller Aufstände Meister geworden, indem er das Recht des Parlaments sorgsam auch bei lebhaften Conflicten mit demselben wahrte; das Recht der Gemeinen ist bis zwei Jahrhunderte später niemals völliger geübt worden;[1]) sein Sohn Heinrich V. folgte ihm, als er am 20. März 1413 starb, ohne jede Schwierigkeit. Nach dessen Krönung trat das Parlament, das schon vor seines Vaters Tode getagt zu haben scheint, sicher ohne Neuwahl, am 15. Mai zu den erforderlichen Bewilligungen in einer dreiwöchentlichen Session zusammen. Als Erfolg seiner französischen Kriegszüge konnte Heinrich V. dem Parlamente Anfangs Februars 1421 den am 20. Mai 1420 mit dem französischen Könige zu Troyes geschlossenen Vertrag vorlegen, wonach er zu dessen Schwiegersohn und zum Erben Frankreichs und unmittelbar zum Regenten dieses Reiches ernannt ward. Sterbend konnte er in Vincennes (31. August 1422) verfügen, dass sein Bruder Herzog Johann von Bedford für den neun Monate alten Heinrich VI. die Regierung in England und Frankreich führen, Herzog Humfrid von Gloucester aber speciell für denselben in England als Viceregent walten solle.

Das war nun freilich nicht ganz durchzuführen; denn der Geheime Rath nahm die Regierung — wohl

---

[1]) Stubbs III. 71 ff.

auf die Präcedentien bei Heinrichs III., Edwards I. und bis zu einem gewissen Grade selbst Richards II. Thronbesteigung gestützt — in seine Hand und gab Gloucester bestimmte Aufträge, zunächst der Eröffnung des Parlamentes. Das Parlament seinerseits bestellte (am 5. December[1]) zwar den Herzog von Bedford zum Protector und Vertheidiger des Reiches, aber während seiner Anwesenheit in Frankreich Gloucester mit demselben Titel zu seinem Stellvertreter. Dieser letztere Repräsentant der königlichen Gewalt hat vielleicht durch Selbstsucht, Unverträglichkeit und Unentschlossenheit den Verlust Frankreichs und die Herabwürdigung des Königthums nicht am wenigsten verschuldet; sein hochsinniger Bruder Bedford starb (14. September 1435) aus Kummer über das Alles eine Woche vor dem unvermeidlich gewordenen Frieden von Amiens, der den Herzog von Burgund definitiv von England löste und mit Karl VII. von Frankreich verband. Gloucester aber ist auf dem der Pest wegen nach Bury St. Edmunds berufenen Parlamente vom Februar 1447 unmittelbar bei seiner Ankunft auf Geheimeraths Befehl wegen wahrscheinlich begründeten Verdachtes des Hochverrathes verhaftet worden und in dieser Haft vielleicht durch geheime Justiz, vielleicht am Schlagflusse gestorben (23. Februar).

---

[1] Stubbs III. 97.

Schon fünf Jahre früher war der unglückliche
König, der von seinem vierten Jahre an den Geheime-
rathsitzungen hatte präsidieren, eilfjährig seine Oheime,
die Protectoren, hatte aussöhnen, in vorzeitiger Ar-
beitshetze seine Kräfte hatte verbrauchen müssen,
endlich volljährig erklärt worden (6. December 1442).
Aber ein weit gefährlicherer Gegner als sein Oheim
Gloucester war inzwischen seiner Macht in dem
freilich von keinem wahren Präcedens englischer Geschichte unterstützten[1]) Erben der Thronansprüche des
Grafen von March, Anna Mortimer's Sohne, Herzog
Richard von York erwachsen.

Herzog Richards Vater hatte im Jahre 1415 auf
Heinrichs V. Befehl den Verräthertod sterben müssen.
Er selbst hatte zweimal, zuerst 1436 auf ein, dann
1440 auf fünf Jahre die Statthalterschaft in Frankreich,
dann in Ireland übernommen. Nach der Ermordung
des einzig treuen Rathgebers Heinrichs, des Grafen
von Suffolk (2. Mai 1450), war er schon mächtig
genug, eine neue Zusammensetzung des Geheimen
Rathes durchzusetzen. Bereits im Jahre 1452 stand
er dann eine Zeit lang in Waffen gegen den König.
Formell bekämpfte er nur die Prinzen des lancastrischen
Hauses, deren Erbansprüche auf den Thron er durch
die seinigen als angeblich nächster Spross Edwards III.

---

[1]) Stubbs III. 154.

von Männerseite auf Grund eines Statutes von 1405 beseitigen mochte, das die legalen männlichen Sprossen des Königshauses vor den weiblichen berechtigte. Da gebar die Königin am 13. October 1453 einen Sohn, während der König von Wahnsinn ergriffen war und die Nation sich in tiefer Erregung über den definitiven Verlust von Guienne durch die Schlacht von Castillon (26. Juli 1453) befand.

In dieser Lage ward am 27. März 1454 York zum Protector und Vertheidiger des Reiches von den Lords im Parlamente bestellt, was er bis zum Anfange des nächsten Jahres blieb und bei neuer Erkrankung des Königs (17. November 1455 bis 25. Februar 1456) von Neuem wurde. In einem siegreichen Gefechte bei St. Albans am 22. Mai 1455 hatte er inzwischen den König in seine Gewalt gebracht, dessen Sache fortan von seiner Gemahlin geführt ward. Bei einem neuen Waffengange gegen den König im Jahre 1459 ward er freilich zur Flucht nach Ireland genöthigt und im Novemberparlamente zu Coventry hierauf mit seinen Anhängern geächtet. Aber am 10. Juli 1460 besiegte er mit grosser Heeresmacht den König und nahm ihn gefangen. Im nächsten Parlamente erhob er offen seinen Thronanspruch; am 25. October 1460 beschlossen die Lords, so viele derselben nicht erschlagen oder flüchtig waren, kraft ihres oberstrichterlichen Rechtes unter Genehmigung des Königs, dass

Heinrich auf Lebenszeit im Besitze der Krone bleiben, dieselbe dann aber an York und dessen Erben fallen solle.[1]) Von dem Heere der Königin ward York selbst am 29. December bei Wakefield zwar besiegt und getödtet, aber unter neuen Kriegswechseln konnte sein Sohn Edward als der Vierte schon am 4. März 1461 von drei Bischöfen und vier weltlichen Peers in Westminster unter Beifall der Menge zum legitimen Könige erklärt und gekrönt werden. Nach dem grossen Siege von Towton wurden im nächsten Novemberparlamente auf Andringen der Gemeinen die früher[2]) erwähnte Absetzung und Verurtheilung Heinrichs und die Anerkennung von Edwards Thronrecht ausgesprochen. Als Heinrich (Juli 1465) umherirrend gefangen ward, hielt es Edward für gerathen, da noch dessen Sohn lebte, ihn nur im Tower einzuschliessen. Von dort ist er am 5. October 1470 durch abgefallene und mit den Lancastriern verbundene Anhänger Edwards wieder auf den Thron gesetzt worden, den dieser in rascher Flucht nach den Niederlanden verlassen hatte. Wenn Edward IV. auch im März 1471 zunächst nur als Herzog von York zurückkehrte, so nahm er doch mit seinem rasch anschwellenden Heere schon am 11. April wieder in London von dem Throne Besitz, seine Verdrängung als Rebellion bezeichnend.

---

[1]) Stubbs III. 186.
[2]) Vgl. oben S. 216 und 229.

Etwas anders verfuhr Richard III., als er (26. Mai 1483) am Tage nach Edwards V. Absetzung denselben bestieg: indem er sich auf den königlichen Stuhl in der Westminsterhalle setzte, erklärte er sich zum Könige nach Erbrecht und Wahl.

In ähnlicher Weise hielt es dann nach der Schlacht von Bosworth Heinrich VII. Bis auf einen Sohn des Herzogs von Clarence und Edwards IV. Tochter Elisabeth, die Heinrich VII. seinen Anhängern noch in Frankreich heirathen zu wollen zugesagt hatte, waren alle Sprossen des Königshauses ermordet oder gefallen. Heinrichs eigener Anspruch auf die Krone gründete sich einzig darauf, dass seine Mutter, Gräfin Margaretha, die Enkelin eines jüngeren Bruders König Heinrichs IV. war, aus einer Verbindung freilich, die erst nachträglich durch König Richard II. für legitim erklärt worden war.[1]) Diese Legitimierung war unter Heinrich IV. wieder annullirt worden; Margaretha aber war doch in einer Anklageschrift der Gemeinen (7. Februar 1450) gegen Suffolk, der desshalb seinen Sohn für den er nach der Krone strebe mit ihr vermählen wolle, als die 'präsumtive Erbin des Thrones' bezeichnet; eben sie hätte dann freilich den königlichen Titel führen müssen.[2])

---

[1]) Ranke, Engl. Gesch. I.¹ 128.
[2]) Pauli IV. 521.

Heinrich VII. hat sich daher auch lieber als Sprossen der alten Britenkönige bezeichnen lassen. Noch auf dem Schlachtfelde ward er von Lord Stanley, der ihm die von Richards Leiche genommene Krone brachte, unter dem Jubel des Heeres als König begrüsst. Wie Wilhelm I. und einigermaassen Heinrich IV. hat doch auch er seinen Anspruch wesentlich auf das Gottesurtheil der Schlacht begründet und erst nach seiner Krönung (30. August 1485) durch das Parlament vom 7. November bestätigen lassen. Fast mit Wiederholung der Worte Heinrichs IV. begrüsste er dasselbe, da ihm die Krone nach Erbrecht und durch Waffengewalt zugefallen sei, er aber nur die vom Parlamente schuldig Befundenen bestrafen werde. Ein feierlicher Spruch der etwa dreizehn Richter erklärte die Aechtung des jetzigen Königs durch den nunmehrigen Besitz der Krone beseitigt, 'die jeden Flecken des Bluts und der Verurtheilung aufhebe';[1] alle anderen Geächteten könnten aber nur durch Gesetz hergestellt werden. Das Parlament liess seinerseits alle Erörterung über Heinrichs Thronanspruch bei Seite und verfügte nur, dass die Krone bei ihm, 'unserem jetzigen souveränen Herrn König', und seinen legitimen Nachkommen sein und verbleiben solle.[2] Alle drei Momente — des Sieges im Kriege, der Abstammung, der parlamentarischen Zu-

---

[1] Pauli V. 525.
[2] Pauli V. 527.

stimmung — hebt denn auch die Bulle hervor, durch welche Papst Innocenz VIII. ihn anerkannte. Das Statut[1]) über die Sicherheit der Unterthanen unter einem Könige 'de facto' schloss im eilften Regierungsjahre Heinrichs alle die Racheacte der gewaltsamen Thronwechsel ab: 'da der Unterthan seinem königlichen Herrn, wer es sei, Heeresfolge schuldet, soll er dafür nicht an Leben und Habe gestraft werden'.

21. Vorlesung.

§. 3. Gesetzliche Veränderungen.

Ueber die Heeresordnung dieser Zeit ist nichts von Erheblichkeit zu sagen, so lange die Plantagenets regierten. Edward III. schob die Bezahlung der Mannschaft[2]) wieder den Grafschaften und Gemeinden zu, nöthigte auch zu neuen Waffen und erschwerte damit die früher geschilderten weisen Ordnungen Heinrichs II. von 1181 und Edwards I. von 1285.[3]) Noch unter Edward IV., der im Jahre 1464 alle Männer vom sechzehnten bis sechzigsten Jahre zur Ordrebereitschaft anhält,[4]) und unter Richard III. geschieht das Aufgebot in herkömmlicher Weise unmittelbar an directe Kronlehensträger oder mittelbar durch die Sheriffs. Unter Heinrich V. wurden zuerst Lehen mit ausdrücklicher

---

[1]) Hallam I. 7; Pauli V. 637.
[2]) Stubbs II. 310.
[3]) Vgl. oben S. 145—147.
[4]) Stubbs II. 279.

Verpflichtung zu überseeischem Dienste vergeben und Freiwillige, 'die unser Handgeld (vadia) annehmen wollen', geworben. Eben diese bilden ein Hauptcontingent in den Rosenkriegen. Heinrich VII. errichtete wohl unmittelbar nach seiner Thronbesteigung, nach französischem Muster, die erste in England nachweisliche Leibwache, doch nur fünfzig Mann stark, die Yeomen der Garde. Sie bilden bis heute die einzige stehende Truppe, da alle anderen von Jahresverwilligungen des Parlaments abhängen, diese aber zum königlichen Haushalt gehört und von den Fonds desselben bezahlt wird.

Wichtiger war das Verbot der Privatgefolgschaften des Adels, der in den Bürgerkriegen bis auf Reste — nur fünfundzwanzig weltliche Mitglieder zählte das erste Oberhaus Heinrichs VII.[1] — untergegangen war. Nicht mehr als Getreue des Königs, sondern entgegen den Grundordnungen Wilhelms des Eroberers waren sie seit den Bürgerkriegen wieder, wie die Banden zu König Stephans Zeiten, organisiert und in die Farben ihrer Herren gekleidet worden. Schon im Jahre 1390 war dies unter dem Namen 'maintenance' — d. h. zunächst[2] ungesetzliche Vertretung eines Andern vor Gericht oder Anmaassung des Rechtes eines Patronus über Clienten — bezeichnete Vergehen vom Parlamente bedroht worden; dass Heinrich IV.

---

[1] Pauli V. 542.
[2] Stubbs II. 485.

es ungestraft zu üben seinem Adel nicht gestattete, bewirkte die wiederholten Aufstände dieser Regierung nicht am wenigsten. Noch Richard III. hat im Jahre 1484 ein Verbot dagegen publicirt. Erst unter Heinrich VII. wurde es aber wahrhaft wirksam.

Wie er für sein eigenes Thronrecht den Ausspruch der Richter provocirte, so liess dieser Fürst sie auch eine solche Frage in entscheidende Anregung bringen. Denn die gerichtliche Organisation und Uebung hatte sich durch alle Stürme der Bürgerkriege unverändert erhalten, ja Richard III. hat[1]) noch die Würde des Geschworenengerichtes gehoben, indem er den Satz von vierzig Shillingen Grundbesitzwerth, der im Jahre 1430 für das Wahlrecht der Grafschaftsabgeordneten in das Haus der Gemeinen festgestellt war, auch für die Qualification der Geschworenen bestimmte. Die Richter nun erklärten, ihres Amtes nicht walten, namentlich Niemand zur Ableistung des Treueeides zwingen zu können, so lange der Missbrauch der 'maintenance' dauere. Da beschloss das Novemberparlament von 1487,[2]) dass statt des ganzen Geheimen Rathes, der schon seit längerer Zeit, wohl seit Richard II., in der Sternkammer von Westminster die grossen Ruhestörer abgeurtheilt hatte, fortan ein Ausschuss desselben die öffentliche Ruhe sichern solle. Hiernach bildeten seit

---

[1]) Pauli V. 517; Stubbs III. 411.
[2]) Pauli V. 542.

dieser Zeit in der Sternkammer die drei obersten Reichsbeamten, Kanzler, Schatzmeister, Siegelbewahrer, ferner ein Bischof und ein Geheimrathslord und die vorsitzenden Richter der beiden ersten königlichen Gerichte einen Gerichtshof, der ohne Jury alle Verbrechen gegen die Autorität und Würde des Staates, allmählich selbst Spottworte und Schmähschriften, nach Gutdünken zu strafen hatte.

Schon die Einrichtung der Sternkammer zeigt die in dieser Periode stattgehabte Veränderung des Geheimen Rathes. In der vorigen war derselbe während der ersten Minderjährigkeit, der Heinrichs III., bedeutsam hervorgetreten; unter der nächsten, der Richards II., hat er seine definitive Form erhalten. Man wird hier an die Ausbildung des Hausmeierthumes in der merowingischen Monarchie während wiederholter Minderjährigkeiten erinnert, und in seinen Anfängen hat der Geheime Rath in der That einmal eine dem Königthume bedrohliche Gestalt gewonnen.[1])

Auf die Nachricht von dem Tode des Thronerben, des 'schwarzen' Prinzen von Wales (8. Juni 1376), der die Forderungen des Unterhauses stets begünstigt hatte, schlug dieses die Vermehrung des Geheimen Rathes durch zehn oder zwölf Lords vor, welche bei jeder wichtigen Maassregel zugezogen werden, von

---

[1]) Vgl. oben S. 219 ff.

denen aber vier bis sechs auch für minder wichtige Fragen stets in der Nähe des Königs sein sollten. Diese Session hat wegen der Rücksichtslosigkeit, mit der sie Missbräuche verfolgte, für jährliche Parlamente, freie Sheriffwahlen, Erhaltung der Grafschaftsrechte eintrat, den Namen des 'guten Parlamentes' erhalten. Da nun mit Edwards III. Ableben schon im nächsten Juni (1377) eine factische Minderjährigkeit eintrat, so erfolgte auch die früher dargestellte Einrichtung des Geheimen Rathes, der sachlich mit der Prinzessin von Wales einen Regentschaftsrath bildete. Wir haben auch[1]) gesehen, wie Richard, indem er sich (3. Mai 1389) für volljährig erklärte, den Geheimen Rath beibehielt, wie ferner dessen Mitglieder im nächsten Parlamente (um Neujahr 1390) von dem Vertrauen desselben ihr Verbleiben im Amte abhängig machten.

Im März 1390 sind hierauf die Berathungsnormen und der Geschäftskreis des Geheimen Rathes definitiv festgestellt worden. Von da an kann man den 'König im Rathe' von dem 'Könige im Parlamente', dessen Geschäftskreis seinerseits im Mai 1322 bestimmt war, unterscheiden: die Administration im weitesten Sinne mit der den Gerichten nicht ausdrücklich gewahrten Justiz und selbst mit dieser im Appellationswege (noch Richard III. ist selbst in den Gerichten erschienen)

---

[1]) Vgl. oben S. 232 und 220 ff.

blieb ihm gewahrt; die Sternkammer bildete ja doch nur einen Ausschuss des Geheimen Rathes.

Vergeblich hatten[1]) seit dem Jahre 1351 die Gemeinen gegen die von dem damaligen, noch nicht fest organisierten Geheimen Rathe zum Schaden des Gemeinen Rechtes geübte Jurisdiction protestiert. Gerade im Jahre 1390 erklärte sie der König für einen Theil seiner Prärogative, die er 'wie seine Ahnen' bewahren wolle. Freilich war auch anderseits im Jahre 1388 durch die Appellanten, welche die Richter durch das Parlament bestrafen liessen, — und die Lancaster'sche Dynastie hat diesen Grundsatz stets festgehalten — ein Beschluss des Oberhauses erwirkt worden, nach welchem das Parlament selbst der oberste Richter sei und nicht an die Formen von Gerichtshöfen gebunden; denn diese hätten nur die bestehenden alten Gesetze und Bräuche oder von dem Parlamente gegebenen Verordnungen zu vollziehen. Hier liegen die Widersprüche, welche die constitutionellen Kämpfe der nächsten Periode bestimmen sollten und in der noch heute[2]) fortlebenden Trennung der beiden obersten Appellinstanzen ihren rechtlichen Ausdruck finden.

Im Uebrigen ist, wie das richterliche Ansehen des Oberhauses durch diese Erklärung, so das des Unterhauses in dieser Periode ungemein erhöht worden.

---

[1]) Stubbs II. 606.
[2]) Vgl. oben S. 34 und 44.

Namentlich ist die Regierung Heinrichs IV. den Ansprüchen desselben überaus günstig gewesen, so dass der Charakter seiner Privilegien und selbst seiner Geschäfte sich wesentlich damals festgestellt hat. Noch im Jahre 1399 genehmigte Heinrich, dass das Verfahren gegen Haxey[1]) annulliert und ähnliche Anklagen gegen Parlamentsmitglieder wegen ihrer Anträge unzulässig sein sollten. Jetzt zuerst erledigte auch das Unterhaus selbständig Petitionen und darunter eigentliche Privatbills.[2]) Der König fand dieses Eingreifen in die Administration so unerwünscht, dass er die Juristen von dem Parlamente zu Coventry (1404) ausschloss, welches desshalb[3])´das ungelehrte` genannt wird. Das von 1407 gewann aber das zweifache Zugeständniss der Krone, dass sowohl Geldhilfen ´von den Gemeinen bewilligt werden mit Beistimmung der Lords` und die Bewilligung nur durch den Sprecher anzuzeigen sei,[4]) als dass beide Häuser die Lage des Reiches nach Gefallen discutieren dürfen. Der nächste Schritt war die volle Sicherung der Redefreiheit im Parlamente bei Gelegenheit eines dem Falle Haxey ähnlichen Vorkommnisses. Im Jahre 1512 wurde auf Andringen des Unterhauses von Heinrich VIII. durch Statut verfügt,

---

[1]) Vgl. oben S. 221 und May, Parl. 113.
[2]) May, Parl. 560, 700, vgl. oben S. 51.
[3]) Stubbs III. 46.
[4]) May, Parl. 591; Stubbs III. 61.

dass die Verurtheilung des Abgeordneten Strode durch das Zinngericht in Cornwallis wegen eines Antrages im Parlamente nichtig sei und überhaupt keine Anklagen oder Bestrafungen wegen irgend welcher im Parlamente gethanen Aeusserungen zulässig seien,[1]) das Rügerecht der beiden Häuser gegen ihre Mitglieder natürlich vorbehalten.

Es versteht sich, trotz dieser Befestigung des parlamentarischen Rechtes, dass während der Parteikämpfe zu Richards II., Heinrichs VI. und Richards III. Zeit, ganz abgesehen von den Achtserklärungen, welche die Reihen beider Häuser vornehmlich des obern lichteten, sich nicht Wenige namentlich Peers von der Theilnahme an den Berathungen fern hielten. Wenn, wie bemerkt, in Heinrichs VII. erstem Parlamente überhaupt nur fünfundzwanzig Lords erschienen, so haben sich, obwohl nur eine Neucreierung[2]) stattgefunden hatte, bei dem zweiten vom 9. November 1487 schon mindestens einunddreissig weltliche Peers eingestellt,[3]) zum Theil wohl in Folge der Rehabilitation der unter den letzten Yorks Geächteten. Die Zahl der Unterhausmitglieder war nicht minder wechselnd. Feststehend war die der vierundsiebzig Grafschaftsritter seit

---

[1]) May, Parl. 144.

[2]) Edward Courtenay's zum Grafen von Devonshire, Pauli V. 524, vgl. 542 — denn Lord Stanley, der zum Grafen von Derby aufrückte, gehörte dem Oberhause wohl ohnehin an.

[3]) Pauli V. 542.

1295 bis auf Heinrich VIII. Die Zahl der Vertreter von Städten und Flecken wechselte durch königliche Wahlentziehungen, Nachlässigkeiten oder Parteirücksichten der Sheriffs zwischen zweihundertsechzig und hundertfünfzig.[1] Heinrich VIII. erst berief die schon 1322 und 1327 ausnahmsweise erschienenen Vertreter von Wales, dazu die von Chester, Monmouth und Berwick, im Ganzen dreiunddreissig, definitiv im Jahre 1541 in das Parlament.

Zuerst haben die Gemeinen eine Anklage gegen Mitglieder des Geheimen Rathes im 'guten' Parlamente von 1376 erhoben, vornehmlich wegen Unterschleifs. Die Regierung musste die Verhaftung des Kammerherrn Lord Latimer zugestehen; auch der kaufmännische Agent des Königs, Lyons, und seine Maitresse Alice Perrers wurden mit mehreren anderen Personen, darunter der Obersthofmeister Lord Neville, belangt und sämmtlich mit Gefängniss, Geldbusse oder Verbannung vom Oberhause bestraft.[2] Die Anklage des Kanzlers Michael de la Pole durch die Gemeinen vor den Lords im Jahre 1386 wegen eigentlich politischer Vergehungen hatte zunächst die Folge seiner Entlassung durch Richard;[3] es ist die erste eigentliche Ministeranklage. Eben unter Richard II. begann

---

[1] Hallam III. 28.
[2] Stubbs II. 431.
[3] Stubbs II. 475.

dann mit dem Processe gegen die Richter[1]) die lange Reihe von Verurtheilungen und Aechtungen durch förmliche Verhandlung oder durch Gesetz.

Ganz besonders aber war es die Geldhilfe, welche die Macht des Parlamentes, das recht eigentlich jedes seiner Rechte von der königlichen Gewalt mit Geldbewilligungen erkauft hat, stärkte und zu der früher erwähnten Sicherung der Rechte der Gemeinen unter Heinrich IV. führte. Ihre Domänen sammt den dazu gehörigen Städten besteuerten die Könige trotz des Statutes 'de tallagio' von 1297 willkürlich bis zum Jahre 1340, und die bindenden Erklärungen in dieser Beziehung wurden sogar erst 1362 und 1371 gegeben. Die Entschädigung für das unbeschränkte Zollrecht, welche im Jahre 1308 Edward II. mit zwei Shillingen für die Tonne Wein und 1347 Herzog Lionel von Clarence in seines Vaters König Edwards III. Abwesenheit, auch für das Pfund eingeführter Waare mit sechs Pfennigen festsetzte, gab den Anlass für die Zollbewilligung des Tonnen- und Pfundgeldes, das zuerst 1372 auf Antrag des schwarzen Prinzen für zwei Jahre, im Jahre 1398 aber Richard II. und dann den folgenden Herrschern bis auf Karl I., für ihre Regierungszeit bewilligt wurde. Eine specielle Einnahme- oder Anlehensquelle entging der Krone, indem

---

[1]) Vgl. oben S. 222.

Edward I. auf Andringen des Parlamentes und aus eigener religiöser Ueberzeugung im Jahre 1290 die Juden vertrieb, auf welche die parlamentarische Gesetzgebung keine Anwendung fand. Anlehen bei italienischen Kaufleuten im 14. und 15. Jahrhundert zu decken, wurde das Parlament schwer bewogen.

Ein Budget der Einnahmen und Ausgaben dem Unterhause durch den Schatzmeister vorlegen zu lassen, entschloss sich die Krone während Richards Minderjährigkeit im Jahre 1379.[1]) Erst Heinrich VII. gelang es, dieser parlamentarischen Controle für manche Jahre ledig zu werden. Er ermöglichte das durch zahlreiche Confiscationen, durch lebenslängliche parlamentarische Zollbewilligungen, durch parlamentarische Geldhilfen für nie geführte Kriege und durch abgepresste Schenkungen reicher Leute. Solche hatte Edward IV. im Stile König Wilhelms II. oder Ranulf Flambards und Richards II.[2]) unter einem neuen Titel im Jahre 1473 eingeführt, Richard III. aber mit parlamentarischem Statute diese sogenannten Benevolenzen abgeschafft. Im Jahre 1495 wurden sie aber von Neuem vom Parlamente Heinrich VII. zugestanden, der sich anderseits von Anfang eine ganz detaillierte Budgetbewilligung hatte gefallen lassen müssen.[3]) Gerade die beiden

---

[1]) Für das Bisherige: Stubbs II. 520, 528, 465, 567.
[2]) Vgl. oben S. 133 und 220.
[3]) Pauli V. 626, 639.

Werkzeuge seiner harten Geldbeitreibungen, Empson und Dudley, sind 1494 und 1504 zu Sprechern des Unterhauses gewählt worden. Wirkten doch auch sie, der damaligen Richtung der Geister in England entsprechend, ernstlich mit, das Reich von continentalen Einwirkungen auch geistlicher Art frei zu lassen, wenn sie gleich der Geldsammlung päpstlicher Beauftragten zum Jubiläum von 1500 kein Hinderniss in den Weg legten.

Und hiemit gelangen wir zu der bedeutendsten staatsrechtlichen Action der Reichsgewalt dieser Zeit, zu der auf kirchlichem Gebiete. Obwohl von Edward I. unausgeführt geblieben, rechtskräftig war doch bei Beginn dieser Periode noch das Statut von Carlisle von 1307, welches Geldausfuhr an den päpstlichen Hof untersagte und somit auch den Lehnszins wie den Peterspfennig; die ausdrückliche Abstellung des Letztern war freilich vom Parlamente vergeblich beantragt. Noch während der Herrschaft Isabellas und Mortimer's für Edward III., welche sich von Anfang an kirchlicher Unterstützung zu erfreuen hatte, eben im Jahre 1329 wurde von Papst Johann XXII. der Krone ein Zehnten von den Kirchengütern für vier Jahre verwilligt.[1]) Nach Ablauf dieser Frist, also von 1333 an, hat der inzwischen zur wirklichen Ge-

---

[1]) Stubbs II. 376.

walt gelangte Edward III. den im Jahre 1213 stipulierten Lehnszins von 1000 Mark dem päpstlichen Stuhle nicht mehr entrichtet. Als Papst Urban V. denselben für dreiunddreissig Jahre im Jahre 1365 auf Grund von Johanns Huldigung wieder verlangte, bat der König nach dem parlamentarischen Protokolle geistliche und weltliche Grosse um ihren Rath, was er 'bei weiteren Schritten des Papstes gegen ihn und sein Königreich thun solle'. Unter Vorgang der Prälaten, die gesondert beriethen, erklärten hierauf alle Stände, dass 'weder König Johann noch irgend ein Anderer weder sich noch sein Königreich und Volk in solche Unterwerfung habe bringen können ohne Beistimmung und Genehmigung derselben'. Dass diese, wie wir wissen, allerdings gegeben war, wurde ignoriert. Lehnszins und Lehnsband hörten hiermit auf. Diese Losreissung Englands findet auch in der Thatsache eine Erläuterung, dass während dieser Session zum zweiten Male, zuerst zwei Jahre früher, unter Beistimmung der Bischöfe das Parlament in englischer Sprache eröffnet wurde.[1]

Auch die Erklärung von 1365 ist in der Form eines Prämunire, d. h. einer königlichen Ermahnung, gehalten, wie sie vornehmlich bei Schreiben an die Geistlichkeit z. B. in Bezug auf Wahlen üblich war.

---

[1] Stubbs II. 413 ff.; 1377 ist es doch noch einmal französisch geschehen.

Schon 1353 war ein solches ergangen, das mit Güterverlust und Acht, recht im Sinne der Clarendoner Constitutionen, Alle diejenigen bedrohte, welche fremde Gerichte in Angelegenheiten anriefen, die königlicher Competenz unterständen. Päpstlichen Provisoren, die im dreizehnten Jahrhundert so mächtig in England gewaltet hatten, wurde in den Jahren 1351, 1362, 1380 alle Wirksamkeit untersagt. Im October des Jahres 1382 setzten die Gemeinen die Widerrufung eines im Mai erlassenen Befehles durch — man bemerke: in dem Jahre nach Niederwerfung eines gefährlichen zu wesentlichem Theile ketzerischen Volksaufstandes,[1]) — eines Befehles, nach welchem die Bischöfe weltliche Hilfe für Ketzerprocesse beanspruchen durften.[2]) Ein neues stärkeres Statut gegen Provisoren erging im Jahre 1390, noch geschärft im Jahre 1393: jede Annahme einer vom Papste verliehenen Pfründe in England zum Nachtheile königlichen Patronates und Oberaufsichtsrechtes wird auf das strengste untersagt, bei Strafe des Verlustes aller Habe und der Freiheit, auch für die, welche sich als Werkzeuge der Provisoren gebrauchen liessen.[3])

Und auch die Verfolgung aller Ketzerei durch zahlreiche Verbrennungen unter Heinrichs IV. parla-

---

[1]) Vgl. unten Abschnitt IV.
[2]) Stubbs II. 410, 470.
[3]) Pauli IV. 591—593.

mentarischer Regierung hob diese Richtung auf kirchliche Selbständigkeit nicht auf. Ganz wesentlich war es die englische Geistlichkeit, welche auf dem Constanzer Concile, wo sie eine der fünf Nationen bildete, unter Führung des Bischofs Robert Halam von Salisbury eine Organisation der zu reformierenden Kirche nach Nationen betrieb. Sein Tod im September 1417 gilt als der Wendepunkt für die eigentlichen Reformbestrebungen auf dem Concile. Anderseits ist es jedoch das Verdienst König Heinrichs V., die Einheit der Kirche im Vereine mit Kaiser Sigismund durch die Wahl Martins V. (Martini 1417) erhalten zu haben.

Die Lancaster'sche Dynastie duldete nun wohl Umgehungen der Statuten gegen Provisoren und der Prämunire, und auch die beiden Könige des Hauses York hielten ein gutes Verhältniss mit dem Papstthume aufrecht, wie sich denn Papst Pius II., Enea Silvio, beeilte, Edward IV. nach seiner Thronbesteigung zu beglückwünschen; aber Eingriffe in ihre Autorität, auch über die Kirche haben sie nicht geduldet. Convocation und Bischöfe konnten nicht anders, als dem Schutze der furchtbaren Herrscher sich demüthig unterwerfen. Richard III., sonst überaus devot, hat eine ohne seinen Willen auf Gnernsey gelandete päpstliche Bulle confiscieren lassen. Aehnlich hielt sich Heinrich VII.: er hatte stets Mönche in seiner Nähe, auch für sein Secretariat; aber die überkommenen königlichen Rechte in geistlichen Dingen wusste er zu wahren.

Da geschah es nun, dass Heinrich VIII. in Thomas Wolsey einen Rathgeber fand, welcher ihm gleichsam den Geheimen Rath ersetzte, dessen eigensüchtige Haltung ihn absticss.[1]) Wolsey's Walten und Sturz sind der Verfassungsgeschichte sonst fremd. Hier erinnern wir uns nur folgender Thatsachen. Er hatte als Cardinal seit 1515, als Legat und Generalvicar der englischen Kirche seit 1521 die ganze geistliche Gewalt, zuletzt auf Lebenszeit, durch päpstliche Verleihung erhalten, freilich entgegen den Reichsgesetzen, aber durchaus mit Heinrichs VIII. Willen. Er gewöhnte die Menschen, nicht mehr an eine geistliche Autorität ausserhalb Englands zu denken, indem er willkürlich Klöster einzog und die geistlichen Gerichte in ihrer Competenz sich gern überheben liess. Aber er war doch nicht mächtig genug, weder die von dem Könige als Gewissenssache betriebene Scheidung von der seinem Bruder früher vermählt gewesenen spanischen Fürstin in Rom durchzusetzen, noch auch ihn zu einer Verbindung mit einer französischen Prinzessin zu bewegen. Sein Sturz (1529, 9. October) wurde selbst von der Geistlichkeit und namentlich dem Erzbischofe von Canterbury, Warham, der Hein-

---

[1]) Ranke I.¹ 169. Vgl. oben S. 221, 232, 245.

Büdinger. Englische Verfassungsgeschichte. 17

richs Ehe nie gebilligt hatte, freudig begrüsst. Im Novemberparlamente aber forderten die Gemeinen den König auf, seine weltlichen und geistlichen Unterthanen mit einander zu versöhnen, 'als das einzige Haupt und der souveräne Herr seiner geistlichen und weltlichen Unterthanen'.[1])

Bei dieser Stimmung der Geister, die sich von dem Supremate des Papstes so ganz abgewendet zeigte, ward es Heinrich VIII. nach etwas über Jahresfrist nicht schwer, die Geistlichkeit selbst zu der diesem Unterhausbeschlusse genau entsprechenden Erklärung zu nöthigen,[2]) von der im Eingange dieses Kapitels die Rede war. Diese wurde ihrerseits wieder förmliches Reichsgesetz durch das parlamentarische Statut vom 30. April 1534,[3]) welches den Supremat des Papstes durch den des Königs als 'Hauptes der englischen Kirche zunächst unter Gott' ersetzte. Gleichzeitig wurde die Convocation angewiesen, keine ihrer Functionen ohne königliche Erlaubniss auszuüben.[4]) Die geistliche Macht des Königs war fortan nur, aber auch 'unwiderruflich an das Parlament geknüpft'.[5])

---

[1]) Ranke I.¹ 188.
[2]) Vgl. unten Abschnitt IV.
[3]) Hallam I. 49.
[4]) May III. 68.
[5]) Ranke I.¹ 241.

Fünftes Kapitel.

22. Vorlesung.

Competenz-Conflicte.

11. Februar 1531 bis 13./23. Februar 1689.

Am Vormittage des letztern Tages befanden sich die Mitglieder beider, zu ausserordentlicher Zusammenkunft oder Convention vereinigter Häuser des Parlaments in dem prächtigen Bankethause des damaligen Schlosses von Whitehall. Lord Halifax als erwählter Sprecher des Oberhauses, den des Unterhauses an seiner Seite, bat den Prinzen Wilhelm und die Prinzessin Maria von Oranien, welche unter dem Thronhimmel standen, eine Resolution anzuhören, die der Schreiber des Oberhauses verlas. Es war die von dem Parlamente beschlossene 'Declaration der Rechte' des englischen Volkes. Hierauf bat Halifax den Prinzen und die Prinzessin als König und Königin die Krone anzunehmen.[1]

§. 1. *Erschütterungen der Thronfolge.*

In Form und Inhalt ist die Verbindung von Ab- und Einsetzung eines Königs, welche die Declaration

---

[1] Macaulay III. 441.

enthält, zunächst am ehesten mit derjenigen zu vergleichen, durch welche Edward II., nachdem er am 26. October 1326 in Bristol wegen Verlassens des Reiches durch seinen Sohn als Regenten ersetzt war, am 7. Januar 1327 in den sechs Artikeln des Thrones verlustig und Edward III. zum Könige erklärt wurde. Aber auch das Beispiel der Anerkennung Heinrichs VII. durch das Parlament am 7. November 1485 kommt in Betracht. Wie bei Edward II. in Bristol wird erklärt, König Jacob II. habe durch seine Entfernung 'die Regierung abdiciert und der Thron sei daher vacant'; wie in den sechs Artikeln wird hier in zwölf die Reihe seiner Verfehlungen gegen die, nun protestantische Religion, 'die Gesetze und Freiheiten dieses Königreiches' ausgeführt. Wie bei der Anerkennung Wilhelms I. des Eroberers durch die Witan und der Heinrichs VII. wird auch bei der an Wilhelm III. und Maria gerichteten Aufforderung, den Thron zu besteigen, nichts über einen Erbanspruch derselben bemerkt; auch ähnlich wie bei Heinrich VII. wird ihren Leibeserben die Nachfolge zugesichert, nur hier zuerst denen der Prinzessin, dann des Prinzen, endlich aber der Schwester jener, der Prinzessin Anna und ihren Nachkommen. Die Aufforderung zur Thronbesteigung ist aber an eine Reihe vorhergehender und nachfolgender Bedingungen geknüpft, deren später zu gedenken sein wird.

Es ist einleuchtend, dass Absetzung wie Einsetzung doch, trotz der hervorgehobenen Aehnlichkeiten, nicht nach den Grundsätzen, die wir in den früheren Perioden beobachtet haben, stattfinden. Wilhelm war wie Stephan der Enkel eines Königs, er Karls I. wie Stephan Wilhelms I.; seine Gemahlin, Jacobs Tochter, stellte wie die Stephans, Mathilda, die Enkelin der angelsächsischen Margaretha von Schottland, noch stärker ein Erblichkeitsprincip dar. Aber gegen die Ansprüche der natürlichen Erben des letzten Königs, hier die des Prinzen von Wales, wie damals die der Kaiserin Mathilde, war doch ein eigentliches erbliches Successionsrecht schlechterdings nicht aufrecht zu erhalten. Auch ist es zu einer förmlichen Absetzung Stephans und Krönung Mathildens trotz der Anerkennung dieser letzteren (8. April 1141) niemals gekommen.

Die Grundsätze des Erbrechtes, die während der ganzen Dauer der Plantagenets in Geltung gewesen waren, erscheinen wirklich wie vergessen. So stark war ja noch das Erbrecht in jener Zeit festgehalten worden, dass wir bemerkten, wie Heinrich IV. dasselbe auf den freilich mindestens irrigen Grund der Abstammung seiner Mutter von dem ältesten Sohne Heinrichs III., und Richard von York das seinige auf Grund der Abstammung von einer Urenkelin des zweiten Sohnes Edwards III. geltend machten. In der ganzen langen Entwickelung der königlichen Gewalt seit der Eroberung ist als Ausnahme nur der einzige Fall vom Jahre 1199, der der Erhebung Johanns bei Lebzeiten Arthurs, des Sohnes seines älteren Bruders Gottfried, zu verzeichnen und diese Erhebung geschah nicht bloss, wie damals der Erzbischof von Canterbury sagte, durch Volkswahl, sondern nach der ausdrücklichen Weisung des sterbenden Königs Richard I.

Uebersieht man, um sich diese Grundveränderung in den Anschauungen des englischen Volkes über die Thronfolge zu erklären, die Reihe der Herrscher dieser Periode, so ist sie doch sehr begreiflich. Bei Heinrichs VII. Tode (21. April 1509) konnte kein Zweifel bestehen; der einzige Sohn folgte als Heinrich VIII. (geboren 28. Juni 1491) und ward, obwohl noch nicht ganz achtzehn Jahre alt,[1]) als volljährig betrachtet. Nach dem ungemeinen Zuwachse an Macht durch die Erwerbung der kirchlichen Hoheit wurde es ihm möglich, über die Nachfolge in unerhörter Weise zu verfügen. Recht eigentlich nach seinem Willen hat dieselbe bis 1603 stattgefunden. Ein Statut des Parlamentes von 1537[2]) ermächtigte ihn, falls er keine gesetzmässigen Erben hinterlasse — denn damals galten Maria und Elisabeth, die Sprossen der beiden ersten Ehen, nicht als solche — das König-

---

[1]) Vgl. oben über Richard II. und Heinrich VI. S. 231, 232 und S. 237.
[2]) Hallam I. 25.

reich nach seinem Gefallen zu vererben, ohne an Nachkommen früherer Herrscher gebunden zu sein. Das Parlament von 1544 verfügte, dass, nach dem kinderlosen Ableben seines Sohnes Edward VI., Maria und Elisabeth nach einander folgen sollten, falls sie den von Heinrich VIII. aufzustellenden Bedingungen entsprächen; die weitere Succession blieb ihm überlassen. Er regelte sie dahin, dass, mit Hintansetzung, wenn nicht Ausschliessung Maria Stuarts als der Enkelin seiner ältern Schwester Magaretha von Schottland, die Nachkommen der jüngern Maria von Suffolk zunächst folgen sollten.

Edward VI. folgte freilich (28. Januar 1547) seinem Vater, obwohl erst neunjährig, unter der Regentschaft des Bruders seiner Mutter als Protectors und dann der Leitung des Grafen Warwick, Herzogs von Northumberland. Da er aber nicht lebensfähig schien, wie er denn (1553, 6. Juli) fünfzehnjährig gestorben ist, so haben diejenigen, welche den Protestantismus unter dieser Regierung festgestellt wünschten, vor Allem Warwick selbst, den König zu Abfassung einer neuen Successionsordnung bewogen. Durch diese hat er mit Ausschluss aller Anderen[1]) die männlichen Nachkommen der Töchter, eventuell der Enkelinnen Marias von Suffolk zu Erben eingesetzt.

---

[1]) Der Act bei Froude, Hist. of England. (Leipzig, 1864) V. 310.

Der Act, wohl wesentlich im Juni 1553 entstanden, ist, auch von den Correcturen abgesehen, von kindischer Unbeholfenheit im Gedankengange und dem stammelnden Ausdrucke; staatsrechtlich ist er aber vielleicht am bemerkenswerthesten durch die Bestimmungen oder besser Phantasien des königlichen Knaben über die Regentschaft für einen Thronerben. Edward nimmt hier das vollendete achtzehnte Jahr für die Selbständigkeit an, doch mit Theilnahme an der Ernennung von Geheimräthen von vollendetem vierzehntem an. Ein förmliches Statut Heinrichs VIII. von 1540¹) bestimmte doch, dass der König mit Erreichung des Alters von vierundzwanzig Jahren, das also hier als das voller Selbständigkeit gilt, die während der Regentschaft seit seiner Thronbesteigung erlassenen Gesetze aufheben könne.²) Der junge König bestellt ferner dem Unmündigen eine Vormünderin in seiner Mutter, der ein Rath von Zwanzig zur Seite stehen soll, deren mindestens sechs beschliessen können, also etwa nach dem Muster der Regierung von 1377. An die Nachfolge einer Königin hat er, vor den gleich zu besprechenden Correcturen, überhaupt nicht gedacht.³) Marias älteste Tochter, eventuell deren

---

¹) Hallam I. 26.
²) Artikel X des Statuts der Rechte bestimmt das zurückgelegte zwölfte Jahr für die Ablegung des Kroneides gegen Katholicismus im Parlament.
³) Doch ist mehrfach ungenau: Ranke I.¹ 245.

hier ungenannte älteste,[1] solle nach seinem eigenen Ableben Regentin sein, 'bis ein männlicher Erbe geboren sei'.

Nachträglich hat er die älteste Enkelin Marias von Suffolk, Lady Johanna Grey, durch eine Correctur[2] persönlich als Thronerbin bezeichnet. Bei Vorlage des Actes vor den Lords des Geheimen Rathes machte denn auch einer[3] die unwidersprechliche Bemerkung, dass eine solche Verfügung eines minorennen Königs entgegen einem Parlamentsstatute grotesk sei. Aber die Mitglieder des Geheimen Rathes, die meisten Richter, Erzbischof Cranmer, zweiundzwanzig Peers, Staats- und Londoner Stadtbeamte wurden zwischen dem 21. Juni und 8. Juli 1553 durch Drohungen, persönliche Zusprache des sterbenden Königs und grobe Täuschung an den beiden ersten Tagen nach dessen Tode zur Unterzeichnung bewogen.[4]

In der That ist die unglückliche junge Dame, die Northumberland seinem Sohne vermählt hatte, zwölf Tage lang nominelle Königin Johanna gewesen. Im Februar des nächsten Jahres ist sie enthauptet worden. Dasselbe Geschick würde aber voraussichtlich die rechte Erbin Maria erreicht haben, wenn sie nicht,

---

[1] For lack her then her eldest danghters.
[2] To the Lady Jane ('s) and her heirs male.
[3] Der Graf von Arundel. Froude, V. 311.
[4] Froude V. 314.

zeitig gewarnt, in rascher Flucht am Todestage ihres Bruders den Truppen Northumberlands entronnen wäre, die sie in das Gefängniss führen sollten.

Von Framlingham in Suffolk ergingen Marias Ausschreiben an den Geheimen Rath bereits am 9. Juli. Die Empörung gegen sie endete ohne Kampf: nach Weisung des Geheimen Rathes hat Northumberland selbst ihr die Truppen huldigen lassen, die er gegen sie geführt hatte: am 3. August ritt sie mit ihrer Schwester Elisabeth als allerseits anerkannte Königin in London ein. Wir sehen für unsern Zweck ab von den religiösen Veränderungen, welche unter der neuen, streng katholischen Königin mit einer vornehmlich die höheren Stände treffenden Gewaltsamkeit vorgenommen wurden. Eine volle Herstellung des Zustandes, wie er vor 1531 bestanden hatte, war doch nicht möglich. Zu tief hatte die Reform, namentlich die gänzliche Aufhebung der Klöster und die Theilung ihrer Güter, vornehmlich zum Besten des Adels, die Besitzverhältnisse erschüttert; 40.000 Familien waren dabei interessirt.[1]) Ernstlich hatten, namentlich in Heinrichs VIII. letzter Zeit und in der kirchlichen Auflösung unter Edward VI., die reformatorischen Ideen die Gemüther ergriffen. Das Parlament zeigte sich Anfangs für die Anerkennung des päpstlichen Supremates nicht eben

---

[1]) Ranke I.¹ 281.

willig: es hat November 1553 und Frühjahr 1554 nur den dogmatischen Zustand, wie er unter Heinrich VIII. war, mit dem königlichen Supremat hergestellt und das sprechendste Zeugniss der kirchlichen Reform aus Edwards VI. Zeit, das 'gemeine Gebetbuch', abgeschafft. Erst gegen Anerkennung der Klosterconfiscationen durch den Legaten hat es im November 1554 den Supremat des Papstes anerkannt.[1]) Widerwillig ward es nachträglich — besonders das Oberhaus war schwierig — zur Rückgabe der an die Krone gefallenen geistlichen Zehenten gebracht. Der ganze Zustand war auf die Dauer schwerlich haltbar, auch wenn Maria länger am Leben geblieben wäre.

Unmittelbar nach ihrem Tode (Morgens am 17. November 1558) ward Elisabeth, für die sich auch noch die Sterbende erklärt hatte, anerkannt. 'Wenige Stunden nach dem Todesfalle wurden die Communen in das Oberhaus beschieden' — denn das Parlament hatte seine gewöhnliche Novembersession — 'um hier eine Mittheilung zu empfangen; diese war, dass Maria gestorben sei und Gott ihnen eine neue Königin gegeben habe, Mylady Elisabeth. Das Parlament löste sich auf; die neue Königin ward in Westminster und in London ausgerufen.' Sie fand die volle Beistimmung des Parlamentes, da sie in

---

[1]) Ranke I.⁴ 268.

einer, dogmatisch nur die religiösen Reformen der Regierung ihres Bruders mässigenden Weise zu den kirchlichen Ordnungen ihres Vaters zurückkehrte, wenn auch den Supremat nicht förmlich für sich in Anspruch nahm.[1]) Aber mit der Herstellung des 'gemeinen Gebetbuches', der Aufstellung von neununddreissig, statt jener zweiundvierzig, Glaubensartikeln (1559 bis 1562) ward eine 'Uniformität' des Glaubens englischer Nation geschaffen, von der abzuweichen vollends seit 1570 Niemand gestattet wurde. An ihrem Leben, da das Königshaus mit ihr endete, schien die Existenz der neuen englischen Kirche wie des Staates zu hängen.

Denn mit ihrem Tode hörten auch alle gesetzlichen Verfügungen über die Thronfolge auf. Niemals hat sie, auch darin ihrem Vater Heinrich VIII. gleich, auch nur eventuell die Ansprüche ihrer Gefangenen, ihrer Vetterstochter Maria Stuart, anerkannt. Parlament und Geheimer Rath hielten vielmehr deren Hinrichtung zu Elisabeths Sicherheit und dem Frieden des Reiches für nöthig; auf Befehl fast mehr des Geheimen Rathes als der Königin ist diese Hinrichtung gleich der Johanna Grey's (8. Februar 1587) vollzogen worden. Aber schon im Jahre vorher hatte Elisabeth den Sohn Marias, König Jacob VI. Stuart von Schott-

---

[1]) Ranke I.¹ 302.

land, der ihre eigenen religiösen Ansichten mindestens von da an theilte, zu dem engsten Schutz- und Trutzbündnisse (von Berwick, Juli 1586) bewogen. Sie hatte ihm vorher durch ihren Gesandten und dazu seinem Gesandten persönlich die Versicherung gegeben, dass sie seinen Anspruch auf die Thronfolge anerkenne und nichts geschehen solle, was demselben entgegen sei. Auch das Parlament erklärte, Marias Verdammung solle seinen Rechten, die hiemit zuerst anerkannt wurden, keinen Abbruch thun.[1]) Jacob hat denn auch mit einem rohen Worte — sie solle den von ihr gebrauten Trank trinken — die Hinrichtung seiner Mutter gutgeheissen, bei dem Anfalle der Armada eifrige Hilfe geleistet. Dann sind zu Zeiten Missverständnisse eingetreten. Aber ausser anderen englischen Verbindungen, die er anknüpfte, vornehmlich katholischen, gewann Jacob seit dem Jahre 1601 auch die vertrautesten Rathgeber der Königin, vor Allem den zweiten Lord Burleigh, Robert Cecil, und durch ihn wieder das volle Vertrauen der Königin. Wahrscheinlich hat diese kurz vor ihrem Tode, angeblich am 1. April 1603,[2]) noch einmal Jacob als ihren Erben bezeichnet. Von den nach dem Landesrechte weit begründeteren Ansprüchen der Suffolks, die ja durch das Statut von 1544 und Heinrichs VIII. Verfügung als Erben nach

---

[1]) Durchaus nach Ranke II. 294, 416, 380 ff.
[2]) Ranke I. 464, nach einer venetianischen Relation.

Elisabeth bezeichnet waren, ist nicht mehr die Rede gewesen. In ihrem Namen hat noch am Tage von Elisabeths Tode (3. April/24. März 1603) der alte Graf von Hereford die Proclamation unterschrieben, durch die auf Befehl des Geheimen Rathes Jacob VI. als erster des Namens zum Könige von England, Schottland, Frankreich und Ireland ausgerufen wurde. Die einer festen Thronfolgeordnung schon ganz entwöhnte Nation schien nun endlich wieder ein Königshaus mit unzweifelhaften Rechtsansprüchen zu erhalten.

Die neue Dynastie der Stuarts hatte aber gewaltsame Todesfälle fast als Regel aufzuweisen. Der Ahnherr Robert II. (22. Februar 1371 bis 1390) hatte wohl von seiner Mutter Majoria, der Tochter des Siegers am Bannokburn, Robert I. Bruce, nach dem Tode seines Oheims David II., das Reich regelrecht geerbt. Schon dessen Nachfolger Robert III. ist (1406) aus Kummer über den gewaltsamen Hungertod seines ältesten Sohnes gestorben. Dessen Enkel, der zweite Jacob, hat bei Abfeuern einer Kanone, der vierte in der Schlacht bei Flodden (1513) ein vorzeitiges Ende gefunden; der fünfte, Maria Stuart's Vater, ist aus Scham über die verrätherische Flucht seiner Edelleute am Solwaymoss gestorben. Der erste und dritte wurden von ihren Edelleuten öffentlich umgebracht; Jacobs VI. eigener Vater, Heinrich Darnley, war, wahrscheinlich mit Billigung der Mutter, durch einen

Edelmann in die Luft gesprengt worden, diese Mutter hatte auf dem Blutgerüste geendet. Wie seine Ahnen, hatte der neue König selbst, was in England seit den Rosenkriegen trotz einzelner kleiner Aufstände unerhört war, gegen seinen unbändigen Adel und rebellische Städte wiederholt zu Felde ziehen müssen. Der Widerstand gegen die Staatsgewalt, die von den grossen englischen Königen so ehrfurchtgebietend aufgerichtet war, in deren Stärke das englische Volk mit Recht einen Theil seiner eigenen Freiheit und Ehre sah, galt bei den Schotten als eine löbliche Tradition. Des neuen Königs eigene Mutter, ihre regierende Königin, hatten sie im Mai 1568 mit den Waffen zur Flucht nach England genöthigt. Und wahrlich: die Hinrichtungen von vier Königinnen auf englischem Boden (Anna Boleyn's, Katharina Howard's, Jane Grey's, Maria Stuart's) in den letzten siebenzig Jahren hatten die Gemüther der Menschen ohnehin der Scheu vor der Majestät entwöhnt, die doch bei allen Blutthaten des fünfzehnten Jahrhunderts noch gewahrt worden war.

Dennoch hat es einer langen Reihe von Ueberhebungen, Rechtsverletzungen und thörichten Täuschungen bedurft, um die englische Nation nach vierzig Jahren zur Empörung gegen die königliche Gewalt zu bringen. Jacob selbst hat das wohl noch zu hintertreiben gewusst, nicht ohne das monarchische Ansehen durch Opferung seiner Räthe und manchen Wechsel seiner äussern Politik zu schädigen. Die Thronbesteigung seines Sohnes Karl I. (27. März 1625) wurde sogar überall als ein freudiges Ereigniss begrüsst. In der ersten Unterhaussitzung (18. Juni) erklärte einer der angesehensten Führer der Opposition,[1]) dass man von dem neuen Fürsten Alles für das Glück und die Freiheiten des Landes hoffen dürfe.

23. Vorlesung.

§. 2. Ausgang des feudalen Königthumes.

Wir bemerken gleich hier, dass ein persönlich so tugendhafter Fürst, wie Karl I., daran zu Grunde ging, dass er die Ansprüche seiner kirchlichen Hoheit mit dem seit Richards II. Zeiten undefinirt gebliebenen feudalen königlichen Rechte in Gericht und Verwaltung verband und in Schottland widerrechtlich neu geltend machte. Sein fünftes Parlament, das 'lange', vom November 1640 an, erhob zu Beginn seiner Thätigkeit Ansprüche, wie das Oxforder von 1258, das der Ordainers von 1311 oder das 'erbarmungslose' der Appellanten von 1388. Aber Karl, überhaupt unbeugsamer als damals Heinrich III., Edward II. oder Richard II., gerieth in wahren, langen Krieg mit seinen parlamentarischen Gegnern.

---

[1]) Guizot, Hist. de la révolution d'Angleterre. I. 124.

Für denjenigen, welcher der mit Karls I. Regierung gleichzeitigen sonstigen Geschichte, vornehmlich des dreissigjährigen Krieges kundig ist, werden die Rechtsverletzungen dieses Fürsten nicht sehr erheblich erscheinen; bei jeder konnte er sich doch auch auf Präcedentien stützen; wie die Richards II. haben sie mehr dem Geiste als dem Wortlaute der Gesetze widersprochen. Von den gräulichen Hinrichtungen und sonstigen Racheacten, durch die Edwards II. und Richards II. Andenken befleckt ist, hat er sich ganz fern gehalten; kein Mensch von Bedeutung ist auf Karls I. Befehl auf dem Schaffot gestorben. In dem Kriege des königlichen und parlamentarischen Heeres haben beide Theile, Jeder im Bewusstsein seines guten Rechtes und ohne Schonung für den Gegner, auf englischem und schottischem Boden nie vergessen, dass sie doch éinem Staate angehörten und dessen Zukunft und Cultur nicht durch Brand und Raub schädigen dürften.[1]

Dadurch wird der Verfassungskampf geadelt, den wir die englische Revolution zu nennen pflegen, ein Kampf, in welchem alle die grossen politischen Theorien und die Fragen über das Verhältniss von Staat und Kirche, welche seitdem die Welt bewegen, zuerst zu durchgreifender und zum Theile erschöpfender Verhandlung gekommen sind.

---

[1] Reinh. Pauli, Aufsätze zur englischen Geschichte 265 ff.

Wie sich nun Karl I. in diesem Kampfe als einzig rechtmässiges Haupt des Staates und der Kirche fühlte und als solches von seinen Anhängern verehrt ward, so betrachteten ihn auch die Gegner, und zwar die begeisterten Soldaten zuerst, die allmählich die Führer fortrissen, als den, auf dessen Haupt alle Schuld für das vergossene Blut falle. Unmittelbar nachdem er sich seinen schottischen Rebellen ergeben hatte (April 1646), wurde nach schottischem Herkommen in deren Lager der Gedanke seiner Execution geäussert.[1]) Um Neujahr 1648 ward in einem Officiersrathe in Windsor beschlossen, dass es Pflicht sei, 'den Blutmenschen Karl Stuart zur Rechenschaft zu ziehen für das vergossene Blut und das Unheil, das er angestiftet, gegen Gottes Sache und Volk in diesen armen Nationen'.

Aber erst nach vollem Siege über ihre Gegner auch in Schottland und gewaltsamer Entfernung der widerstrebenden Majorität aus dem Hause der Gemeinen konnten sie zu einem gerichtlichen Verfahren schreiten, indem sie am 23. December 1648 die Einsetzung eines hohen Gerichtshofes von 150 Mitgliedern beschlossen. Das Oberhaus lehnte zwar folgenden Tags in Anwesenheit von zwölf Lords den Beitritt einstimmig ab und die sechs in den Gerichtshof Ernannten ihre

---

¹) Hallam II. 165.

Wahl in denselben; aber das Unterhaus erklärte am Weihnachtstage den Beitritt der Lords für unnöthig; 135 Mitglieder fanden sich doch,[1] an deren Barre der König voll edler Würde dreimal erschienen ist. Am 29. Januar 1649 ward das Todesurtheil verkündet. Noch ist der von dem Vorsitzenden Bradshaw, Lord Groby, Oliver Cromwell und sechsundfünfzig Anderen unterzeichnete Befehl erhalten,[2] durch welchen zwei Oberste und ein Oberstlieutenant beauftragt werden, folgenden Tags für die Vollziehung der Hinrichtung zu sorgen. Der Alderman Broughton, der vor derselben die Sentenz dem Könige zu verkünden hatte, betrachtete das, wie man noch heute auf seinem Grabsteine in Vevey liest, als eine göttliche Gnade.[3]

Die Ermordungen Edwards II., Richards II. und Heinrichs VI. sind noch mit dem Schleier des Geheimnisses bedeckt, wenn auch die beiden ersteren in viel schaudererregenderer Weise vollzogen worden. Gerade weil Karl I. die kirchliche Hoheit besass, das Haupt der anglicanischen Kirche war, die sie verabscheuten, und weil er kraft göttlicher Einsetzung als 'König im Rathe' Gesetzgebungs- und Besteuerungsrecht beanspruchte, die sie für die Gemeinen in Anspruch nahmen, — gerade dieser unlösbaren Competenzconflicte halber haben die

---

[1] Guizot II. 296.
[2] Carlyle, Cromwell's letters and speeches II. 103.
[3] Dignatus fuit sententiam regis regum profari.

Independenten ihrem Könige das Schicksal seiner Grossmutter bereitet. Ihr General Cromwell glaubte seinerseits die öffentliche Ordnung nur um diesen Preis behaupten zu können. Am 6. Februar ward das Oberhaus als unnütz für abgeschafft erklärt, am 7. die Republik, mit einem Staatsrathe als Regierung, proclamiert.

Aber des Getödteten Sohn, Karl II., erschien schon im nächsten Jahre in Schottland, wo er freilich (22. Juni 1650) noch vor der Landung die seinem Vater vor zehn Jahren abgerungene Verfassung, den Covenant, beschwören, und bald darauf eine demüthigende Versicherung für die Zukunft unterzeichnen musste. Die Niederlage von Dunbar, die Cromwell (3. September 1650) dem Heere der schottischen Presbyterianer beibrachte, war daher für Karl II. eine Erlösung von widerwärtiger Vormundschaft. Auf englischen Boden von Perth aus entwichen, fand er dort Anhänger, die sein Königthum im Sinne seines Vaters auffassten, aber bei Worcester (3. September 1651) eine vernichtende Niederlage durch Cromwell erlitten. Dann hat er zweiundvierzig Tage lang in acht verschiedenen Verstecken sich verbergen müssen, ehe er nach Frankreich entkommen konnte; fünfundvierzig uns mit Namen überlieferte Personen jeden Standes und ohne Zweifel viele Andere wussten wer und wo er war; keiner verrieth ihn")

---

¹) Guizot, République d'Angleterre I. 156.

obwohl das Parlament einen Preis von tausend Pfund auf seinen Kopf gesetzt hatte. So erfuhr er, wie tief doch die königliche Gewalt noch in den Gemüthern wurzelte.

Und auch Cromwell war hierüber nicht im Zweifel, ja selbst der Thatsache inne, dass die Nation einen König, Ober- und Unterhaus zur eigentlichen Staatsleitung verlange. Nach Sprengung des Rumpfparlamentes (20. April 1653), in welchem regelmässig nur noch fünfzig bis sechzig Mitglieder erschienen und wenig über hundert überhaupt zu erscheinen Erlaubniss erhielten,[1]) berief er wohl einen Staatsrath von Glaubensgenossen, ihrer acht Officiere und vier Juristen unter seinem Vorsitze; aber factisch war er als Lordgeneral Regent. Das erste in Britannien berufene Reichsparlament, das sogenannte 'kleine', aus lauter Männern der independentischen Congregationen bestehend, trat zusammen: 139 für England, 6 für Wales, 6 für Ireland, 4 für Schottland. Wenn aber noch unmittelbar nach der Verkündung der Republik die Richter erklärt hatten, dass die Gesetze Englands in Bezug auf das Gerichtswesen durch keine politische Veränderung erschüttert werden könnten, so nahm dieses Parlament (eröffnet am 4. Juli 1653) sie in allem Ernste vor, ernannte eine Commission für die Gerichtsaufsicht, wollte den

---

[1]) Hallam II. 177.

Kanzlerhof, trotz der zwanzigtausend an demselben schwebenden Eigenthumsprocesse, aufheben, bis sein Sprecher einen Beschluss erzwang, nach welchem dasselbe (12. December 1653) seine Rechte in die Hände Cromwell's niederlegte. Am 16. December liess dieser sich von den Generalen, dem Staatsrathe, den Richtern und der Stadtvertretung von London den Titel eines Protectors ertheilen; eine Art Thronsessel war für ihn, der bedeckt zu der Versammlung sprach, aufgerichtet. Ein Regierungsinstrument von zweiundvierzig Artikeln regelte Parlament und Civilliste und gestattete dem Protector ein Veto auf zwanzig Tage gegen Beschlüsse des Parlamentes: eine halb monarchische Beschränkungsform, die damals erfunden ward.

In einer rückläufigen Bewegung schien die englische Verfassung wieder in die Zeit Simons von Montfort zurückverlegt. Fast in dessen Sinne, doch nach einem Entwurfe des geschichtskundigen Puritaners Sir Henry Vane, liess der neue Protector ein Parlament erwählen, das er am 3. September 1654 eröffnete und wegen seiner Unfügsamkeit schon am 22. Januar 1655, als nach Ablauf von fünf militärischen Sold-, d. h. Mondmonaten[1]), schloss. Es bestand aus 251 Vertretern der englischen und walisischen Grafschaften,

---

[1]) Guizot II. 70 ff.

gewählt von Besitzern eines Vermögens oder Landes von 200 Pfund St. Werth, ferner aus 149 Vertretern der Städte und Flecken, die auf Grund der bisherigen Wahlform gewählt waren,[1]) endlich aus je 30 Vertretern für Schottland und Ireland. Man bemerkte, dass die Gesammtzahl der des echten Unterhauses von 506 Mitgliedern, die dasselbe am 3. November 1640 gezählt hatte, doch ziemlich entsprach. Schon neun Tage nach der Eröffnung verlangte Cromwell von Allen eine Erklärung, die allmählich über 300 wirklich abgaben, dass sie ihn als Protector und den Bestand des Parlamentes ausser Discussion lassen wollten.

Neue royalistische Erhebungen verhinderten zunächst parlamentarische Versuche. Am 3. August 1655 ward England in zehn, dann in zwölf Militärdistricte unter Major-Generalen getheilt, deren Mannschaften durch eine Vermögenssteuer der Royalisten bezahlt wurden.

Ein neues Parlament, nach dem Modus des vorigen gewählt, ward am 17. September 1656 eröffnet. Cromwell schloss hundertundzwei Mitglieder aus demselben aus, indem er ihnen keine Eintrittskarten gewährte, weil sie nicht gemäss dem Regierungsinstrumente vertrauenswürdig seien. Nach einer Monatsdebatte beschloss dieses Parlament am 25. März 1657 nach

---

[1]) Hallam II. 182.

dem Antrage eines Londoner Vertreters, des Alderman Pack, die offene Herstellung der Monarchie mit Cromwell als König und einem Oberhause. Nach langem Schwanken, bei welchem wiederholt auf die Rathsamkeit der Annahme des Königstitels bei Cromwell hingewiesen wurde, auch mit Rücksicht auf das Statut von 1496 über die Sicherheit der Unterthanen für das unter einem factischen Könige Geschehene,[1]) lehnte er doch (8. Mai 1657) den Königstitel selbst ab, der ihn der Armee entfremdet hätte.

Dafür aber nahm Cromwell (26. Juni 1657) die nach seinem Wunsche amendierte neue Verfassung an.[2]) Wie ein König empfing er, auf dem einst von Edward I. eroberten schottischen Königsstuhle sitzend, das Parlament. Er leistete nur den Eid, die reformierte Religion zu schützen, Frieden und Sicherheit, die Rechte und Privilegien des Volkes zu handhaben und nach dem Gesetze zu regieren — also versprach er in weltlichen Dingen weniger, als der Kroneid seit Edward II. verlangte. 'Seine Hoheit der Protector' war berechtigt, seinen Nachfolger zu bezeichnen und in das Oberhaus zu berufen; die Streit- und Hilfsmittel des Reiches standen zu seiner Verfügung; ihm allein ward der Eid der Treue geleistet. Kein Herrscher

---

1) Vgl. oben S. 242.
2) Ranke IV² 172 scheint mir doch zu bestimmt zu schliessen, dass er von Anfang dies als Ziel ins Auge gefasst habe.

Englands seit Wilhelm dem Eroberer hatte eine grössere Macht, und die seinige galt doch auch in Wales, Schottland und Ireland, in beiden letzteren Reichen fast unumschränkt.

Am 20. Januar 1658 ward das vervollständigte vorjährige Parlament von ihm neu eröffnet. In das 'andere' Haus hatte er fünfundsechzig Mitglieder wahrscheinlich erblich berufen, darunter hatten auch sieben des bisherigen Oberhauses die Berufung angenommen. Aber auch die im September 1656 Ausgeschlossenen mussten jetzt, da sie auf die neue Verfassung den Eid leisteten, aufgenommen werden. Sie bildeten mit den bisherigen Opponenten eine Majorität, welche die Anerkennung des Hauses der Lords, wie es nun bezeichnet wurde, verweigerte. Am 4. Februar löste der Protector auch dies Parlament auf, ganz plötzlich, ohne nur seine nächsten Räthe zu befragen. Da Cromwell in feierlicher Weise die Gewissensfreiheit als 'ein natürliches Recht' und als ersten Fundamentalbegriff des Staates ansah,[1] anderseits die feudalen Ordnungen brach und missachtete, so erscheint diese plötzliche Auflösung des letzten seiner Parlamente höchst bedeutsam. Es ist als ob ihm durch plötzliche Intuition die Unmöglichkeit klar geworden sei, eine monarchische Gewalt ohne kirchliche und feudale Hoheit und doch

---

[1] Carlyle, Cromwell's letters and speeches III. 259 (ed. Tauchnitz).

mit dem alten parlamentarischen Apparate aufzurichten oder auch nur zu behaupten.¹)

Nach Oliver Cromwell's Tode (3. September 1658) ward zwar sein Sohn Richard, obwohl von dem Vater schwerlich als Nachfolger bezeichnet, officiell allgemein anerkannt; aber schon im nächsten April musste er resigniren. Wiederholt trat dann das Unterhaus des langen Parlaments, zuerst nur in seinem verstümmelten Zustande, zusammen; aber unter Monk's Schutze wurden am 21. Februar 1660 die vor mehr als eilf Jahren ausgeschlossenen Mitglieder wieder in dasselbe geführt. Schon am 10. März verordnete es Neuwahlen nach dem frühern Modus ohne Verpflichtung auf die Republik und nur für England und Wales; am 16. löste es sich auf. Das neue Unterhaus trat am 25. April zusammen und gleichzeitig das alte Oberhaus, beide, als von keinem Könige berufen, nur als Convention. Im Oberhause fanden sich zunächst nur die zehn Lords ein, die noch 1648 ausgehalten hatten; aber schon nach zwei Tagen zählte man deren achtunddreissig.²) Beide Häuser sprachen sich am 1. Mai 1660 dahin aus, Karl II. möge von dem Königthume, zu dem er berufen sei, Besitz ergreifen; aber

---

¹) Ranke IV.² 190 meint, wohl kaum ausreichend für den grossen hier vorliegenden Conflict, 'Cromwell sei in der Bahn, die er eingeschlagen, irre geworden'.

²) Hallam II. 220.

die Lords beschlossen doch (4. Mai 1660), dass die seit dem Ausbruche des Bürgerkrieges vor siebzehn Jahren von König Karl ertheilten Titel und Ehren ungiltig sein sollten.[1]) Seinerseits hatte Karl in einer von Breda (4. April 1660) datierten[2]) Declaration nur Amnestie, Toleranz, Anerkennung der Güterkäufe und Bezahlung der Soldrückstände an die Truppen versprochen, all das mit Genehmigung des Parlamentes, dessen Rechte und Privilegien er mit gehäuften Ausdrücken 'wie Unsere persönlichsten und wesentlichsten Rechte' anerkannte. Am 29. Mai hielt er seinen Einzug in London.

Ueber die Nachfolge war Karl II., selbst kinderlos, nicht an dem dynastischen Erbrechte rühren zu lassen entschlossen; aber er kam dadurch mit seinem als Landesgesetz bestehenden kirchlichen Hoheitsrechte in den seltsamsten Conflict. Sein Bruder Jacob, der legitime Erbe, sollte wegen des 1669 vollzogenen Uebertrittes zum Katholicismus von den eifrigen Anhängern der englischen Kirche des Rechtes der Nachfolge beraubt und Karls natürlicher Sohn, der Herzog Jacob von Monmouth, zu derselben berufen werden. In der That hat der König dem zweiten Unterhause, das er im Jahre 1679 hatte erwählen lassen, im October 1680 einige entsprechende Anerbietungen gemacht; aber er ist doch rasch von denselben zurückgetreten. Hierauf hat

---

[1]) Guizot, Protectorat de Richard Cromwell II. 230 ed. Paris.
[2]) Ranke IV.[2] 294.

das Oberhaus die von den Gemeinen beschlossene Ausschliessung verworfen; wie nicht mehr seit Richards II. Zeiten, wäre es dabei unter den Lords fast zum Schwerterkampfe gekommen.[1]) Man kam wohl dem Könige selbst mit neuen Heirathsprojecten; er aber fand den Muth, nicht nur dies Parlament aufzulösen (Januar 1681), sondern auch einem neuen, nach Oxford berufenen, in welchem seines Bruders Gegner — wie ebenda im Jahre 1258 — mit vielen Bewaffneten erschienen, schon im März 1681 dasselbe Schicksal zu bereiten. Als er nach geheimem Uebertritte zur katholischen Kirche (den 6/16. Februar 1685) allgemein beklagt starb, konnte Jacob II. ohne Widerstand proclamiert werden.

Dessen Rede an den Geheimen Rath, noch am Nachmittage gehalten, war wohl das Verständigste seiner Regierung, da er die englische Kirche, die bestehenden Gesetze und seine eigene Autorität zu wahren versprach.[2]) In der That hat dann aber dieser Fürst alle die Vorwürfe über Blutdurst, religiöse und politische Tyrannei, die gegen seinen ernsten und hochgebildeten Vater erhoben worden waren, wirklich und reichlich verdient. Mit dem dispensierenden Rechte der Krone glaubte er den Schlüssel zu jeder Gewaltthat gefunden zu haben: er hat Richter und Mitglieder des Rathes ihres Dienstes entlassen, die Bischöfe die sein

---

[1]) Macaulay I. 255.
[2]) Macaulay II. 16.

angebliches Recht bestritten, ins Gefängniss gesteckt;
als Haupt der englischen Kirche glaubte er dieselbe
wieder dem Papstthume unterwerfen zu dürfen. Zu
den Blutthaten, die sein Andenken so schwer als vor
dreihundert Jahren das Richards II. beflecken, gaben
zwei unbedeutende Erhebungen im Juni und Juli, bald
nach seiner Thronbesteigung, den Anlass. An sich war
nach damaligem Rechte die Strafe natürlich, welche
die Führer zu erleiden hatten. Wenn der Graf von
Argyle in Schottland und jener Bastard Monmouth, der
sich nach seiner Landung seinerseits als König Jacob II.
hatte ausrufen lassen (20. Juni 1685) und auf den
Kopf des echten Jacob einen Preis setzte — er, zu
dessen Gunsten der nunmehrige König hatte excludirt
werden sollen — wenn diese Beiden hingerichtet wurden,
so war das nur zu billigen. Aber mit Entsetzen vernahm man doch, wie Jacob II. unköniglich dem ge-
bundenen unglücklichen Neffen, der seine Gnade in
einer Audienz anrufen durfte, dieselbe mit Schmähungen
abgeschlagen hatte. Noch jetzt erfüllt mit Grauen,
wie Kirke's 'Lämmer', das jetzige zweite Regiment,
Schuldige und Unschuldige nach dem Entscheidungs-
treffen von Sedgemoor umgebracht haben, wie durch
Scheinjustiz in ganz England dreihundertunddreissig
Menschen auf das Schaffot gebracht, über achthundert
als Sklaven verschifft, wie in Schottland selbst junge
Mädchen ertränkt wurden, weil sie sich weigerten,

König Jacob als von Gott auserwählt zu bezeichnen oder die rein reformierte Form des Gottesdienstes der episcopalen vorzogen.

Da war es denn das verhängnissvolle Ereigniss, dass am 10. Juni 1688 dem alten Fürsten von seiner modenesischen Gemahlin noch ein Prinz von Wales, der Prätendent Jacob III., geboren wurde. Schon am 30. Juni gieng die entscheidende, wenn auch vorsichtig gehaltene Erklärung[1] nach dem Haag ab; sie war enthalten in einer von sechs der angesehensten weltlichen Grossen und dem Bischofe von London unterzeichneten chiffrierten Depesche an Jacobs Neffen und Eidam, den Prinzen Wilhelm von Oranien. Durch dieselbe ging 'nicht etwa ein Antrag an den Prinzen, die englische Krone anzunehmen, sondern ein Plan einer unter dem Rückhalt der Streitkräfte, die er herbeiführen werde, vorzunehmenden allgemeinen Erhebung gegen die jetzige Regierung des Königs'; es wurde der Prinz von Wales für untergeschoben erklärt, Wilhelm aber gebeten, mit ausreichender Truppenmacht nach England zu kommen, wo neunzehn Zwanzigstel der Bevölkerung dem unerträglich gewordenen Zustande ein Ende zu machen oder wie man jetzt sagen würde, die Continuität der Verfassungsentwickelung herzustellen wünschen. Am 5. November landete Wilhelm in der Bucht von Tor-

[1] Ranke VI.² 179.

bay; nach kurzen Schwankungen erfolgte, wie bei den Landungen von 1326 und 1399¹) ein allgemeiner Abfall. Am 9. December sendete Jacob II. Gemahlin und Sohn über das Meer, am 11. wollte er selbst folgen, ward von Fischern erkannt und gewaltsam zurückgebracht; aber Wilhelm wollte keine Wiederholung der Schreckensscenen, unter denen Edward II., Richard II. und wahrscheinlich Heinrich VI. geendet haben: er gab seinem Schwiegervater am 23. December (2. Januar 1689) Gelegenheit, von Rochester zu entfliehen.

Schon zwei Tage vorher hatte er in London, wie Isabella und Heinrich von Lancaster 1326 und 1399 in Bristol, die anwesenden Peers, ihrer siebzig geistliche und weltliche, zu einer Versammlung berufen, 'um zu berathen, wie seine Proclamation erfüllt werden könne, dass ein freies Parlament zur Erhaltung der protestantischen Religion, zur Wiederherstellung und Sicherung der Freiheiten und Rechte des Königreiches berufen werde'. Die Versammlung beschloss doch nur eine Billigung des von dem Prinzen Gethanen.²) Noch zwanzig Peers mehr, dazu alle in London Anwesende, die in einem Parlamente Karls II. gesessen, Lord-Mayor und Stadtrath von London fanden sich am 24. December (3. Januar) ein,³) welche

---

¹) Vgl. oben S. 216 und 226.
²) Hallam III. 70.
³) Macaulay III. 384.

des Geflohenen Protest nicht verlesen liessen und zwei Adressen an Wilhelm richteten: die eine, dass er provisorisch auf Monatsfrist die Regierung übernehmen, die andere, dass er den berechtigten Wahlkörpern des Königreiches den Befehl zukommen lassen möge, Repräsentanten nach Westminster zu senden. Wie das zusammengekommene Parlament über die Krone verfügte, ist im Eingange dieses Kapitels erzählt worden.

Obwohl man aber bei der Berathung der Declaration wieder übereinkam zu erklären, 'König Jacob habe der Regierung entsagt und der Thron sei dadurch vacant', so hielt sich das Parlament zwar thatsächlich an die mässigen Formen jener mit so gräulichen Erinnerungen verbundenen beiden früheren Absetzungen von Königen; aber es scheint derselben bei den Discussionen[1] nicht gedacht worden zu sein.

24. Vorlesung.

§. 3. *Einschränkungen und Erweiterungen.*

Wenig bemerkt und doch für die Action der königlichen Gewalt überaus wichtig ist die Veränderung der Heeresordnung in dieser Periode. Noch war Edwards I. Statut von Winchester in voller Geltung mit den durch die neuere Bewaffnung bedingten Veränderungen.[2] Im Jahre 1402 war noch einmal durch Statut festgesetzt, dass, Fälle eines feindlichen Einfalles

---

[1] Ranke VI.² 127.
[2] Vgl. oben S. 145 und 242.

ausgenommen, Niemand ausserhalb seiner Grafschaft, und dann nur auf Kosten des Königs zu dienen habe. Aber seit Juli 1282 werden die Aushebungen oder besser Pressungen von Soldaten nach königlichem Ermessen neben den Sheriffs besonderen Commissären der Heeresordnung (array) mit grösserer Machtbefugniss übertragen.¹) Diese erhielten zuweilen seit Heinrich VIII. den Charakter von königlichen Stellvertretern, Lieutenants, und als solche unter Edward VI. (1549) auch Richterbefugnisse. So wurden 'Königsstellvertreter' als ein vorhandenes Amt unter Maria Tudor vorgefunden und nach der Empörung, welche Johanna Grey auf das Schaffot brachte, wohl noch im Jahre 1554, mit einer den Ealdormen der angelsächsischen Zeit ähnlichen Befugniss zu einem Institute der Lordlieutenants gestaltet, das diesen Namen jedoch später und definitive Gestalt erst unter Karl II. erhielt.²) Von dem Sheriffamte wurde dadurch ein neuer Zweig, der der Aushebung und Befehligung der Miliz, abgetrennt. Das Amt ward Angehörigen und meist den Häuptern des treuen Adels vertraut.

Aber erst viel später ist es zu Anfängen eines eigentlichen stehenden Heeres gekommen. Noch unter Maria im Jahre 1558 wurden wohl die alten Statuten über die Waffenpflicht der Einzelnen mit den der Zeit

---

¹) Stubbs II. 284 f., III. 278 ff.
²) Gneist, Selfgov. III.

entsprechenden Veränderungen eingeschärft, auf Jacobs I. erstem Parlamente jedoch ganz abgeschafft; ein Versuch Karls I., durch Geheimerathsbefehl von 1638, die wohlhabenderen Grundbesitzer zu steter Bereithaltung von Cavalleristen nach Befehl des Lordlieutenants zu bringen, ist ohne Folgen geblieben.¹) Das erste Regiment im modernen Sinne, auch jetzt noch mit dieser Nummer, ist aus den vornehmlich schottischen, geworbenen Truppen gebildet worden, die zu Karls I. Zeit unter Gustav Adolf in Deutschland kämpften.²) Dann entstand nach holländischem Muster die Armee der 'Rebellion', deren Unterhalt den wahren Gegenstand des Conflictes mit Cromwell bildete, welchem das lange und das kleine Parlament erlagen; wie Clerus und Adel zu Stephans I., Richards I. und Johanns Zeit, mochten sie eben die Mittel für den Unterhalt von Söldnern nicht bewilligen. Mit der Restauration Karls II. wurde ein kleiner Theil der Independentenarmee beibehalten. Es blieb bei diesen auch die rothe Uniform, welche Cromwell's Erfindung zu sein und aus dem Jahre 1644 zu datieren scheint.³) Dieser Rest wurde zu Bildung einer königlichen Armee verwendet und mit Cavalieren vermischt, welche der königlichen Sache während des Bürgerkrieges treu gedient hatten. So

---

¹) Hallam II. 100.
²) Macaulay, Hist. of Engl. I. 291.
³) Carlyle, Cromwell's letters and speeches IV. 259, n. 34.

sind die Leibgarden zu Fuss und zu Pferde, die beiden Regimenter der Fuss- und der von Monk schon vor Karls Ankunft so benannten Coldstreams-Garden, sowie die vier ersten Linienregimenter, die alle noch heute bestehen, entstanden, ein fünftes bildet den Stamm der Marinesoldaten.¹) Es waren im Ganzen doch 5000 Mann.²) Ihre Erhaltung lag dem Könige ob und wurde von dem Parlamente stets mit Misstrauen bewacht, wie diesem denn Karl II. einmal versicherte, er sei zu sehr Engländer, um nicht auch seinerseits die baldige Entlassung derselben zu wünschen: er hielt sie zum guten Theile in auswärtigen Stationen, in Tanger und in den Niederlanden, hier auf deren Kosten. Aber ein Militärgesetz gab es nicht, dem sie unterstanden; Militärstrafen konnten nicht verhängt werden; jede Verfehlung musste als Civil- oder Criminalklage vor die gewöhnlichen Gerichte gebracht werden, den Kriegsfall ausgenommen, wo die äusserste Strenge der ebenfalls alten Gesetze galt. Desertion z. B. von Jacob II. zu Wilhelm von Oranien konnte desshalb so gar leicht vorkommen.

Die völlige Lösung der Lehensbande durch Karls II. erstes Parlament hat diese lockere Disciplin nur noch mehr erleichtert, von der Wilhelms strenge gehaltene

---

¹) Macaulay I. 240.
²) Hallam II. 232.

holländische Truppen die Engländer erst wieder entwöhnen sollten.

Durch ein Statut, welches im November 1660 das Unterhaus passierte,[1]) wurden alle königlichen Ansprüche auf Einkommen von Lehnbesitz, sowie alle Lehndienstlasten aufgehoben, indem man an deren Stelle einfache Erbzinspacht setzte, das Königthum aber durch die Einführung des Accisezolles entschädigte. Das Conventionsparlament ging hierin sogar weiter als das lange noch im Jahre 1641, das doch nur alle feudalen Obrigkeiten beseitigt hatte. Gleich den Titeln[2]) hatten aber nur die bis zum Anfange des Jahres 1642 vor dem offenen Bruche mit Karl I. geschehenen Acte desselben Giltigkeit. Wenn also die Mitglieder der Opposition auf dem Oxforder Parlamente von 1681 mit zahlreichen bewaffneten Gefolgen erschienen, so bestanden diese nur aus Pächtern, die durch kein Lehensband verpflichtet waren, sondern nach eigener Neigung den Gutsherren folgten.

Die regelmässige gerichtliche Organisation hat in dieser Periode keine Veränderung von Erheblichkeit erfahren, mit Ausnahme der Beseitigung der Lehenhöfe durch das eben erwähnte Statut. Aber das persönliche Eingreifen der Könige in den Gerichtsgang

---

[1]) Hallam II. 231.
[2]) Vgl. oben S. 283.

hörte auf. Als König Jacob I. einem Bischofe noch eine Pfründe ertheilt hatte und die Richter dies ungesetzlich fanden, königliche Schreiben aber an jeden einzelnen Richter ergiengen, sich des Urtheils zu enthalten bis sie die königliche Willensmeinung vernommen hätten — da erklärten die Richter einstimmig, dass ihr Eid ihnen verbiete, auf irgend welche Briefe dem Gesetze zuwider Rücksicht zu nehmen.[1]) Wegen der Form der Erwiederung haben sie sich knieend eine Zurechtweisung des Geheimen Rathes gefallen lassen müssen; bei dem Inhalte verblieben sie, wenn auch alle bis auf den Oberrichter zugaben, dass der König den Processgang wegen mündlicher Rücksprache mit den Richtern in einem bestimmten Falle hemmen könne. Unter Jacob II. haben sie 1686 die Anstellung katholischer Officiere kraft der dispensierenden Gewalt der Krone gut geheissen, 'da die englischen Gesetze solche des Königs seien': zwei widersprechende verloren ihre Posten. Die Folter, die im Anfange des 15. Jahrhunderts zuerst und widerwillig gegen Lollarden angewendet wurde, wie unter Elisabeth gegen Verschwörer katholischen Bekenntnisses, war unter Jacob I. von der Pulververschwörung (1605) an mehrfach in Anwendung gekommen; aber ein Gesammtbeschluss der Richter erklärte sie für illegal, als Karl I. ihre Anwendung gegen

---

[1]) Hallam I. 255.

den puritanischen Mörder seines Freundes Buckingham (Juni 1628) verlangte. Absetzungen von Richtern durch königlichen Gewaltact sind unter den Stuarts wiederholt vorgekommen. Ich erwähnte, wie Jacob II. Richter wegen eines Votums entliess; sein Grossvater hat noch den Oberrichter Coke abgesetzt. Erst durch die Thronfolgeacte von 1701 ist es Landesgesetz geworden, dass die Richter, wie wahrscheinlich auch bis auf Jacob I. immer, auf Lebenszeit (quamdiu se bene gesserint) ernannt wurden, nicht wie die Stuarts und selbst Wilhelm III. vorzogen, auf Widerruf (durante placito).[1]) Verfassungsrechtlich ist die unter Maria, (1556) getroffene Bestimmung bedeutend, dass in Hochverrathsprocessen dem Angeklagten zwei Kronzeugen gegenübergestellt werden müssen.

Der ausserordentliche Gerichtshof der Sternkammer hat in dieser Periode noch mehrere Nachahmungen gefunden. Durch den Suprematsact war Elisabeth 1562 bevollmächtigt worden, alle demselben widerstrebenden Personen durch Commissäre, die unter dem grossen Siegel ernannt seien, aburtheilen zu lassen: 1583 ward dann die definitive Organisation der Behörde vorgenommen: von den vierundvierzig Mitgliedern sind zwölf Bischöfe, eine Anzahl Geheime Räthe, die Uebrigen Geistliche oder Laien. Schon drei

---

[1]) Hallam II. 142.

von ihnen, darunter ein Bischof, sind zur Vornahme von Untersuchungen und Bestrafungen berechtigt, ob zu Einkerkerung und Geldbusse oder Verstümmelung, war, so oft es auch geschehen ist, selbst den Zeitgenossen zweifelhaft, wie es denn [1]) von dem Oberrichter Coke bestritten wurde, der der hohen Commission nur kirchliche Strafe zu verhängen für gestattet hielt. Andere ausserordentliche Gerichtshöfe, wie der Rath von York, sind ebenfalls durch Interpretation von vorhandenen Statuten entstanden. Alle wurden im März 1641 durch Statut, welchem Karl I. nur zögernd seine Zustimmung gab, aufgehoben und alle Versuche, sie nach der Restauration wieder herzustellen, blieben erfolglos.

Das Recht der Krone, im Einzelfalle durch Geheime Raths-Erkenntniss von einem bestehenden Gesetze zu dispensieren, kann für jene Zeit nicht bestritten werden. Karl II. war, hierin Cromwell ganz gleich, ein Anhänger der Religionsfreiheit. Er hat das in der Gesetzgebung für den confessionslosen Staat von Rhode-Island am 8. Juli 1663 hinlänglich documentiert. Schon in der Bredaer Declaration von 1660 hat er diese Ueberzeugung auch für England trotz der Reservierung des Parlamentrechtes feierlich niedergelegt. Aber Religionsfreiheit widersprach, wie früher bemerkt

---

[1]) Hallam II. 74.

ward, in flagranter Weise des Königs Rechtsstellung als Hauptes der englischen Kirche. Er musste im Jahr 1662 zu Gunsten der anglicanischen Kirche ein neues Uniformitätsstatut genehmigen, durch dessen Ausführung zweitausend puritanische Geistliche ihrer Aemter beraubt wurden.¹) Durchdrungen von der Nothwendigkeit der Religionsfreiheit, verkündete er dennoch am 15. März 1672 eine Declaration der Indulgenz, wonach er, auf eine zwölfjährige Erfahrung gestützt, gerade als Haupt der englischen Kirche alle Strafen gegen Nonconformisten und Recusanten aufhob; allen Dissenters werden Bethäuser und Geistliche in angemessener Zahl — wie einst den Hugenotten in Frankreich — gestattet, Katholiken doch der häusliche Gottesdienst. Das Parlament erzwang aber im Februar 1673 nicht nur die Aufhebung dieser Duldungserklärung, da der König durch sein Gnadenrecht nicht die Wirksamkeit eines Gesetzes aufheben dürfe, sondern bestimmte durch die Testacte, welche erst am 28. April 1828 zu Gunsten der Dissenters wieder aufgehoben wurde, dass zur Bekleidung jedes öffentlichen Amtes der Treue- und Supremateid geleistet, der Empfang des Abendmahles nach englischem Ritus nachgewiesen und die Abschwörung der Transsubstantiation vorgenommen werde.

¹) May III. 75.

Und auch der andere berühmte Act dieser Regierung, die Habeas-corpus-Acte von 1679, ist nur auf dem Wege parlamentarischer Verfassungsdeutung im Gegensatze zu dem königlichen Dispensationsrechte und der Willfährigkeit der Oberrichter, es zu interpretieren, entstanden: das Statut setzt fest, dass kein Gefangener ausser seiner Grafschaft gehalten, nie ohne schriftlichen, mit den Gründen seiner Verhaftung versehenen Befehl in ein Gefängniss aufgenommen, innerhalb drei, höchstens, in bestimmten Fällen, zwanzig Tagen vor den Richter und regelmässig gegen Bürgschaft auf freien Fuss gestellt werden muss.

Im äussersten Maasse, bis zu völliger Aufhebung des ganzen Rechtszustandes, wie das ihm auch sofort bemerkt wurde, machte Jacob II. von dieser dispensierenden Gewalt der Krone Gebrauch. Die Testacte machte er illusorisch durch Patente unter dem grossen Siegel an katholische Officiere, das parlamentarische Steuerbewilligungsrecht durch Geheimerathsbefehle zur Leistung herkömmlicher Abgaben, die Gesetze gegen die der anglicanischen Kirche Nichtangehörigen speciell durch eine Erneuerung und Verschärfung der Indulgenzerklärung seines Bruders (18. April 1687), letzteres unter Vorbehalt der zu erwartenden Bestätigung des Parlamentes, dessen Auflösung er doch (2. Juli 1687) aussprach. Er nöthigte die Bischöfe, bei zweiter Publication der Gewissensfreiheit sie von den Kanzeln verlesen zu lassen; da sich deren sieben nach sorgsamer Berathung[1]) ausdrücklich weigerten, auch auf ihr Recht als Peers hinwiesen, liess er sie in den Tower bringen; aber die Geschworenen sprachen sie frei.

Zweifelhaft war, wie weit die Krone berechtigt sei, Monopole zu gründen: noch unter Elisabeth erhob sich, besonders im Jahre 1597, der Streit, da Kohlen, Leder, Seife für solche erklärt wurden. Die Königin gab in einzelnen Artikeln nach; das Recht als solches liess sie sich nicht bestreiten. Aber formell gesetzlich war eine ganze Anzahl wenn auch sehr drückender Steuern, die Karl I. in der parlamentslosen Zeit 1629 bis 1640 erheben liess: die hohen Bussen für versäumten Ritterschlag, für Verletzung der von Edward I. revocierten Forstordnung, so viel ich sehe selbst die Auflegung des Schiffsgeldes, erfunden von dem Staatsanwalt Noy (October 1634); ob die Londoner Privilegien die Bürger eximierten, würde auch heute zweifelhaft sein: ihre Busse soll 35.000 Pfund Sterling eingetragen haben. Das lange Parlament hat die Erhebung sofort für illegal erklärt und Karl I. sich gefügt.

Gerade von Heinrich VIII. beginnt die Autorität des Unterhauses wieder auf die Ansprüche in Hein-

---
[1]) Ranke VI.² 127.

richs IV. Zeit zurückzugreifen. Er selbst[1]) hatte demselben dreiunddreissig Mitglieder zugeführt; um sich Majoritäten zu sichern gaben seine Nachfolger kleineren Orten Wahlrecht: Edward VI. 14 neuen und 10 desselben beraubten, Maria 21, Elisabeth 60, Jacob I. 27; unter Karl I. sind 15 constituiert, unter Karl II. 1673 ist die Grafschaft und Stadt Durham aufgenommen worden. Die Zahl von 513 Mitgliedern ist seitdem[2]) als die regelmässige bis zur Union mit Schottland und über dieselbe hinaus betrachtet worden.

In zwei grossen Acten tritt die Gesammtheit der Competenzconflicte zwischen Königthum, Parlament und Gerichten hervor.

Die Bitte um Recht vom Jahre 1628[3]) ist hie und da von anfechtbarer Sachkenntniss nach heutigem Stande unserer Verfassungskunde. Der Statutenentwurf 'de tallagio'[4]) figuriert gleich im ersten Artikel; aber die Tradition von den durch die Magna Charta und nach derselben erworbenen Rechten ist doch treffend den einseitigen und gewaltthätigen Ansprüchen Karls I. gegenüber hervorgekehrt. Nur mit Parlamentsgenehmigung sollen fortan der Krone Gelder gegeben werden, kein Zwang gegen Einzelne um unbewilligter

---

[1]) S. oben S. 250.
[2]) Vgl. oben S. 279.
[3]) Stubbs, Sel. chart. 505.
[4]) Vgl. oben S. 211. Der Kürze halber habe auch ich wiederholt das Statut als 'de tallagio' bezeichnet.

Gelder willen gestattet sein, kein Verfahren durch Kriegsgerichte und Heerbanncommissionen, keine willkürliche Verhaftung, keine Einquartierung von Soldaten stattfinden.

Die Declaration der Rechte vom 13. Februar 1689 ist von einem der Krone gegenüber um so mässigeren Charakter, als Wilhelm während der Berathung sonst schwieg, aber doch erklärte, 'die Prärogative nicht schwächen lassen' zu wollen.[1]) Und bis sie am 3. November 1689 durch Statut Landesgesetz wurde, ist sie noch mehr gemildert worden.

Sie hebt als ungesetzliche Handlungen Jacobs hervor: 1. die Anmaassung der dispensierenden und suspendierenden Gewalt, obwohl die Peers durchsetzten, dass im eilften Artikel des definitiven Statuts bestimmt wurde, dass nur die neuerlich geübten Formen von Dispensationen untersagt würden, unter bestimmten Voraussetzungen aber die Kronprärogative gewahrt bleibe.[2]) 2. Verhaftung von Prälaten wegen Petition, die Allen im siebenten Artikel gestattet wird. 3. Einrichtung eines kirchlichen Gerichtshofes, der durchaus untersagt wird. 4. Gelderhebung in anderer als vom Parlamente beschlossener Weise. 5. Haltung und Einquartierung von Truppen, deren erstere schlechterdings ohne Parlamentsgenehmigung untersagt wird.

---

[1]) Ranke VI.³ 274.
[2]) Hallam III. 18.

6. Entwaffnung protestantischer Unterthanen, denen das ausschliessliche Waffenrecht gesichert wird. 7. Verletzung der Wahlfreiheit zum Parlamente. 8. Verfolgung von Fällen, die dem Parlamente gehören, von Kriegsbruch. 9. Aufnahme von Nichtgrundbesitzern in Jurys. 11. Auflegung übermässiger Geld- und grausamer Körperstrafen. 12. Verwilligungen von Bussen und Confiscationen vor gefälltem Urtheil. Dem entsprechen nun die dreizehn von Wilhelm und Maria aufrecht zu haltenden Grundrechte. Unter denselben gibt[1]) der neunte Artikel Sicherung der Freiheit der Rede, Debatte und Verhandlung im Parlamente, so dass diese nicht zum Gegenstand einer Anklage oder Untersuchung werden sollen an irgend einem Hofe oder Platze ausser im Parlamente selbst. Der dreizehnte Artikel bestimmt: dass Parlamente 'häufig' gehalten werden sollen, um Beschwerden abzustellen, Gesetze zu bessern, zu stärken und zu erhalten. Durch das Statut vom 3. November wurde noch der Ausschluss von Katholiken oder mit Katholiken Vermählter von dem Kronanspruche und Kronbesitze hinzugefügt.

---

[1]) Vgl. unten S. 302 ff.

25. Vorlesung.

Sechstes Kapitel.
Parlamentarische Parteiregierung.
23. Februar 1689 — 7. Juni 1832.

Bei Jacobs II. Vertreibung bestand die Vollgewalt 'oberster Regierung in allen Angelegenheiten kirchlichen wie weltlichen' fort, wie Königin Elisabeth den Supremat modificiert hatte,[1] wenn auch das Statut der Rechte von 1689, die Aufhebung des Feudalwesens von 1660, die Habeas-corpus-Acte von 1679, ja selbst die Testacte von 1673 — die zwar königlichen Supremat gebot, aber doch katholische Abendmahlslehre untersagte — der Willkür gewisse Schranken gezogen hatten. Den Parlamenten stand aber bis auf Wilhelm III. das Königthum rechtlich noch genau wie in den Zeiten der Plantagenets und Heinrichs VIII. gegenüber; ja die Präcedentien der durch Statut gesicherten Fälle Haxey und Strode[2] sind oft genug von der Krone verläugnet worden. Das Unterhausmitglied Strickland, dem Elisabeth wegen eines Eingriffes in ihre Prärogative 1571 den weitern Besuch des Parlamentes durch eine Art Hausarrest[3] untersagte, durfte auf Reclamation der Gemeinen wohl seinen Sitz einnehmen. Am

---
[1] Ranke I.¹ 302.
[2] Vgl. oben S. 221, 248 ff.
[3] Hallam I. 185.

18. December 1621 haben dieselben sogar förmlich beschlossen, dass kein Mitglied wegen einer gethanen Aeusserung ausserhalb des Hauses zur Rechenschaft gezogen werden dürfe; aber Jacob I. hat das Blatt aus dem Protokollbuche gerissen. Karl I. hat im Januar 1642 fünf Mitglieder selbst zu verhaften sich in das Haus begeben, Jacob II. in seinem letzten Parlamente sich von den Gewählten schwören lassen, nicht gegen die Regierung zu stimmen. Erst Art. 9 der Declaration vom 10. Februar und demgemäss des Statuts der Rechte vom 3. November 1689 (denn nur in regulärem Parlamente konnte, wie bemerkt, ein solches abgefasst werden) bestimmte die volle Sicherung der parlamentarischen Redefreiheit; ob aber gedruckte Reden von Parlamentsmitgliedern, welche strafbare Aeusserungen gegen Privatpersonen oder gar den Souverän bringen, gerichtlichem Urtheile unterliegen, ist eine noch heute zweifelhafte Frage; im Jahre 1795 und 1813 sind Mitglieder beider Häuser[1] deshalb von den Gerichten gestraft worden, und das Unterhaus hat damals ausdrücklich erklärt, dass ein Privilegienbruch nicht vorliege.

Ganz unerwartet erscheint uns die Wandlung des Königthums in kirchlicher Beziehung. Erzbischof Thomas Cranmer[2] sagte bei Edwards VI. Krönung,

---

[1] May, Parl. 305.
[2] Ranke, Engl. Gesch. I. 226.

er sei durch den Act der Stellvertreter Gottes in England. In diesem Sinne hatte schon Heinrich VIII. in den sechs Artikeln von 1539 den Glauben reguliert und ward nun der Protestantismus in einer reformierten Form eingeführt, obwohl diese principiell jede andere Kirchengewalt als die der Gemeinde ausschliesst. Dennoch war unter Elisabeth das Gebäude der englischen Hochkirche — mit dem Souverän als Haupt, mit der alten bischöflichen Ordnung sammt den Convocationen, aber englischem Gottesdienste und einer entschieden unkatholischen Auffassung der wichtigsten Dogmen — in seine bleibende Gestalt gebracht und diese ist, wenn auch modificiert, unter den Stuarts auch über Schottland verbreitet worden.

Aber eben hier erfolgte der Bruch der unnatürlichen Einrichtung. Die anglicanische Kirche widerstrebte von Anfang den Grundanschauungen der schottischen reformierten Bevölkerung und war von 1640 bis 1662 abgestellt, dann aber wieder eingeführt worden. Unter Karl II. und Jacob II. ward sie nur als gewaltsamer Druck empfunden. Ein solcher ward auch wirklich zu ihren Gunsten mit den dem schottischen Geheimen Rathe zur Verfügung stehenden fünftausend Mann Truppen gegen alle anders Denkenden geübt. Sie fiel unmittelbar mit Jacobs II. Vertreibung aus England. Das schottische Parlament, ebenfalls nur als Convention, beschloss zwar nach schottischem Herkommen unbedenklich die förmliche, in England doch nie ausgesprochene 'Absetzung Jacobs II. wegen Missregierung' und die Wahl Wilhelms und Marias zu König und Königin, welche diese am 11. Mai feierlich annahmen; aber zugleich beschloss die schottische Convention die Abschaffung des 'Prälatenthums'. Die Ständeversammlung Schottlands, welche im Sommer 1690 unter der Leitung Lord Melville's als Hochcommissär tagte, verfügte auf diesem Wege fortfahrend die Absetzung aller der anglicanischen Kirche angehörigen Geistlichen und das förmliche Verbot ihres Bekenntnisses in Schottland; denn sie hielten es für Sünde, 'die Amalekiter' länger zu dulden.[1]) Bei der Union Schottlands mit England vom 6. März, mit Einführung vom 1. Mai 1707, über deren parlamentarischen Inhalt[2]) früher die Rede war, wurde eben diese exclusive presbyterianische Kirche für Schottland wie die anglicanische für England anerkannt. In dem nunmehrigen Parlamente von Grossbritannien sassen 16 schottische erwählte Peers neben 185 erblichen englischen, 45 schottische Gemeine neben 513 englischen als vollberechtigt.

Und doch waren für ihre englischen Glaubensgenossen die alten Strafgesetze nur gemildert und auch das nur für einen Theil dieser Glaubensgenossen. Am

---

[1]) Macaulay VI. 298.
[2]) Vgl. oben S. 38 f., 48 f. die neueste Modification.

25. März 1689 bereits liess Wilhelm III. ein Statut veröffentlichen, die Tolerationsacte, durch welches von den im Jahre 1582 festgesetzten Strafen gegen Conventikel und Versäumniss des anglicanischen Gottesdienstes diejenigen Dissenters befreit werden, die den Huldigungseid leisten und eine Declaration gegen das Papstthum unterschreiben, dazu die Prediger und Lehrer der Sectirer, welche bis auf drei und einen halben die neununddreissig Artikel des anglicanischen Glaubensbekenntnisses von 1562 unterzeichnen;[1]) ihre Bethäuser werden registriert und gegen Insulten geschützt. Die Toleranz erstreckte sich auf die Quäker, sofern sie Scheine gegen Transsubstantion und für Treue gegen die Regierung, sowie mit allgemeiner Versicherung christlichen Glaubens unterzeichneten. Wie viele Secten konnten aber diese Bedingungen ohne Sünde nicht erfüllen, von den Katholiken ganz abgesehen, denen noch im Jahre 1700 Erwerb und Eigenthum von Grundbesitz entzogen, Kindererziehung in ihrem Glauben untersagt ward; ja auf die Denunciation katholischen Gottesdienstes war eine Belohnung von 100 Pfund Sterling gesetzt![2])

Und so sahen auch die Schotten des Parlamentes sich in einer peinlichen Ausnahmsstellung, die noch stärker empfunden werden musste, da die Universität

---

[1]) Hallam III. 127. May III. 78, 93.
[2]) May III. 79.

Oxford durch Unterlassung eines Glückwunsches wegen der Union ihre kirchliche Missbilligung ausdrückte.[1] Es ist daher ganz begreiflich, dass die Schotten ihrerseits sich bei der Union noch besonders durch einen 'Sicherheitsact' schützten, nach welchem für immer nur ein presbyterianisches Kirchenregiment in Schottland bestehen dürfe: der Souverän soll das fortan sogleich bei der Thronbesteigung beschwören.

Nun musste er aber nach dem Statute der Rechte (Art. 10), wie es neuerlich, am 3. November 1689, für England publiciert war, bei der Thronbesteigung sogar vom Throne herab im Oberhause vor versammeltem Parlamente einen Eid unterzeichnen und 'hörbar' aussprechen, wonach er, gemäss dem Statute von 1661, sich als Glied der anglicanischen Kirche bekannte. Die königliche Gewalt war gleichsam widerwillig auf den Weg der Religionsfreiheit gedrängt.

Dennoch ist von 1711 bis 1719 die Tolerationsacte in wesentlichen Bestimmungen annulliert gewesen.[2] Erst im April 1777 wurden die dissentierenden Prediger und Lehrer von jener Unterzeichnungspflicht durch eine allgemeinere Formel befreit.[3] Im Mai 1828, ein Jahr vor der Katholikenemancipation, haben die Dissenter endlich durch den Erlass der betreffenden reli-

---

[1] Stanhope, Queen Anne I. 323 (Tauchnitz ed.).
[2] May III. 79 ff. Hallam III. 180 f.
[3] May III. 93.

giösen Eide volle Gleichberechtigung erhalten. Dann ist im Jahre 1836 die Ablösung der kirchlichen Zehnten beschlossen worden und 1851 durchgeführt gewesen.

Ein stehendes Heer erhielt, noch ehe das Statut der Rechte, das ihm so abgeneigt ist, verkündet war, das Königthum schon im März 1689. Der Anlass war seltsamer Weise die Empörung des ersten Regimentes, dessen Mannschaft wegen Ernennung eines Nichtschotten zum Obersten, statt dem Befehle der Einschiffung auf den Continent nachzukommen, sich mit Gewalt den Weg in die schottische Heimath zu bahnen suchte. Von Wilhelms Truppen unter einem schottischen Befehlshaber zur Ergebung genöthigt,[1]) konnten sie nur wegen Hochverrathes belangt werden: wie hätte aber Wilhelm eine Klage mit so grässlichen Folgen anstellen lassen mögen! Die Mannschaft wurde sofort pardonniert, einige Führer vor die Geschwornen gestellt und dann mit Haft bestraft. Aber noch während der Meuterei erkannte das Parlament die Nothwendigkeit, Kriegsartikel für Soldaten und damit ein stehendes Heer zunächst auf ein halbes, dann wieder auf ein halbes und hierauf bis heute auf ein ganzes Jahr mit genauer Zifferangabe der geworbenen Truppen zuzulassen. Eine unter Maria erlassene und unter Elisabeth erneuerte Aufruhracte hatte nur für die

---

[1]) Macaulay IV. 38 ff.

Lebenszeit dieser Königinnen Giltigkeit. Im September 1715 wurde sie in verschärfter Form zum Landesgesetz, so dass ungesetzliches Zusammenbleiben von zwölf Personen trotz richterlichen Befehls auch nur für eine Stunde als Majestätsvergehen geahndet werden soll.

Auch zu einer ersten Staatsanleihe musste sich Wilhelms III. Regierung in dem Drange des Krieges gegen Ludwig XIV. schon im Januar 1692 bequemen, um nicht die ganze finanzielle Last auf éin Jahr und auf die Zeitgenossen wälzen zu müssen. Die éine Million Pfund Sterling, welche damals von der Krone mit Genehmigung des Parlamentes als Landesschuld zu grosser Freude solider Geldbesitzer bei der neugegründeten Bank von England contrahiert wurde, erschien als eine Gefahr des Volkswohlstandes und so jede folgende, bis die consolidierte Schuld im Jahre 1815 auf 800 Millionen unter ungemein gesteigertem Nationalwohlstande sich erhoben hatte, und eher für ein Pfand desselben galt.[1)]

Von einem dritten oder vierten Vorurtheile ward die königliche Gewalt durch die Periodicität der Parlamente befreit. Am 19. Januar 1641 war Karl I., wenn auch unwillig, genöthigt worden, einem Gesetze seine Zustimmung zu geben, nach welchem jedes Parlament drei Jahre nach seinem ersten Sitzungstage

---

[1)] Macaulay VI. 138 ff. Ranke VII.² 78.

erlösche; im Falle eines Versäumnisses der Ausschreibung von Neuwahlen bedrohte den Kanzler oder Grosssiegelwahrer Verlust seines Amtes und sonstige Strafe; eventuell haben das Oberhaus, dann die Sheriffs das Versäumte zu ersetzen; ja, wenn Alle fehlen, haben die Wähler direct zu Neuwahlen zu schreiten. Das erste unter Karl II. (1661) erwählte Parlament hob auch dies, in der That für die königliche Gewalt verletzende Gesetz (1664) auf Karls II. directe Forderung auf, und so hat dieses Parlament fast achtzehn Jahre gedauert, bis zum Januar 1679. Aber auch Wilhelm III. betrachtete in den ersten Jahren seiner Regierung in England die Sache nicht viel anders, obwohl das Oberhaus nunmehr gegen eine dreijährige Dauer des Unterhauses, auch aus Eifersucht, gar nichts einzuwenden hatte. Unter diesen Umständen wurde eine neue Triennialbill im Jahre 1692 ohne die für die königliche Gewalt entwürdigenden Bedingungen der frühern mit einfacher Terminbestimmung eingebracht und trotz Wilhelms Vorstellung bei den Lords[1]) von diesen genehmigt. Aber am 14. März 1693 liess Wilhelm die königliche Ablehnung verkünden: 'le roy et la royne s'aviseront'. Im Novemberparlamente desselben Jahres lehnten den neueingebrachten Antrag die Gemeinen zweimal ab, zuerst wohl nur aus Schonung für die

---

[1]) Macaulay VII. 156.

königliche Prärogative, dann weil sich das Oberhaus herausgenommen hatte, die Initiative in der Angelegenheit zu ergreifen. Erst in der nächsten Session ward der Antrag Statut, so dass das damalige Parlament mit November 1696 enden sollte. Als am 22. December 1694 (d. h. 1. Januar 1695) Wilhelm durch den Parlamentsschreiber: 'le roy et la royne le veulent' [1]) verkünden liess, gieng, da man bis zum letzten Momente gezweifelt hatte, ein Freudenruf durch das Haus.

Die Erstreckung der Parlamentsdauer von drei Jahren auf sieben war zunächst durch eine momentane Verlegenheit der Regierung Georgs I. im Jahre 1716 unter Robert Walpole's Leitung hervorgerufen. Ein gefährlicher Aufstand der Jacobiten war eben bewältigt, eine neue Invasion drohte, die Parteien waren in heftigster Erbitterung, die Regierung durch die unvermeidlichen Zwangsmaassregeln unpopulär.[2]) Alle die sachlichen Uebelstände der kurzen Frist des Lebens der Gemeinen kamen erst im Verlaufe der Debatten ernstlich zur Sprache. Trotz der oben erörterten Bedenklichkeit wurde der Septennialact zuerst (10. April 1716) vor das Oberhaus gebracht, wo am meisten Widerstand zu erwarten war; in der That legten, da die Bill genehmigt war, dreissig Peers Protest ein. Im Unterhause passierte sie vom 24. zum 26. April

---

[1]) Macaulay VII. 340.
[2]) Mahon, History of Engl. I. 210.

ohne Schwierigkeit. Bis heute hat sie ohne ernstliche Anfechtungen Giltigkeit behalten.

Die königliche Gewalt konnte nach den vielen Thronerschütterungen, vollends seit der ersten Aufhebung der Censur über Erzeugnisse der Presse im Januar 1695, nur durch die freie Mitwirkung von Majoritäten des Parlamentes mit der jedesmaligen Regierung gehandhabt werden. Diese aber war genöthigt, von ihrer und ihrer Parteiangehörigen Verfügung über nur nominelle Wahlflecken sowie über die fünfundvierzig schottischen Abgeordnetensitze einer Gesammtwählerschaft von nicht fünftausend Menschen[1]) den umfassendsten Gebrauch zu machen.[2]) Das Bestechungssystem kam wohl erst nach der Union mit Schottland recht in Gang; nach der mit Ireland vom Jahre 1801 verlor es aber von seinem Werthe durch die hundert Mitglieder, welche dem Unterhause von der Nachbarinsel mit Beseitigung der alten Wahlmissbräuche zugeführt wurden und dasselbe auf 658 Mitglieder brachten.

Zu der hohen ethischen Stellung, welche wir früher[3]) kennen gelernt haben, ist das Königthum hier-

---

[1]) Pauli N. II. 117 bis 123, auch für das Folgende.

[2]) Die Nützlichkeit der sogenannten Nominationboroughs, jetzt der kleineren Wahlflecken, wird auch für die Gegenwart als Mittel des Kroneinflusses, der Einführung und Erhaltung hervorragender Staatsmänner für das Unterhaus betont von Todd I. 10.

[3]) S. 20 f.

auf durch die grosse Reformbill über die Wahlen in England und Wales gleichsam gedrängt worden, da mit derselben das reine Parteiregiment ein Ende nahm. Diese wichtige Acte erhielt am 7. Juni 1832 die königliche Sanction Wilhelms IV., nicht eigenhändig — denn als Souverän und Gentleman müsse er sich hier durch sein Gefühl, nicht durch die Pflicht leiten lassen — sondern durch sechs aus dem Geheimen Rathe ernannte Commissäre. Durch dieselbe wurde die herkömmliche Zahl von 513 Unterhaussitzen für England und Wales (S. 299) nicht sofort geändert; aber 56 Burgflecken wurden gestrichen (noch 2 mit je 2 Abgeordneten in den Jahren 1844 und 1851), 30 mit einer Einwohnerzahl von weniger als 4000 Seelen von je 2 auf je 1 Abgeordneten reducirt, 42 neue mit zusammen 64 Mitgliedern creiert; das Wahlrecht der grossen Städte wurde theils, wie bei Manchester und Leeds, neu begründet, theils, wie bei der City von London, auf vier gesteigert; die Zahl der Grafschaftsvertreter ward von 94 auf 159 erhöht. Durchaus wurde, bis auf die Freisassen der mit Corporationsrecht versehenen Städte, das Vermögen zur Grundlage der Wahlberechtigung gemacht: in den Burgflecken 10 Pfund St. Rente von einem Grundstück, 50 Pfund St. Pachtzins auf dem Lande. Wahllisten wurden angelegt, die Wahltage und Wahlkosten verringert. Von ähnlichen Grundsätzen sind die schottische und irische Wahlreform-Gesetzgebung geleitet, von denen jene am 13. Juli, diese am 7. August 1832 genehmigt wurde; durch die erstere wurde die Zahl der Abgeordneten auf 53, darunter 30 von den Grafschaften, vermehrt, wo alle Eigenthümer mit 10 Pfund St. Rente und einzelne Pächterclassen berechtigt wurden. Die dreiundzwanzig städtischen Abgeordneten wurden von Wählern mit einem 10 Pfund St. Miethe tragenden Eigenthum bestimmt. Die Gesammtzahl der irischen Vertreter ward auf 105, darunter mehr Grafschaftsvertreter mit der Wählerschaft von 10 Pfund St. Rente, festgesetzt.[1])

Auch die Aufstellung eines festen Einkommens hat sich die königliche Gewalt durch das erste am 20/30. März 1690 zusammengetretene Parlament Wilhelms III.[2]) sofort gefallen lassen müssen. Wilhelm meinte wohl, dass man ihm damit weniger Vertrauen zeige, als seinem gestürzten Vorgänger. Aber Aehnliches und in viel drückenderer Weise war doch auch schon Heinrich VII. geschehen, dem[3]) selbst der Haushalt mit 14.000 und die Garderobe mit 2000 Pfund St. in den Jahren 1485 und 1490 bestimmt ward. Von den Wilhelm III. bewilligten 1,200.000 Pfund St. 'Civilliste' — zum Unterschiede von den Kriegsausgaben —

---

[1]) May I. 428—430. Zwei von diesen 105 irischen Wahlsitzen sind inzwischen wegen Corruption gestrichen. Vgl. oben S. 48.
[2]) Macaulay V. 220.
[3]) Pauli V. 639. Vgl. oben S. 252.

mussten auch die Civilgehalte und Pensionen bestritten werden. Etwa 700.000 Pfund St. bildeten das eigentliche Kroneinkommen. Bei diesem blieb es bis zu Georgs II. Thronbesteigung im Jahre 1727, als dasselbe auf eine Minimalsumme von 800.000 Pfund St. fixiert ward. Georg III. gab dann freiwillig die Mehreinnahmen von seinen Besitzungen und Zöllen dem Staate;[1]) aber die Nebeneinkünfte waren doch erheblich; sein Antheil an Prisen- und Beutegeldern allein hat $5^1/_3$ Millionen während seiner Regierung betragen. Dennoch hat das Parlament wiederholt seine sehr erheblichen Schulden tilgen müssen, obwohl die Sparsamkeit seines Privatlebens notorisch war: auf seiner Tafel gab es zuweilen nur zwei Gerichte.[2]) Er verwendete die Einnahmen wesentlich zur Gewinnung von Stimmen im Parlamente, theils bei den Wahlen, theils durch directe Bestechung der Mitglieder, und er hat zum Theile auch hiedurch die königliche Gewalt zu dem früher geschilderten Ansehen gebracht. Erst mit der Thronbesteigung Wilhelms IV. (1830), der auf die erblichen Revenuen der Krone verzichtete, wurden von der Civilliste verschiedene Ausgaben, wie die Richterbesoldungen, abgetrennt, die Pensionen (75.000 Pfund St.) ihr freilich belassen, so dass der Gesammtbetrag von 510.000 Pfund St. nicht erheblich scheint. Am

---

1) May I. 162.
2) May I. 232—236. Lord Mahon V. 156 ff.

23. December 1837 nahm dann die neue Königin Victoria durch gnädige Verneigung vom Throne¹) im Oberhause die ihr bewilligte, von allen Ausgaben für den eigentlichen Staatsdienst befreite, aber doch auf 385.000 Pfund herabgeminderte Civilliste an.

Die Gestaltung der königlichen Gewalt als solcher hat in dieser Periode neue Formulierung erhalten durch das früher (S. 21) erörterte Hausgesetz vom 24. März 1772, welches zu den strengsten Anschauungen des Oberaufsichtsrechts des Monarchen über die Glieder seiner Familie zurückkehrt, wie sie kaum unter den Plantagenets bestanden, und durch die Thronfolgeacte vom 20. Juni 1701. Schon im Jahre 1689, bei der im März versuchten definitiven Redaction der Declaration der Rechte zu einem Statute, hatte Wilhelm III. einen entsprechenden Zusatz zu erhalten gewünscht. Dieser galt der Erbberechtigung des einzigen protestantischen Sprossen des stuartischen Königshauses, Jacobs I. Enkelin Herzogin Sophie, der Gemahlin des Herzogs Ernst August von Calenberg-Hannover, welcher, durch Vertrag²) zum Erben seines ältern Bruders Georg Wilhelm von Celle bestimmt, 1692 auch Kurfürst ward. Die Lords nahmen das eben so einstimmig an, als es die Gemeinen verwarfen.³) Nach dem Tode des eben damals geborenen

---

¹) Pauli N. II. 411.
²) Schaumann, Sophie Dorothee Prinzessin von Ahlden. Hannover 1879.
³) Macaulay V. 61.

Sohnes der Thronfolgerin Prinzessin Anna (30. April 1700) war die Ordnung der Nachfolge um so dringender geworden, als die Republikaner Hoffnungen auf ein natürliches Erlöschen der Monarchie äusserten.[1] Sophie und ihren protestantischen Nachkommen ward nun nach Primogenitur die Thronfolge gesichert.

Mit acht Artikeln,[2] welche von der Thronbesteigung des Hauses Hannover an zur Wirksamkeit bestimmt waren, empfieng dieses Gesetz erst seine für die Entwickelung der königlichen Gewalt erhebliche, das Parlamentsrecht steigernde Bedeutung. Durch mehrere der Confession, Herkunft und Regierungsweise Wilhelms von Oranien entgegengesetzte Bestimmungen enthielt es zugleich einen Tadel seiner Staatsleitung.[3] Das Gesetz bestimmte nun: 1. der Throninhaber soll der Kirche von England angehören; 2. ohne Parlamentsgenehmigung besteht keine Verpflichtung der Engländer zur Vertheidigung der nicht englischen Besitzungen eines Souveräns; 3. zu Reisen ausserhalb der drei Reiche ist Parlamentsgenehmigung erforderlich, die denn freilich schon bald nach Georgs I. Regierungsantritt gesetzlich beseitigt ward; 4. Geheime Raths-Verfügungen bleiben wie gesetzlich herkömmlich bestehen, sollen aber von dem Antragsteller und den

---

[1] Ranke VII.² 223.
[2] Hallam III. 131.
[3] Ranke VII.² 228.

Beistimmenden unterzeichnet sein;[1]) 5. nur Eingeborene können dem Geheimen Rathe oder dem Parlamente angehören, Aemter oder Verwilligungen von Land- und Erbbesitz von der Krone erhalten; 6. Beamte und Pensionäre der Krone sind vom Unterhause ausgeschlossen; 7. eine Vorstellung des Parlamentes ausgenommen, sind die Richter lebenslänglich und mit den festgesetzten Besoldungen angestellt; 8. kein Gnadenact darf bei einer Anklage der Gemeinen geltend gemacht werden.

Die Uebereinstimmung des Souveräns mit dem Ministerium und dieses mit der eben in der Majorität stehenden parlamentarischen Partei ist hier vorausgesetzt. Aber oft hat sich die königliche Gewalt mächtiger und über den Parteien wahrhaft regierend erwiesen, wie wir das im ersten Abschnitte gesehen haben, und wie es vollends seit der Reformacte vom 7. Juni 1832 natürlich wurde, welche ganz wesentlich die Schäden des parlamentarischen Parteiregimentes zu beseitigen geeignet war.

---

[1]) Vgl. oben S. 25 ff.

DRITTER ABSCHNITT.
Die Volksvertretung.

26. Vorlesung.

Seit der Besetzung Britanniens durch germanische Stämme ist daselbst die königliche Gewalt durch einen Beirath eingeschränkt gewesen, der die Nation darstellte. Auch Wilhelm der Eroberer traf gesetzliche Verfügungen, wie wir sahen, nur mit dem Rathe seiner Barone; Heinrich VIII. hat trotz des ihm voll übertragenen Gesetzgebungsrechtes in geistlichen und weltlichen Dingen parlamentarische Mitwirkung nicht aufheben dürfen noch wollen. Selbst in den Zeiten der Revolution hat der von der Armee erhobene Protector Cromwell sofort (am 16. December 1653) in seinem Regierungsinstrument die Mitwirkung eines Beirathes der Nation in einem Parlamente ausgesprochen.

Aber dieser politisch berechtigte Beirath hat doch zwei deutlich getrennte Stadien durchlaufen, die sich durch den ersten Eintritt gewählter Vertreter der Gaue oder Grafschaften und der städtischen Corporationen in das Parlament, am 20. Januar 1265, scheiden. Auch dann hat die Berufung des aus nichtgewählten Mitgliedern bestehenden Beirathes, des Magnum Concilium, noch tief in das folgende Jahrhundert fortgedauert, so dass sein Aufgehen in die neue volle parlamentarische Form sich gar nicht chronologisch fixieren lässt. Es sind sogar noch dreissig Jahre, bis zum 13. November 1295, vergangen, ehe die gewählten Vertreter des Parlaments als ein wesentliches Glied des staatlichen Organismus anerkannt wurden.

Die That des Grafen Simon von Montfort, mit der ein neues Princip in die politischen Ordnungen der Menschheit eingeführt wurde, scheidet doch, wie gesagt, in englischer Verfassungsentwickelung die Geschichte der Volksvertretung in zwei Abtheilungen. Die erste zeigt die angelsächsischen Stämme, sei es vereinzelt, sei es vereinigt, sei es mit ihren dänisch-normännischen und normännisch-französischen Zugewanderten verbunden. Sie erscheinen nur vertreten durch weltliche und geistliche Grosse, wie sich solche neben dem Königthume bei den verschiedensten Völkern finden. Speciell in den germanischen Staaten kehren sie, gewisse Zeiten des merowingischen ausgenommen, überall wieder. In einigen, wie dem der Westgothen und im deutschen Reiche des eilften Jahrhunderts, haben sie eine besonders kräftige Ausprägung erhalten. Die zweite Abtheilung aber zeigt diese Grossen in Verbindung mit Repräsentanten aller freien Bevölkerungsclassen in völlig originaler Gestaltung.

Noch in einem andern Momente gibt sich dieser Unterschied zu erkennen. Die königliche Gewalt liess sich in unseren Ausführungen, bis das Eindringen jenes neuen Factors unter Heinrich II. mit dessen ebenfalls originaler Verwerthung des Geschworenenwesens sich ankündigte, ohne sonderliche Rücksichtnahme auf die in dem Beirathe der Grossen enthaltene Volksvertretung betrachten. Von Heinrichs III. späterer Zeit an aber war das nur Schritt für Schritt im Zusammenhange mit der parlamentarischen Entwickelung möglich, in die das Königthum selbst als drittes und bedeutendstes Glied eingefügt wird.

Hier haben wir nun eingehender den ersten Theil dieser Entwickelung ins Auge zu fassen. Während desselben lassen sich drei Stadien unterscheiden: die Zeit bis zum angelsächsischen Gesammtkönigthume, die während desselben und die von der Eroberung bis zur Anerkennung des Vertretungsrechtes der Gemeinen. Auch dies letztere Stadium ist wesentlich bei der Betrachtung der Entwickelung der königlichen Gewalt erörtert worden.

Es ist möglich,[1] wenn auch keineswegs erweislich, dass schon in den einzelnen angelsächsischen Königs-

---

[1] Das Folgende wesentlich nach Stubbs I. 121 ff.

reichen allgemeine Volksversammlungen, Folkmôts, wie sie unzweifelhaft in den Grafschaften bestanden, und Witenagemôts (plebs und principes bei Tacitus entsprechend) neben einander vorhanden gewesen sind. Aber das einzige nicht einmal zweifellose[1]) Beispiel ist eben eine Urkunde erst des zehnten Jahrhunderts aus Kent, also aus einer Zeit, da das einheimische Königthum längst erloschen war. Immerhin kann man vielleicht ein solches Urbild des Unterhauses ´für Kent und Sussex, vielleicht Essex und Ostanglien` mit Stubbs supponieren, nur dass wohl hier zwei ostanglische Folkmôts von Norfolk und Suffolk anzunehmen wären; man müsste an das Urbild einer nicht deliberierenden, sondern nur beschliessenden Landsgemeinde, denen der heutigen beiden Appenzell am ähnlichsten, denken. Aber eine irgend erhebliche politische Bedeutung haben sie ganz entschieden nicht gehabt, wenn man auch nicht gerade mit Gneist sie auf eine stumme Zustimmung von der Art beschränken will, wie heutzutage bei der Krönungsceremonie, bei der der Erzbischof sich nach den vier Himmelsgegenden neigend, ´die Stimme der Menge` für den neuen Herrscher gehört haben soll. Vor Vereinigung der Reiche gab es[2]) überhaupt keine anderen einheitlichen Versammlungen

---

[1]) Kemble II. 234 meint, dass nur eine Genehmigung aus einem Shiremôt vorliege.

[2]) Vgl. oben S. 81 f. 91.

als die kirchlichen, also am wenigsten solche der ganzen Nation.

Aber die Witenagemôts der einzelnen Königreiche sind völlig auch in zahlreichen Urkunden bezeugt, wie die des unter der westsächsischen Dynastie vereinigten Gesammtreiches. Zweifelhaft ist die Zeit ihrer regelmässigen Zusammenkünfte: vielleicht[1]) wie die der fränkischen Grossen im Frühjahr und Herbst, wo nach der Ernte die üblichen Geschenke an den König am leichtesten dargebracht werden konnten. Dazu würde der herkömmliche Termin der Parlamentsberufung im November stimmen, wie ja die altgermanische vierzigtägige Frist zur Einberufung des gebotenen Dinges durch fast fünf Jahrhunderte bei dem Parlamente eingehalten worden ist; so bestimmte ja schon Artikel vierzehn der Magna Charta von 1215, und ein Statut von 1697/8 Wilhelms III. hat das ausdrücklich erneuert. Seit der Union mit Schottland ist diese Frist freilich auf fünfzig Tage erweitert und 1852 wegen der leichteren heutigen Communicationen auf fünfunddreissig Tage verkürzt worden.[2]) Auf alle Fälle ist ein Rückschluss aus dem Berufungstermine bei der Continuität englischer Verfassungstradition nicht ganz

---

[1]) Kemble II. 191 nimmt wirklich regelmässige Zusammenkünfte zu Ostern und Weihnachten an. Mit Recht scheint er nach dem Muster der Versammlung bei York, welche im Jahre 627 Einführung des Christenthumes beschloss, Berathung in einem Hause anzunehmen: II. 241.

[2]) May, Parl. 44.

unzulässig. Immerhin ist zu bemerken, dass unter Wilhelm dem Eroberer und Anfangs unter seinen Söhnen wie im Beginne der Regierung Heinrichs II. die grossen Hoftage und dabei das umgewandelte Witenagemôt zu Ostern, Pfingsten und Weihnachten gehalten, gerade zur letzteren Frist einige der wichtigsten Verfassungsgesetze erlassen worden sind. Der Schluss, dass Aehnliches auch schon in der spätern angelsächsischen Zeit üblich gewesen sei, ist daher nicht ganz unzulässig.

Mitglieder des Witenagemôt sind: der König — noch Jacob II. erschien bei den Berathungen des Oberhauses — zuweilen die Königin; die Königssöhne, die Bischöfe, die Ealdormen der Gaue, des Königs 'Diener', 'cyninges thegns'; zu ihnen mag auch der in frühen Urkunden erwähnte Praefectus oder Gerefa gehören, wahrscheinlich der Obersthofmeister,[1]) dem ja noch heute, wie wir (S. 45) sahen, der Vorsitz im Peersgerichte in gewissen Fällen zukommt. In Mercia, wo zum Unterschiede von Kent und Wessex die Anwesenden in den Urkunden nicht ausnahmsweise, sondern regelmässig genannt werden, findet man mit den fünf Landesbischöfen fünf bis sieben Ealdormen und ebensoviele Diener (ministri). In den Urkunden des Gesammtkönigreiches aus dem zehnten Jahrhunderte

---

[1]) Stubbs I. 125. Kemble II. 150 vergleicht ihn vielmehr den Reiserichtern.

erscheinen z. B. bei einer Berathung Aethelstans von 934 zu Winchester: 2 Erzbischöfe, 4 Waliser Könige, 17 Bischöfe, 4 Aebte, 12 Ealdormen und 52 Ministri, also 91 Mitglieder.[1]) Ich stelle, um die Continuität zu veranschaulichen, hiemit die Zahlen des Magnum Concilium zusammen, welches am 29. Januar 1164[2]) nach vierzehntägiger Berathung die Constitutionen von Clarendon beschloss. Hier sind genannt: die beiden Erzbischöfe, 12 Bischöfe, 10 Grafen, zum grossen Theile nicht Earls, 28 Barone, also 52 Mitglieder, dazu freilich 'viele andere Vornehme und Edle, Geistliche wie Weltliche', die aber auch in angelsächsischer Zeit nicht gefehlt haben dürften.

Die Verhandlung fand in Northumbrien derart statt — so beschreibt es Beda bei Einführung des Christenthums im Jahre 627 — dass der König jeden Einzelnen befragte. Auch bei gerichtlichen Berathungen gab jeder einzeln, die Bischöfe zuerst, mündlich seine Meinung ab, und der König verkündete das Urtheil. In den Gesetzbüchern wird die Beistimmung der Witan oder, wie es in dem Ine's von Wessex heisst, ihre Mitwirkung erwähnt; hier wird bei den Bischöfen sogar 'Rath und Lehre' hervorgehoben. Und ganz analog wird in den Urkunden des Gesammtkönig-

---

[1]) Kemble hat II. 209 als Maximalzahl 106, dagegen 90—100 nicht ungewöhnlich gefunden.

[2]) Pauli III. 40.

reiches von der Versammlung gesprochen. Zu Aethelstans Zeit beschliessen die Witan in Exeter 'mit dem Rathe des Königs und er mit dem ihrigen'¹) eine Gleichheitsstellung, die sich das Magnum Concilium nie anmaassen durfte, und die das Parlament erst vom Mai 1322 an gewann. Edgar, der so kriegsmächtig war (S. 87 und 93), verfügte 'mit Rath seiner Witan zum Preise Gottes, zu seiner eigenen Ehre und zum Wohle des Volkes'; selbst Knud gab in Winchester seine Gesetze 'mit dem Rathe seiner Witan'. Es war wohl einer der Grundsätze des Cardinals Stephan Langton, die Freiheit der englischen Kirche durch die Convocation des Clerus unabhängig von den Schwankungen der weltlichen Legislation sicher zu stellen; der Clerus hat auch bis in das 16. Jahrhundert für die Grenzgebiete geistlichen und staatlichen Lebens sich die Entscheidung vorbehalten; erst seit dem 17. sind die Convocationen auf innere kirchliche Fragen beschränkt worden. Alles das war in angelsächsischer Zeit durchaus anders. Die hohe Geistlichkeit hat wohl schon in der heidnischen Zeit an den Berathungen der Witan Theil genommen, wie das Beispiel des den Götzen zertrümmernden Priesters Coiffi bei jener Berathung über Einführung des Christenthums im südlichen Northumbrien beweist.²) Gesonderte Berathungen geistlicher und welt-

---

¹) Stubbs I. 127.
²) Vgl. oben S. 80.

licher Grossen über politische Dinge sind wohl vor Richard I. überhaupt nicht und dann nur bis zur ersten Zeit Edwards III., also durch etwa hundertundvierzig Jahre, neben den vereinigten beider Stände nachweisbar. Aber bei den Angelsachsen nahmen vor wie nach der Vereinigung der Königreiche auch an den rein geistlichen Berathungen stets die vornehmsten Laien Theil. Bei der Synode von Clovesho, die unter Aethelbald von Mercia 747 gehalten wird, sind die Ealdormen (principes et duces) zugegen. Bei der des Gesammtreiches zu London unter Edmund, zwischen 941 und 946,[1]) waren nicht nur die Ealdormen zugegen, sondern sie unterzeichneten auch die rein geistlichen Beschlüsse, was an das Parlament von 1534 mit seinen Berathungen über den Supremat erinnert.[2])

Rechtlich war die Beistimmung der Witan[3]) bei Landübertragungen, speciell der Verwandlung von Folcland in Buchland und umgekehrt erforderlich bei gewöhnlichen Uebertragungen ohne politische Consequenzen wohl nur formell und durch eine Art Commission, wie es scheint, an Zeugen überlassen; bei solchen, die, wie Schenkungen an Klöster, Erbrechte verletzten, scheint ihre Zustimmung unabweislich gewesen zu sein. Des Königs Erbe aus Folcland zu

---

[1]) Stubbs I. 129.
[2]) Aber man wird doch nicht ernstlich mit Kemble I. 159 den angelsächsischen König als 'Haupt der Kirche' betrachten wollen.
[3]) Vgl. oben S. 70.

vermehren, war noch in den Jahren 823 und 847 den Gesammtkönigen Egbert und Aethelwulf nur mit den Witan möglich;[1]) selbstverständlich gilt dasselbe bei Vergabungen von Königsgut an Privatpersonen.

Eine höchste Civil- und Criminaljurisdiction neben und mit der ebenfalls undefinierten königlichen, ohne Beschränkung und, wie es scheint, mit vollem Einschlusse des Appellationsrechtes, stand den Witan zu, wie sich aus Beispielen vom 8. Jahrhundert bis kurz vor der Eroberung, noch 1055, erweisen lässt.

Von einer Besteuerung im Sinne Heinrichs I. und der späteren Zeiten kann in angelsächsischer nicht die Rede sein, aber die Dänentribute unter Ethelred II. sind mit Genehmigung der Witan aufgelegt worden. Durchaus wirken die Witan bei Kriegserklärungen und Friedensschlüssen mit, welche nicht an sich, sondern nur wegen der eventuell damit verbundenen Lasten seit den Zeiten der Plantagenets bis heute parlamentarischer Einwirkung unterliegen. Ja, wie der Senat der heutigen amerikanischen Union in Washington bei der Ernennung der wichtigsten Beamten, haben die Witan bei der Ein- und Absetzung der Ealdormen wahrscheinlich Concurrenzrecht gehabt. Selbst bei den Wahlen von Bischöfen setzten sie ihr Recht wiederholt an die Stelle desjenigen der betreffenden Geist-

---

[1]) Stubbs I. 131 und Kemble II. 220.

lichkeit. S. Dunstan ist im Jahre 957 von den Witan von Mercien zum Bischofe ernannt, die Stühle von Canterbury und London sind 1050 in einem Witenagemôt des Gesammtreiches besetzt worden.[1]) Hält man dazu das früher[2]) erörterte Recht der Ein- und Absetzung von Königen, so sieht man, auf wie gutem Grunde die Verfechter angelsächsischer Freiheit und Volksvertretung von der Eroberung an standen. Neben dem auch anderwärts vorkommenden Bezeichnungen von Weisen, Vornehmsten, Senatoren, werden sie bei den Angelsachsen auch zuweilen als Landesanwälte, 'procuratores patriae',[3]) bezeichnet.

---

[1]) Ein, wie er selbst p. 261 bemerkt, wohl nicht vollständiges Verzeichniss der Witenagemôte bringt Kemble, Saxons II. 241—260.
[2]) Vgl. oben S. 77 ff.
[3]) Kemble II. 199.

VIERTER ABSCHNITT.

Entwickelung der Pflichten und Rechte des Volkes.

Wir haben dieselben früher nach ihrem gegenwärtigen Stande betrachtet. Ihre Entwickelung richtig zu beurtheilen, thut man nicht wohl, die unter der Einwirkung der zunehmenden Gesittung gestiegene factische Summe von Freiheitsrechten als das Ausschlaggebende anzusehen. Denn es wurde schon früher[1]) bemerkt, dass einige unter denselben, auf welche auf dem Continente in den Verfassungscopien der verschiedenen Staaten so grosses Gewicht gelegt wird, wie Rede-, Press-, Versammlungsfreiheit und Sicherheit des Briefgeheimnisses, nur so weit bestehen, als Gerichte und Regierung von ihren hemmenden Befugnissen keinen Gebrauch machen. Im Uebrigen wird man nicht behaupten können, dass die gesetz-

---

1) Vgl. oben S. 63.

lichen Rechte der Bevölkerung grösser geworden seien,
als die der Freien in früherer angelsächsischer Zeit
waren; ihre Pflichten haben aber entschieden abgenommen, wie denn der Staat statt der Leistungen für
Heerdienst, Brücken- und Befestigungsbauten auch im
heutigen England von den Grundbesitzern nur seine
Steuern verlangt und die freilich zahlreichen Verpflichtungen für die Ehrenämter kaum mit den Verpflichtungen der alten Volks- und Gerichtsversammlungen
gleich stehen dürften.

Die grösste Veränderung, welche sich in Bezug
auf Rechte und Pflichten der Bevölkerung im Laufe
der Jahrhunderte vollzogen hat, liegt auf dem Gebiete
der Standesverhältnisse. Es ist freilich schon an sich
fraglich, ob irgendwo, ganz abgesehen von den früher[1])
bemerkten Zeichen der Fürsorge für die Unfreien, gesetzlich so wie bei den Angelsachsen, für ihre reichliche Ernährung gesorgt war.[2]) Die ganze Summe der
Standesunterschiede, welche uns in den angelsächsischen Reichen entgegengetreten waren, ist aber in
den Nachwirkungen der Neugestaltung des Staates
durch die Gesetzgebungen der Könige normännischen
und plantagenetschen Stammes verschwunden. Zunächst hatte die scharfe Handhabung der königlichen

---

[1]) Vgl. oben S. 73.
[2]) Sie erhalten ausser Morgen- und Mittagsmahl jährlich 720 beziehungsweise 730 Brode. Kemble I. 38.

Gewalt nach der Eroberung die Wirkung, dass die Freien niedern Standes und die Unfreien aller Kategorieen den gleichmässigen Druck der Krone und der Gutsherrschaft zu erfahren hatten.¹) Aber der Fidelitätseid, der schon zu König Edmunds Zeit (941 bis 946) verordnet, wenn auch schwerlich geleistet ward, ist wenig über ein Jahrhundert nach der Eroberung, durch die Assise von Northampton im Jahre 1176 allen Freien, auch den Villanen auferlegt worden. Schon zwei Jahrzehnte später, im Jahre 1195, konnte allen männlichen Bewohnern vom fünfzehnten Jahre an auferlegt werden, Richards I. Beamten den Eid zu leisten, dass sie Frieden halten wollen und dazu, was allerdings schon Knud²) von Zwölfjährigen verlangt hatte, dass sie Diebe und Räuber nicht hegen wollen. So sind auch die Mindestberechtigten allmählich mit dem Gefühle der Staatszugehörigkeit durchdrungen worden. Durch die Waffenassise von 1181 waren wohl nur die freien Grundbesitzer zur Anschaffung von Waffen in des Königs Dienst verhalten worden; durch Edwards I. Statut von Winchester von 1285 ward aber auch der Geringste für waffenfähig durch die Verpflichtung erklärt, sich mindestens einen Bogen und Pfeile anzuschaffen. Die Schranken des

---

¹) Dass das Feudalsystem mit Sklaverei unverträglich war, aber Leibeigenschaft begünstigte, betont doch wohl zu sehr: Freeman V.² 480.
²) Vgl. oben S. 89.

Geburtsrechtes fielen ferner unter demselben Könige durch factische Abschaffung der Ebenbürtigkeit.[1]

In den glänzenden Erfolgen der französischen Kriege des vierzehnten Jahrhunderts wurden die unteren Stände ihrer Waffentüchtigkeit sich bewusst; schon das Statut Edwards I. 'quia emptores' vom Juli 1290 gab einem Landkäufer die Lehnsrührigkeit des früheren Besitzers, verhinderte neue Feudalbande durch Güterkäufe und ermöglichte jedem Landmanne, der sein Pacht- oder Dienstgut erstand, von aller Abhängigkeit in Bezug auf den bisherigen Besitzer loszukommen.[2] Leibeigenschaft hatte wohl in einzelnen Landestheilen, man weiss nicht wann, wie in Kent, aufgehört; aber in anderen, wie in Essex und Suffolk, bestand sie in voller Härte.[3] Nach einem gewaltsamen, scharf geahndeten Ausbruche der Unterdrückten ist sie überall in England allmählich verschwunden. Der Vorgang ist an sich bemerkenswerth genug und für unsern Zweck besonders erheblich.

Wie bei dem deutschen Bauernkriege von 1525, so kamen bei der einzigen, wahrhaft gefahrdrohenden Bewegung der unteren Classen, welche die englische Geschichte kennt, der Erhebung von 1381, die verschiedensten religiösen, politischen und socialen Be-

[1] Vgl. S. 193.
[2] Vgl. S. 209.
[3] Stubbs II. 450, 453. III. 603 f.

schwerden zur Geltung. Die Streitigkeiten mit den Ansprüchen der Curie hatten vornehmlich durch den Oxforder Professor Johann Wycliffe einen dogmatischen zugleich und nationalen Charakter erhalten, welcher von Schülern desselben, aber weit mehr von Geistlichen und Laien, die ohne Verbindung mit ihm waren, zu einem die ganze öffentliche Ordnung bedrohenden Systeme umgewandelt wurde. Hiezu kam eine allgemeine Verarmung durch die Pest von 1349,[1]) welche den Leibeigenen die Aussicht auf Befreiung verdüsterte, schwere Geldauflagen, besonders eine seit 1379 gesteigerte Kopfsteuer, und lebhafte Unzufriedenheit mit der von Frankreich gedemüthigten, die Gewalt auch gegen die Kirche willkürlich handhabenden vormundschaftlichen Regierung Richards II. Zum Termine der Kopfsteuerzahlung (Pfingsten, 2. Juni 1381) meist drei Tage später, brach der Aufstand, wie ein Elementarereigniss plötzlich, ohne Verabredung so viel man sieht, im Süden und äussersten Norden, im Osten und Westen aus. Religiöse, der bestehenden Kirchenordnung feindliche Schwärmer und devote Anhänger derselben, besonders aus den Bettelorden und der niedern von Noth bedrängten Geistlichkeit, von den Gilden bedrängte geringe Handwerker, kleine Grundbesitzer, die nur durch

---

[1]) Stubbs II. 400.

ihren gerichtlich erhaltenen Stammbaum ihre Freiheit erweisen konnten, und mit Land ausgestattete Leibeigene, die ihnen thatsächlich gleichstanden[1] — Alle erhoben sich gegen die bestehende Ordnung. Nach wilden Scenen in London hob Richard II. am 14. Juni die Leibeigenschaft von Essex auf und gab am 15. die gewünschten Freibriefe.

Nach Bewältigung des Aufstandes, vornehmlich durch des jungen Königs Geistesgegenwart und durch die Waffen der mit dem hohen Clerus verbundenen Ritterschaft, widerrief der König die erzwungenen Zugeständnisse; trotz seiner Zusprache lehnte überdies das vom 3. November bis zum 25. Februar 1382 tagende Parlament die Aufhebung der Leibeigenschaft ab. Aber der Aufstand hat derselben dennoch ein Ende gemacht. Die Gutsherren[2] wendeten sich dem Pachtsysteme zu, verwandelten die persönliche Leistung in Zins und widersetzten sich nicht mehr dem Erscheinen der Leibeigenen vor Gericht. Einem Beschlusse des Parlamentes von 1391, die in Bürgerschaften aufgenommenen Leibeigenen[3] ihren Herren zurückzugeben und ihren Kindern den Schulbesuch zur Vorbereitung für den geistlichen Stand zu untersagen, verweigerte der König seine Genehmigung.

---

[1] Stubbs II. 450, 455.
[2] Stubbs II. 463, III. 603 bis 606.
[3] Vgl. oben S. 116.

Mit dem Parlamente hat eben Richard II. schon im Jahre 1388 die neue Armengesetzgebung eröffnet, indem in Ergänzung der seit der Pest erlassenen Arbeiterstatute, welche die Preise festgesetzt hatten, den Arbeitern die Freizügigkeit aberkannt und bei Reisen Passpflicht auferlegt ward; zugleich aber wurden die Bettler auf bestimmte, eventuell ihre Heimath-Gemeinden angewiesen, um sich durch öffentliche Mildthätigkeit dort zu erhalten. Nun hat die Leibeigenschaft zwar noch durch mehr als zwei Jahrhunderte, wie aus vereinzelten Beispielen zu schliessen ist, fortbestanden; aus dem Jahre 1536 ist der von einem Bischofe ausgestellte Freilassungsbrief eines Leibeigenen in Sussex erhalten und es ist möglich, dass schon damals nur noch die unbedingte (in gross) Leibeigenschaft bestand, die an Land gebundene aber schon in regulären Pachtverhältnissen untergegangen war;[1] auf alle Fälle sind ihre letzten Reste für die Personen erst um den Anfang des 17. Jahrhunderts erloschen;[2] für den ehemals unfreien Bauernbesitz aber ist die Ablösung der Lasten erst seit 1841 ermöglicht und nach Statut von 1861/62 in gewissen Fällen für den Landmann wie den Gutsherrn erzwingbar.[3]

---

[1] Stubbs III. 603 f.
[2] May III. 35.
[3] Gneist, Verwaltungsr. 1191.

Aber die uns seltsam dünkende Auskunft des Statuts von 1388, die Aermsten auf die Bettelei innerhalb eines bestimmten Gebietes als auf ein Gewerbe zu verweisen, ist im Beginne der Tudorregierung in Statuten der Jahre 1495 und 1504 mit genauerer Definierung des Heimathbegriffes nachgeahmt worden. Auch hier ist Heinrichs VIII. Gesetzgebung wieder schöpferisch gewesen. Eine Parlamentsacte von 1535 untersagt Almosengabe an Bettler bei Verwirkung des zehnfachen Werthes, gebietet aber Sammlungen in jeder Pfarrei, die unter Edward VI. im Jahre 1547 dadurch einen obligatorischen Charakter gewannen, dass die Bischöfe gegen die Geld Weigernden einzuschreiten befugt wurden.[1]) Erst mit dem Jahre 1572 durch Königin Elisabeth hat dann die systematische Armenpflege durch die Gemeinden begonnen, welche allmählich zu einer Gefahr für den Nationalwohlstand, theils durch die Steigerung der Armensteuer der Wohlhabenden bis über acht und eine halbe Million Pfund, vornehmlich aber durch die corrumpierende Wirkung auf die unteren Stände, welche der Arbeit systematisch abwendig gemacht wurden. Binnen drei Jahren sank die Armensteuer auf ein Drittel, als man seit 1834 zu einer durchgreifenden, die Volkskraft för-

---

[1]) Hallam, I. 59.

dernden, das Pflichtgefühl weckenden Organisation gekommen war.¹)

Wenn die erste Befreiung der untersten Gesellschaftsschichten von der starken Organisation der königlichen Gewalt ausgeht, dem fiscalischen Ansprache von Jedermann zur Zeugnissablegung wie zum Fidelitätseide nöthigen zu können, so lassen sich neben der ökonomischen Hebung und Fürsorge, die wir eben betrachtet haben, noch zwei Richtungen geltend machen, in denen diese Befreiung sich weiter vollzogen hat. Die eine liegt in der freien Gewöhnung an die Waffenführung, wie sie das oft erwähnte Statut von Winchester aus dem Jahre 1285 vorschrieb. In Fortbildung dieses Gesetzes ist im Jahre 1558 die Bewaffnung mit Feuergewehr vorgeschrieben, im November 1689 in dem Statute der Rechte jedem Engländer, formell nur jedem protestantischen, die Befugniss des Waffentragens garantiert worden. Wie diese Befugniss im Jahre 1802 zu einer der uralten Heerdienstpflicht entsprechenden Eintragung aller Wehrfähigen in die Stammlisten der Miliz verwerthet wurde, diese Eintragung im Jahre 1829 unter der Form einer Bevollmächtigung des Geheimen Rathes zu ihrer Erneuerung abgeschafft, endlich in dem Freiwilligenheere seit 1859 die der nationalen Entwicke-

---

¹) May III. 405 f. Gneist, Verwaltungsr. 1181 ff. Selfgov. 1000 ff.

lung entsprechende Form gefunden wurde — davon ist früher die Rede gewesen.¹) Die andere Befreiung der unteren Stände liegt in der Lossagung von den dem Armen so ungünstigen Processformen des altgermanischen Rechtes. Wenn im dreizehnten Jahrhundert die Magna Charta²) Jedem gestattet, kostenfreies Urtheil durch Geschworene zu verlangen und hierauf im vierzehnten diese ursprünglich nur für den Königsdienst berufenen Wahrheitszeugen bei Klage und Urtheil entscheiden, so liegt hierin ganz besonders eine sittliche Sicherung der unteren Classen. Die königliche Berufung von Zeugen des Thatbestandes ist aber auch die Quelle des politischen Repräsentativsystems geworden, das den englischen Staat heute durchdringt.

Hiemit hängt das Recht der Selbstbesteuerung zusammen, das 1297 zuerst von der Krone anerkannt, im Statute der Rechte von 1689 genauer formuliert ward.

Aber früher und später ist es doch die Masse der freien Bevölkerung gewesen, welche namentlich auf religiösem Gebiete die entscheidenden Veränderungen bewirkt hat, ob auch durch die dem Königthume zur Seite stehenden Rathsversammlungen. So

---

¹) S. oben S. 58, 146, 289.
²) S. oben S. 151.

beschlossen Witan 597 und 627 die Einführung des Christenthums, 664 die katholische statt der britischen Form desselben, 1213 die versammelten Magnaten die Anerkennung der päpstlichen Lehnsherrlichkeit, das Parlament 1365 die Kündigung derselben, 1534 die Anerkennung des königlichen statt des päpstlichen Supremates, in den Jahren 1828, 1829 und 1858 die Emancipationen der Dissenters, Katholiken und Juden, 1869 die völlige Trennung von Kirche und Staat in Ireland.

SCHLUSS.

Wenn wir in der Einleitung an dem Muster der vier grossen Geschichtschreiber des Alterthums erkennen konnten, wie die historische Kunst, von ethischem Gesichtspunkte ausgehend, allgemein giltige Typen vorzuführen hat, so ist der Stoff, den wir in diesem Semester behandelt haben, geeignet gewesen, dieser Forderung zu entsprechen. Als ein Ganzes betrachtet, lässt sich die englische Verfassungsgeschichte wohl als einer der vornehmsten Typen menschlicher Staatsordnung ansehen, wenn man auch nicht so weit gehen mag, wie ein politischer Denker von seltener Schärfe vor fünfundzwanzig Jahren gegangen ist. Baron Stockmar, der langjährige Rathgeber der gegenwärtigen Königin und ihres so früh hingeschiedenen Gemahls, schrieb nämlich an den Letzteren am 25. Januar 1854:¹) 'In meinen Augen ist die englische Verfassung der Grund- und Eckstein der ganzen politischen Bildung der gegenwärtigen und zukünftigen Menschheit'. Denn über die Gegenwart und vollends über die Zukunft abzuurtheilen, ist nicht Sache des Geschichtsforschers. Und aus der Vergangenheit gibt es neben dieser englischen, wie in der Einleitung erwähnt ward, noch manche andere für die Entwickelung der Menschheit bedeutende und lehrreiche Verfassungsgeschichte. In diesem Sinne dürfen wir wohl den damals ebenfalls betonten Gedanken uns noch einmal vergegenwärtigen, dass unsere Betrachtungen nach ihrer letzten Absicht nicht von Raum und Zeit abhängig, wenn auch die von uns erwogenen Zustände und Begebenheiten an beide gebunden waren.

---

¹) Th. Martin, Life of the Prince Consort. 5th ed. 1875 I. 76.

Druck von Adolf Holzhausen in Wien,
k. k. Hof- und Universitäts-Buchdrucker.

www.ingramcontent.com/pod-product-compliance
Lightning Source LLC
Chambersburg PA
CBHW030305240426
43673CB00040B/1067